맥박이 뛰는
맥락관통 수능대박

사회·문화
교과서
①

맥락관통 수능대박

맥박이 뛰는 사회 • 문화 교과서 1

초판 1쇄 인쇄 2020년 8월 10일
초판 1쇄 발행 2020년 8월 24일

지은이   이종보
일러스트   최진영
펴낸이   이영선
책임편집   김영아

편집   김선정 김문정 김종훈 이민재 김영아 김연수 이현정 차소영
디자인   김희량 이보아
독자본부   김일신 김진규 정혜영 박정래 손미경 김동욱

펴낸곳 서해문집 | 출판등록 1989년 3월 16일(제406-2005-000047호)
주소 경기도 파주시 광인사길 217(파주출판도시)
전화 (031)955-7470 | 팩스 (031)955-7469
홈페이지 www.booksea.co.kr | 이메일 shmj21@hanmail.net

ISBN 979-11-90893-03-9 44330
      979-11-90893-02-2 44330 (세트)

이 도서의 국립중앙도서관 출판예정도서목록(CIP)은 서지정보유통지원시스템 홈페이지(http://
seoji.nl.go.kr)와 국가자료공동목록시스템(http://www.nl.go.kr/kolisnet)에서 이용하실 수
있습니다.(CIP제어번호: CIP 2020029101)

맥박이 뛰는

맥락관통 수능대박

사회·문화 교과서 1

이종보 지음

서해문집

이 책은 나의 강의록이자
교과서와 대학 입시의 틈을 좁히고자 하는
의지의 기록입니다

"딱, 요것만! 딱, 요것만 공부하면 된단다."

교과서 개정으로 군더더기 없이 깔끔하게 정련된 교과서가 탄생했습니다. 새 교과서에서 가장 눈에 띈 변화는 분량에서 나타났습니다. 배워야 할 개념을 확 줄이면서 책 두께가 확실히 줄었습니다. 서술은 간단하고 명료해졌습니다. 간단명료함을 선호하는 학생 문화와 제법 어울렸습니다. 하지만 내용이 줄었다고 해서 이해하기 쉬워진 것은 아니었습니다.

교과서는 교과 내용의 핵심을 제시하는 데 그치지 않고, 학생이 교과 관련 지식을 쉽게 이해할 수 있도록 도와줘야 합니다. 그런데 친절한 설명이 곁들여지지 않으니 학생들은 교과서를 읽어도 무슨 내용인지 도무지 이해할 수 없습니다. 아무리 몸에 좋은 음식도 사람이 먹을 수 있게 요리를 해야죠. 날 것 그대로를 씹는 건 고통만 줍니다. 교과서는 마치 인간이 건강을 유지하기 위해 꼭 필요한 최소한의 먹거리를 간단히 나열하고 있는 것처럼 보입니다.

　교과서보다 간단명료한 사례를 살펴보죠. 뉴턴은 거대한 우주의 작동 원리를 수학 공식으로 간단히 정리하여 보여줍니다. 여러분은 눈앞에서 만유인력의 법칙을 설명하는 하나의 수학 공식을 봅니다. 그 간략한 공식을 보니 우주의 작동 원리를 충분히 알 수 있던가요? 우주가 아주 흥미진진하게 느껴지던가요? 아닐 겁니다. 좌절합니다. 우주의 거대함에 눌려 좌절하는 게 아니라 간략한 것도 모르는 자신을 보고 좌절합니다. 아주 간략하게 집약적으로 보여줬는데 왜 좌절할까요? 우리는 그 이유도 잘 알고 있습니다. 누구나 이해할 수 있을 만큼 충분하게 설명해주지 않았기 때문입니다. 이처럼 간략한 서술은 공부하는 데 도움을 주기는커녕 방해가 됩니다. 현행 교과서는 학습의 좌절감을 맛보기에 딱 좋습니다.

　《맥락관통 수능대박 맥박이 뛰는 사회·문화 교과서》는 나의 강의록입니다. 교육과정의 목차를 일부 변경하기는 했지만, 교과서의 핵심적인 내용을 모두 담으려 했습니다. 수능과 대학별 고사에서 출제된 생소한 서술에 대한 설명도 빠뜨리지 않으려고 했습니다. 설명과 해설에 치중하니 언뜻 보기에 일방적인 해설서처럼 여기기 쉬우나 실제로는 그렇지 않습니다. 왜냐하면 수업하면서 학생들에게 받았던 수많은 질문에 대한 나의 대답이기 때문입니다. 그럴싸하게 말하자면 이 책은 나와 학생 간 상호작용이 일궈낸 결과물입니다. 학생들에게 논쟁이 될 만한 사안뿐만 아니라 용어 하나라도 이해하기 어려운 게 있으면 모두 질문하라고 했습니다. 이 책은 그 질문에 하나씩 대답했던 내용을 모아서 정리한 기록입니다.

교육과정의 내용을 상세히 설명하면서 주안점을 둔 것은 생동감 있는 맥락적 서술이었습니다. 개념과 개념을 서로 이어주는 줄거리가 있어야 개념을 충분히 이해할 수 있습니다. 하지만 교과서나 어느 교재에도 전체적인 맥락이 없는 탓에 아무리 열심히 읽어도 무슨 말인지 전혀 이해하지 못했던 겁니다. 예를 들어 사회집단의 유형에 관해서 서술할 때에는 그 개념들이 병렬적으로 나열되어 있을 뿐입니다. 사회학자들이 왜, 어떤 맥락에서 그런 유형 분류를 했고, 그 분류를 통해 무얼 말하려 했는지를 설명하지 않습니다. 그러니 이해하기 어렵고 흥미도 잃게 됩니다.

맥락 없는 교과서 내용은 마른 장작처럼 건조합니다. 치열하게 공부하여 불꽃이라도 튀면 금방 타버리고 말 것처럼 보입니다. 그래서 교과서로 공부해서 얻은 그 숱한 지식이 얼마 지나지 않아 재가 되어 날아가버렸는지도 모르겠습니다. 날아가는 지식을 단단히 붙잡아두는 줄거리를 제공해야 합니다. 생동감 있는 맥락적 서술이 필요하다는 얘기입니다. 맥락이 있어야 느낌이 살아나고 그래야 오랫동안 기억할 수 있습니다. 맥락을 설명해줘야 특정 개념을 제시하던 사회학자의 생각을 따라가며 지금의 우리 사회를 탐구해보는 새로운 경험을 할 수 있습니다. 그러면 왜 사회에 관심을 가져야 하는지 알게 되고 사회학 공부에 대한 열기도 뜨거워질 겁니다. 그래서《맥락관통 수능대박 맥박이 뛰는 사회·문화 교과서》는 사회학자들이 다룬 개념들이 어떤 맥락에서 나왔는지 제시함으로써 개념에 관한 충분한 이해를 돕고, 그 이해를 바탕으로 사회·문화 현상의 심층적 분석에 도움을 주려고 했습니다.

나아가 이 책은 대학에서의 사회학 전공 관련 학업 능력을 갖추는 데 도움을 주려 합니다. 그래서 이 책은 대학에서 배울 사회학 개론(槪論)의 마중물이라고 볼 수 있습니다. 현행 교과서의 주요 내용 위에 우리가 발딛고 있는 사회에서 실제로 일어나는 사례를 과감하게 곁들여 대학에서 배울 개념 설명도 담았습니다. 청소년을 위한 사회학 개론서인 셈이죠. 이 책을 통해 대학에서 배울 사회학 개론을 개괄적으로 접함으로써 사회를 보는 지적 역량도 챙길 수 있겠습니다. 사회학 공부에 디딤돌이 될 수 있을 겁니다.

대학 입시가 목적이 아닌 청소년도 사회에 관심만 있으면《맥락관통 수능대박 맥박이 뛰는 사회·문화 교과서》는 사회를 보는 새로운 눈이 되어줄 것입니다. 이 책을 읽는다는 건 기존 교과서 지식을 넘어서는 과정이요, 사회를 보는 관점을 재정립하는 걸 의미합니다. 아무쪼록 이 책을 통해 우리 사회를 어떻게 바라보고 이해하며, 또 어떻게 바꿀지 생각해 볼 수 있기를 기대합니다. 사회학의 참맛을 느끼고 사회를 보는 시각도

또렷해졌으면 좋겠습니다. 그리고 사회 변혁을 위한 지적 도구와 꿈도 챙겨가길 바랍니다.

그런데 주의할 점이 있습니다. 책의 어느 대목을 읽을 때에는 가슴 한 구석에서 뜨거운 무언가가 올라와 고민이 깊어질 수도 있습니다. 혹시라도 책 속의 활자가 꿈틀거려 여러분의 영혼을 뒤흔들면 미리 용서를 구합니다. 하지만 그것은 나의 바람이었습니다.

끝으로 원고량이 많아 출판을 결심하기 쉽지 않았을 텐데, 이 책을 기꺼이 출판해주고 꼼꼼히 편집해준 서해문집 식구들에게 감사를 표합니다. 이 책의 출판을 위해 일해준 이름 모를 모든 노동자에게도 감사의 마음을 전합니다.

2020년 8월
이종보

1부

우쭐대는
사회학을
소개합니다

사회학의
이해

2부

초개인화 시대, 사회학은 어떤 의미가 있나요?

개인과 사회구조

우쭐대는 사회학을 소개합니다

사회학의 이해

1장

카멜레온 같은 사회학아,

내 삶의 지원군이 돼줘!

사회학에 내딛는 첫걸음

사회학을 배워서
어디에 쓸까?

낯선 영어 단어 하나가 한국 영화계에 큰 화제를 몰고 온 일이 있었습니다. '패러사이트(parasite, 기생충)'입니다.

봉준호 감독의 영화 〈기생충〉은 한국을 넘어 세계적으로도 엄청난 화젯거리였습니다. 칸 영화제 황금종려상을 비롯하여 세계 유수의 영화제를 휩쓸었죠. 특히 '백인들만의 잔치'라는 비아냥을 듣던 미국 아카데미 시상식에서 국제영화상뿐만 아니라 각본상과 감독상을 받았고, 외국 영화 최초로 최고 권위를 지닌 작품상도 차지했습니다. 세계는 그야말로 〈기생충〉 열풍이 일어났습니다. 영화 〈기생충〉 한 편이 전 세계에서 벌어들인 수익도 수천억 원에 달한다고 합니다.

봉준호 감독의 효과라고 할까요? 덩달아 영화감독을 꿈꾸는 청소년도 늘고 있다고 합니다. 대학에 진학하면 연극영화학과, 연출학과, 영상학과 등에 가겠다는 학생이 제법 많아졌습니다. 제2의 봉준호를 꿈꾸면서 말이죠. 그런데 이런 청소년에게는 좀 미안한 얘기지만, 봉준호 감독은 영상, 영화 계열의 학과를 나오지 않았습니다. 그것과는 거리가 먼 사회학을 전공했습니다. 의아하죠? 사회학을 전공한 사람이 사회 연구가 아닌 영화를 연출한 사실에 한 번 놀라고, 한국 최초로 오스카상까지 수상한 사실에 또 한 번 놀라지 않을 수 없습니다.

사회학을 전공한 봉준호 감독은 대학 시절 사회 문제에 관심이 많았다고 합니다. 영화동아리에서 활동하며 교내 신문에는 시사만평을 연재하기도 했는데요, 그 내용은 사회 풍자가 대부분이었습니다. 사회학 전공자답게 사회 문제에 관한 자료를 다양하게 수집하고, 철저하게 검토하고 분석하여, 그것을 영화로 표현해왔습니다. 특히 영화 〈기생충〉의 성공 요인은 작품의 완성도뿐만 아니라 영화가 말하려는 주제와도 관련이 있습니다. 한국뿐만 아니라 전 세계가 안고 있는 사회 불평등에 대해 날 선 문제의식을 보여줬고, 이것이 세계적으로 깊은 공감을 이끌었다는 평가도 받습니다. 영화 〈기생충〉 덕분에 사회 불평등 문제를 더 진지하게 생각하게 되었다고 말하는 사람들도 많아졌다고 합니다.

봉준호 감독 덕분에 사회학의 가치도 재발견되고 있습니다. 사회학의 쓰임새가 다양합니다. 문화예술 분야에서도 사회학이 활용될 정도이니까요. 그 영향력도 대단해 한국 사회를 넘어 전 세계에 큰 영향을 줄 수도 있습니다. 이런 일이 어떻게 가능하냐면, 사회학이 인간 사회 전반을 다루는 학문이기 때문입니다. 정치, 경제, 사회, 문화, 예술, 과학 등 거의 모든 분야를 다루죠. 다양하게 배우니까 활용할 수 있는 분야도 많고, 그것이 영향을 미칠 수 있는 범위도 넓은 겁니다.

　그러고 보니 배우는 범위가 너무 넓어 부담되나요? 하지만 처음부터 모든 걸 공부할 필요는 없습니다. 여러분이 흥미를 느끼는 분야부터 시작해도 됩니다. 관심 분야가 무엇이든 상관없습니다. 사회학의 품이 넉넉하여 그것들을 모두 끌어안아줄 테니까요.

　여러분 대다수가 영상 매체에 관심이 많죠? 그런데 여러분이 관심 있는 TV 드라마나 영화 같은 영상물은 한 사회를 고스란히 담고 있습니다. 사회학과 뗄 수 없는 관계죠. 그래서 영상물 속에 담긴 사회·문화에 관심이 있으면 영상사회학부터 공부해볼 수 있을 겁니다. 미술, 음악 같은 예술에 관심이 있으면 예술 작품에 담긴 사회적 배경을 알아볼 수도 있죠. 예술 작품이 생산 및 소비되는 사회적 관계도 분석할 수 있고요. 이건 예술사회학으로 공부할 수 있습니다. 문화 전반으로 관심을 넓히고 싶으면 문화사회학이라는 이름으로 공부하는 것도 좋을 것이고요.

　예술과 문화를 즐기기에는 사는 게 너무 팍팍한가요? 취업 말고 다른 건 관심이 없다면 앞으로 조직사회학을 공부해보시죠. 회사원이 되든, 공무원이 되든 여러분은 하나의 사회조직 안으로 들어가게 될 텐데, 조직사회학을 공부하면 여러분이 앞으로 경험하게 될 사회조직에 대한 적응력을 높일 수 있을 뿐만 아니라 그 조직에서 나타나는 문제점의 개선 방안도 찾을 수 있습니다.

　더불어 우리가 결국 어느 조직에 고용된 노동자로서 살아가게 될 것이라는 사실을 인정한다면 노동사회학에 집중해보는 것도 좋습니다. 직종, 직업, 기업 등과 관련된 불평등, 고용상의 지위 및 경력에서 나타나는 성별, 연령별 차이, 작업장에서 권력의 역할 같은 주제를 다루며 노동의 권리를 지킬 방안을 탐구해보는 거죠.

산업사회보다는 정보와 지식이 중요한 정보사회가 더 궁금하다고요? 그럼 지식사회학은 어떤가요? 어떤 정보와 지식이 사회에 어떻게 영향을 미치는지 공부해보면 정보의 홍수 속에서도 당황하지 않고 살아갈 수 있을 거예요.

지식 따위는 필요 없고 누가 뭐래도 개인의 건강이 우선이라면 질병의 사회학이 여러분의 흥미를 자극할 수도 있을 겁니다. 코로나바이러스감염증-19의 확산으로 불편했던 사람들은 이번 기회에 전염병이 어떤 사회적 맥락 속에서 확산되고, 그에 효과적인 사회적 대응 방법은 무엇이 있는지, 또 전염병의 확산과 대응 과정에서 어떤 사회 현상이 일어나는지 살펴보는 것도 좋을 것 같습니다.

사회를 알면 알수록 문제가 많다는 것을 느끼고, 이 한몸 사회 변혁에 뛰어들고 싶은 열혈 청소년이 있으면 사회운동론을 강력하게 추천합니다. 사회운동을 분석해보면 사회 변혁의 힘도 찾을 수 있을 겁니다.

한편 인문, 사회 계열을 전공하면 취업하기 어렵다며 자조 섞인 어투로 "문송합니다(문과를 선택해 죄송합니다)"라고 말하고는 하는데요, 사회학을 공부해도 죄송한 마음이 들까요? 현대사회가 과학기술의 시대라고 하더라도 사회학은 여전히 쓸모가 있습니다. 사회와 무관하게 과학기술이 발전하는 것도 아니고, 과학기술이 발전할수록 사회에 다양한 변화를 가져와 윤리적, 정치적, 경제적, 사회적 쟁점도 불거질 겁니다. 그때는 사회학이 훈수를 두어야 합니다. 그래서 과학기술의 사회학을 공부하는 것도 흥미로울 겁니다.

　이렇게 세분화하여 학문을 심층적으로 연구하면 자연스럽게 그 분야의 전문가가 될 수 있을 겁니다. 하지만 이러한 학문의 세분화는 학문 간의 장벽을 지나치게 높이면서 종합적인 시각을 잃게 만들 수 있습니다. 이런 문제점을 해결하려면 사회학과 다른 학문의 미팅을 주선해야 합니다. 다른 학문과의 소통을 시도하는 것이죠. 이것을 '간학문적 연구'라고 말합니다. 간학문적 연구는 우리가 사회를 더욱 넓은 관점으로 이해하는 데 도움을 줄 수 있습니다.

　간학문적 연구 경향은 세계화 시대를 맞아 특별히 주목받고 있습니다. 세계화 시대에는 상호의존성이 깊어져 간학문적 연구가 더욱 긴요해졌지요. 예를 들어 중국발 미세먼지가 한국에도 영향을 미침으로써 우리 생활을 크게 위협하고 있습니다. 그럼 이 문제를 해결하려면 어떤 학문적 노력이 필요할까요? 정치학에서 중국과 한국의 국제정치 관계를 알아야 할 것이고, 법학에서 환경 문제를 국제법이 어떻게 다루고 있는지 알아야 하며, 경제학에서 미세먼지가 초래한 경제적 피해 규모를 파악해야 합니다. 사회학에서는 세계화된 환경 인식이나 이 문제에 대한 정부와 사회단체의 접근법을 알아볼 수 있습니다. 이 모든 걸 종합하여 분석해야 미세먼지 문제를 해결할 확실한 방법이 나올 겁니다.

　한편 최근에는 과학기술과 인문 사회학의 만남도 늘고 있습니다. 종합적인 학문이 필요한 시대인 거죠. 예를 들어 알파고와 이세돌의 바둑 대결로 인공지능이 한층 주목받았는데요, 인공지능을 제작하려면 간학문적 연구 자세가 무엇보다 필요합니다. 인공지능 분야는 사람처럼 생각하고 행동하는 지능적인 기계를 다루잖아요. 그러면 컴퓨터 공학만 안다고 해서 개발할 수 있는 게 아니죠. 공학뿐만 아니라 자연과학, 의학에 대한 지식이 뒷받침되어야 합니다. 그래야 생물체에 가까운 인공지능을 만들 수 있지요. 나아가 문학, 예술 분야와 같은 인문학도 필요해요. 인간을 알아야 하니까요. 게다가 사회학의 시각이 인공지능 기술에 투입될 필요가 있지요. 사회 문제에 대한 데이터를 입력해야 해결 방법을 찾는 인공지능도 개발하죠. 학문 간 협력이 유기적으로 잘 이뤄지면, 인공지능을 통해 사회 문제를 합리적으로 해결하는 일도 기대해볼 수 있을 겁니다.

미래 사회에서는 융합 인재가 더욱 필요합니다. 미래에 발생할 문제는 지금보다 훨씬 복잡해질 겁니다. 이에 대비할 방안을 마련하려면 정치, 경제, 사회, 문화, 예술, 과학 등 다양한 분야의 지식을 깊고 넓게 섭취해야 합니다. 다행히 사회학은 개별 학문이면서도 매우 폭넓은 분야를 다룸으로써 융합 연구에 중요한 기반이 될 수 있습니다. 여러분이 미래에 무슨 일을 하든 사회학은 든든한 지원군이 되어줄 겁니다.

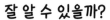

어떻게 하면 사회를 잘 알 수 있을까?

이제 사회를 알고 싶은 생각이 들었나요? 우리가 사는 사회를 더 잘 이해하려면 사회학 공부가 꼭 필요합니다. 그런데 사회를 알아가는 게 쉽지는 않습니다. 사회가 너무 복잡하기 때문이죠.

사회에는 수많은 사람이 있고 그 사람들 사이의 관계가 복잡합니다.

사람마다 생각하고 행동하는 게 다르고, 사회마다 문화나 제도가 다르죠. 또 그것들이 얽혀 있습니다. 어디 그뿐인가요? 사회는 잠시도 가만히 머물러 있지 않아요. 요동치죠. 카멜레온처럼 수시로 변합니다. 이처럼 사회학은 한 번에 나열하기조차 힘든, 변화무쌍한, '그것들'을 배웁니다.

이렇게 말해놓고 보니 처음부터 조금 질립니다. 도대체 사회학이란 게 사회의 어디서 어디까지를 연구하는 것인지 혀를 내두르는 사람도 있을 겁니다. 끝이 보이지 않죠.

하지만 두려워할 필요는 없습니다. 사회가 이해하기 어렵기는 해도 낯설지는 않기 때문이죠. 사회학은 우리가 매일 경험하는 일상적인 사회 현상을 연구합니다. 그래서 모든 사람은 사회를 연구할 능력이 있습니다.

그런데 아무리 익숙한 사회라 하더라도 다람쥐 쳇바퀴 돌 듯 넋을 놓고 살아가면, 모든 일이 그냥 스쳐 지나갈 뿐 사회를 제대로 이해할 수는 없습니다. 그래서 특별한 게 있어야 합니다. 사실 특별한 것도 아닌데요, 일상을 의심하며 질문하는 겁니다. 단순한 일상도 낯설게 보면 의미 있게 다가오게 마련입니다. 일상을 낯설게 보고 끊임없이 질문을 던져 사회를 파악할 때, 비로소 우리 사회를 제대로 이해할 수 있게 됩니다.

다른 학문도 비슷하겠지만 사회학은 특별히 더 많은 질문을 끊임없이 해야 할 학문입니다. 일상의 모든 것에 질문해야 하니까요. 사람들이 당연하게 여기는 모든 일에 대해서도 놓치지 말고, "왜 그렇지? 사회적으로 어떤 의미가 있으며 무엇과 관련이 있는 걸까? 만일 이렇게 하면 무엇이 달라질까? 어떻게 바꿀 수 있지?"라고 질문을 던져야 합니다.

이와 관련하여 복잡한 사회를 잘 이해하려면 어떻게 생각해야 할지 알려준 학자가 있습니다. 《사회학적 상상력》이란 책을 쓴 미국의 사회학자 밀스(Mills, C.W.)입니다. 그는 사회학적 상상력이라는 표현을 썼는데요, 사회학적 상상력이란 바로 일상생활의 익숙한 것을 낯설게 보는 상상력을 말합니다. 단순해 보이는 사회·문화 현상도 역사적 맥락과 더불어 정치적, 경제적, 사회적 관계와 연결하여 깊게 생각해보는 것입니다. 왜 그렇게 생각해야 하냐면, 개인의 단순한 행위에도 거대한 사회적 힘이 작용하고 있기 때문입니다. 그런데 용어가 낯설지요? 그럼, 예를 들어보죠.

이제는 '아이돌 팬덤 문화'가 한국 청소년의 삶을 대표하게 되었는데요. 그것을 단순히 보이는 대로 일상의 이미지로 받아들이면 어떻게 말하게 되죠? "요즘 애들은 또래 아이들 여럿이 춤추고 노래하는 것을 좋아하는구나"라고 말하고 말겠지요. 그런데 사회학적 상상력을 발휘하면, 그 청소년들의 삶이 거대한 우리 사회의 정치적, 경제적, 사회적 관계와 그 변동으로 형성되어왔다는 것을 말하게 된다는 것이죠.

이를테면 경제성장에 따른 소득과 소비의 증대 그리고 여가생활의 증가, 대중문화의 확장과 그 시장을 파고든 대형 기획사의 등장, 문화소비자로서 10대 청소년의 중요성 그리고 청소년들의 새로운 문화적 코드 등을 모두 볼 수 있어야 합니다. 그래서 아이돌 팬덤 문화는 여럿이 춤추며 노래하는 걸 단순히 즐기는 놀이 문화가 아니지요. 그 안에 담겨 있는 의미를 살펴보니 흔한 일상도 매우 거대하고 깊이 있게 파악할 수 있게 되지요.

사회학적 상상력을 발휘할 때에는 일상 속에서 쉽게 포착되지 않는 이면에 사회관계들이 어떻게 연결되어 있는지 찾아가는 게 중요합니다. 그러다보면 단순한 일상에도 매우 깊은 의미와 관계들이 있다는 것을 알게 되지요. 이처럼 많은 사람이 사회학적 상상력을 지니게 되면 실재하는 우리 사회에 대한 지적, 정서적 수준도 높아져 서로를 더 깊이 이해하고 공감할 수 있게 될 겁니다. 그래서 사회학은 익숙한 일상을 낯설게 보는 상상력으로 사회를 연구하는 학문이라고 할 수 있습니다.

그런데 사회학적 상상력으로 일상생활에 대해 의문을 갖고 질문하는 게 말처럼 쉬운 일은 아닙니다. 우리는 일상 속에서 새롭고 예리한 질문을 생각해내는 데 미숙합니다. 그래서 사회 연구를 직업으로 삼는 사회학자들이 먹고사는 것일 수 있어요. 사실 일상생활은 익숙한데, 그 익숙한 일상의 이면을 찾는 질문을 하는 건 익숙하지 않아요. 그래서 사회학적 상상력을 발휘하는 게 쉽지는 않습니다.

그런데 일상생활에서도 무언가 새롭고 흥미로운 변화가 있을 때에는 좀 더 쉽게 사회학적 상상력을 발휘할 수 있을 겁니다. 신기성은 늘 사람들의 호기심을 자극하게 마련이죠. 초기의 사회학자들도 일상에 대해 쉽게 질문을 던지지는 못했어요. 그들도 우리와 같은 사람이기 때문에 비슷했겠죠. 그들도 큰 사회적 변화가 나타나기 시작하자 비로소 그 사회적 변화에 대해 질문을 던지기 시작했습니다. 그러다가 점차 일상생활의 작은 부분까지 의문을 갖게 되었죠.

우리도 못할 건 없습니다. 평소에는 못해도 새로운 변화가 있으면 놓치지 말고 상상의 나래를 펼쳐 생각해보세요. 누구도 그런 여러분을 망상가라고 흉보진 않을 거예요. 그 상상은 실재하는 변화 뒤에 작용하는 거대한 구조적 변동을 생각해보는 것이니까요.

지금이라도 당장 일상을 눈여겨보고 예전과 다른 작은 변화라도 있으면 왜 이런 일이 벌어지고 있는지 사회구조적 맥락까지 파고들어 질문을 던져보세요. 그 변화를 포착하면 그 변화의 힘도 찾을 수 있습니다. 그 변화를 이끄는 힘을 찾으면 우리는 사회를 새롭게 만들어갈 수도 있습니다. 현실 사회에 대한 이해와 분석에 관심을 기울이면 자연스럽게 문제점을 알게 되고, 그 문제점을 모르면 모를까 알게 된 이상 사회 변혁의 의지도 생겨날 겁니다.

그러면 개인과 사회를 지금보다 더 나은 상태로 변화시킬 수도 있을 겁니다. 일상적인 현실에 대해서도 애정을 갖고 지극히 정성을 다해 관심을 가지며 질문을 이어가다보면, 사회를 더욱 잘 이해할 수 있을 뿐만 아니라, 나와 세상을 바꿀 수 있습니다.

사회 연구에서 주목해야 하는 건 무엇일까?

사회에 관한 관심은 사회학의 출발점입니다. 사회학은 자연현상보다 사회·문화 현상을 주목합니다. 자연과학이 자연현상에 집중하는 것과 비교되지요. 여러분이 사회에 관심이 있다면 무엇보다 사회·문화 현상을 자연현상과 구분하여 그 특징을 잘 알고 있어야 합니다. 그래야 헤매지 않고 순조롭게 사회·문화 현상을 연구할 수 있겠지요.

사회·문화 현상을 언급하기에 앞서 자연현상의 특징을 살펴보죠. 무엇보다 자연현상은 가치를 다투지 않아요. 자연현상은 인간의 의지와 관련이 없어, 인간이 중요하게 생각하는 가치를 지니지 못합니다. 조금 어려운 말로 몰가치적이라고 하죠. 여기서 몰(沒)은 '없어지다'는 뜻입니다. 수몰이라는 말을 들어봤지요? 수면 아래로 잠기니 눈에 보이지 않지요. 사라졌어요. 없어졌죠. 몰상식하다는 말도 들어봤을 거예요. 상식이 없다는 뜻입니다. 몰가치적이라고 하면 가치가 없다는 것이지요. 예를 들어 지구는 365일 자전을 하며 태양 주위를 돕니다. 어떤가요? 기분 나쁜가요? 정의롭지 못한가요? 이런 질문 자체가 황당하게 들리지요. 이처럼 자연현상은 가치를 다투지 않습니다. 자연현상은 인간의 가치와 무관하게 존재한다는 점에서 몰가치적입니다. 자연현상은 사실 그대로 존재할 뿐입니다. 존재법칙을 따른다고 하지요. 우리가 자연현상의 원리를 어떻게 인식하든 상관없이 그냥 사실 그대로 존재하는 것입니다.

자연현상은 필연적이고 확실하게 존재합니다. 예외가 없습니다. 어느 날 갑자기 지구를 중심으로 태양이 도는 일은 일어나지 않을 겁니다. 만유인력의 법칙과 같은 원리가 작동하듯, 특정 원인에 따라 그에 상응하는 결과가 그대로 발생하죠. 인과법칙이 정확하게 적용되는 거예요. 자연현상은 시대와 장소에 상관없이 일정한 조건만 갖춰지면 동일한 현상이 나타납니다. 그래서 보편성이 있다고 합니다. 그런데 그 보편성은 필연적으로 나타납니다. 즉 자연현상에는 필연적 보편성이 나타나는 것이지요. 그래서 일정한 조건이 갖춰지면 앞으로 무슨 일이 일어날지 예측할 수도 있습니다. 자연현상은 미래 예측이 용이합니다.

하지만 사회·문화 현상은 인간의 의지와 가치를 내포하고 있습니다. 그래서 가치 함축적이라고 합니다. 인간의 의지와 가치관 혹은 신념이 담겨 있습니다. 예를 들어 박정희가 독재 정치를 했습니다. 온 나라가 독재자 박정희를 중심으로 움직였죠. 의회를 해산하고 사법부와 언론을 통제했으며 국민의 기본권을 인정하지 않았습니다. 어떤가요? 부당하다는 생각이 들지요. 정의롭지 못하지요. 이처럼 사회·문화 현상은 가치를 논합니다. 민주국가에서는 헌법을 기준으로 삼아 법과 제도를 만듭니다. 대통령은 헌법에 따라 국민의 기본권을 보장하려고 마땅히 책임을 다해야지요. 사회·문화 현상에는 '마땅히 이러해야 한다'는 사회의 규범적 요구들이 세워질 수 있는데, 이것을 당위법칙이라고 합니다. 당위란 '마땅히 해야 할 것'이라는 의미입니다. 그런데 박정희는 자신의 독재를 강화하려고 유신헌법을 만들고 국민의 기본권을 파괴했습니다. 유신헌법은 민주공화국의 헌법 정신을 심각하게 훼손했다고 평가할 수 있습니다. 이처럼 사회·문화 현상은 가치관에 따라 평가할 수 있습니다.

부패한 독재 권력이 시민을 억압하면 시민의 분노는 끓어오릅니다. 그리하여 정권을 무너뜨릴 수 있지요. 하지만 항상 그런 것은 아닙니다. 개연성, 즉 가능성이 있을 뿐이죠. 여기서 독재 정권의 붕괴는 사회적 환경에 따라 어느 정도의 경향성으로 나타납니다. 확률의 원리가 작용하는 겁니다. 특정한 사회 환경에 놓이면 독재 정권이 몰락할 확률이 높다는 것이지요. 이것은 다시 말해 예외적 현상이 나타날 수도 있다는 얘기가 됩니다. 예를 들어 5·18 민주화 운동에도 불구하고 독재 체제가 새로운 형태로 재등장할 수 있었던 거죠. 당시 학생과 시민은 독재자 박정희의 죽음 이후 민주주의가 꽃피울 줄 알았지, 전두환과 신군부의 새로운 독재가 다시 등장할 것이라고는 전혀 예상하지 못했습니다. 이처럼 특정한 사회·문화 현상의 변화는 필연적인 것이 아닙니다. 그만큼 정확하게 예측하는 게 쉽지 않지요.

사회·문화 현상은 시대와 장소에 따라 다르게 나타날 수 있습니다. 특수성이 있다는 것이지요. 그런데 여기서 주의할 점은 사회·문화 현상이 보편성도 있다는 것입니다. 즉 특수성과 보편성이 공존합니다. 예를 들어 민주국가가 성립되는 과정에서 민주화 운동이 일어나는 보편성이 있지만, 그 민주화 운동의 성공과 실패 혹은 변형은 사회마다 다르게 나타나는 특수성이 있습니다. 그래서 한 사회에서 어떤 일이 벌어질지 더욱 흥미진진해집니다. 사회·문화 현상을 연구하면 다양하고 역동적인 사회를 알게 되어 재미있지요.

지금까지 사회학이 일반적으로 주목해왔던 사회·문화 현상을 자연현상과 비교해봤습니다. 하지만 이 두 현상을 갈라놓고 연구하는 게 항상 바람직한 것은 아닙니다. 이 두 현상이 별개로 존재하지 않기 때문입니다. 서로 밀접하게 관련되어 있지요.

자연현상과 사회·문화 현상이 완전히 결합하여 순환하듯 서로에게 영향을 끼치는 사례는 많습니다. 예를 들어 인간의 경제 개발 정책으로 인해 화석연료 사용이 급증하자 지구 온난화라는 새로운 자연현상이 나타나고, 지구 온난화는 다시 농업을 비롯한 산업 전반에 큰 영향을 끼치죠. 농업 생산력을 높이기 위한 인공 화학물질의 제초제 개발과 남용은 내성이 강화된 슈퍼 잡초와 슈퍼 해충을 탄생시키고 생태계를 어지럽혀 다시 인간의 몸과 사회를 파괴했던 사례도 있지요.

어디 그뿐인가요? 인간의 무분별한 개발 정책이 박쥐를 비롯한 야생동물 서식지인 숲을 파괴하고, 숲이 파괴된 자리에 가축을 사육하고, 야생동물의 바이러스는 가축으로 옮겨 갔으며 인간은 그 가축을 거침없이 먹어치웠죠. 또 서식지를 잃은 야생동물이 인간 사회와 빈번하게 접촉하면서 야생동물에 내재된 바이러스가 인간에 침투하여 사회를 송두리째 파괴하기도 하지요. 2020년, 전 세계에 퍼진 코로나바이러스는 박쥐에서 유래했을 가능성이 큰 것으로 지목되었는데요, 중국은 야생동물을 먹는 음식 문화가 있다고 하죠. 중국 우한의 수산시장에서 각종 야생동물을 도살해 판매했는데, 이들 야생동물을 매개로 박쥐에서 인간으로 바이러스가 옮겨 갔을 것이라는 얘기가 있습니다. 이처럼 자본주의 사회의 무분별한 개발 정책이 자연현상에 영향을 미치고, 그것이 부메랑이 되어 다시 인간 사회를 파괴하는 일은 셀 수 없이 많아지고 있습니다.

따라서 사회학을 공부하는 사람이라면 사회·문화 현상에 집중해야겠지만 자연현상의 변화에도 관심을 가져야 합니다. 모든 사실, 모든 일상에 관심을 가져야 해요. 그래서 수학과 과학이 싫어 인문, 사회 계열을 선택했더라도 자칫 자연현상에 관한 관심까지 버리지는 말았으면 합니다. 미세먼지 문제에 관심을 가지고, 지구 온난화, 자연재해, 생태계 변화 그리고 최근 많이 언급되는 유전자혁명, 자율주행차 개발, 로봇과 인공지능, 가상현실 등의 과학기술 발달에도 관심을 가져보세요. 그것들이 인간 사회에 어떤 영향을 미치고 있는지 연구할 필요가 있습니다. 사회와 과학기술의 관계에 관한 것은 사회·문화 현상이기 때문입니다. 사회에서 벌어지는 모든 일에 관심을 두어야 합니다.

학문으로서 사회학은
어떻게 태어났을까?

인간의 역사는 사회와 함께 시작했습니다. 그러니 사회에 눈길이 갈 만도 하네요. 인간은 돌도끼를 들고 짐승을 사냥하던 시기에도 사회를 구성했습니다. 그 사회를 흔히 원시 부족 사회라고 부르지요. 혼자 살 수 없었던 인간은 처음부터 사회를 구성했죠. 사회의 등장은 이토록 오래되었어요.

하지만 사회를 학문으로 다루기 시작한 일은 근대 사회가 등장한 19세기 이후에야 일어났습니다. 다른 학문과 비교해봤을 때 시기적으로 매우 늦었죠. 그렇게 오랫동안 잠잠히 있다가 왜 갑자기 사회학이 등장하게 되었을까요?

사회학의 등장 배경을 알려면 저 멀리 16세기까지 거슬러 올라가야 합니다. 일찍이 16~17세기에 과학혁명*이 일어났습니다. 과학의 시대에는 사회 운용에 대해서도 인간 이성의 눈으로 보았습니다. 이성적인 사고를 이끈 사상은 계몽사상*이었는데요, 18세기의 계몽사상은 사회학을 연구하게 된 '지적 혁명'을 만들어냈습니다. 이성의 눈은 옳고 그름을 합리적으로 판단할 수 있는 시각을 말합니다. 이성의 반대말은 비이성(非理性)이지요. 예를 들어 종교가 지배하던 중세 시대에 무고한 사람을 악마와 내통한 마녀로 몰아, 산 채로 불에 태워 죽이던 마녀사냥이 빈번하게 일어났는데요, 이것이 비이성적 행동의 대표적인 사례입니다. 그런 비이성적인 사고와 행동이 과학혁명과 계몽사상 덕분에 점차 약화됐습

과학혁명

과학혁명을 말할 때, 떠오르는 인물이 몇 명 있죠. '코페르니쿠스의 대전환'이라는 말처럼 코페르니쿠스(Copernicus, N.)는 지구가 태양을 중심으로 돌 것이라는 생각을 처음 하게 됩니다. 갈릴레이(Galilei, G.)는 자연현상에 대한 비이성적 사고와 관습, 그리고 그것을 옹호하는 종교 권력에 길들여지기를 거부하며 "지구는 돈다"는 과학적 원리를 설명하려 했죠. 그리고 실험과 관찰을 통해 자연현상을 합리적으로 이해했던 과학혁명은 18세기 뉴턴의 물리학, 만유인력의 법칙으로 최고조에 이르렀지요. 미적분을 창시한 뉴턴(Newton, I.)은 수학으로 자연현상을 설명하여 오늘날 수험생의 원한을 사고 있지만, 그의 업적은 세상을 보는 시각을 완전히 바꾸어놓았습니다. 이때부터 하느님의 창조 신화는 과학적으로 깨져 나갔습니다. 그때부터는 하느님 말씀을 헤아려 세상을 보려 하지 않았어요. 바로 인간의 눈으로, 과학적으로 보게 되었죠.

계몽사상

계몽사상은 불합리하고 무지몽매한 사고를 깨뜨려 사람들을 새롭게 이끈 사상이에요. 종교적, 비과학적, 비합리적 사고와 대립각을 세우죠. 즉 중세 봉건제의 신분적 예속에서 벗어나 개인을 발견하고, 개인의 이성은 세상을 과학적으로 판단하는 힘이 있기에 이성을 통해 세상의 보편적 원리를 발견할 수 있다고 보는 사상이 계몽사상이에요. 계몽주의는 여러 사상가에게 영향을 주었어요. 사상가들은 단순히 운명이나 신의 뜻으로 받아들여졌던 자연현상과 사회·문화 현상에 관해 과학적 논리로 설명하기 시작했습니다. 예를 들어 번개가 치면 신의 노여움이나 계시로 이해하는 게 아니라 전자(電子, electron)의 이동으로 이해하는 것이죠. 그리고 번개의 피해를 막기 위해 피뢰침을 만들었죠. 이처럼 세상에서 벌어지는 현상에 대해 논리적이고 합리적인 설명이 가능하다는 이성적 믿음이 사회를 보는 시각을 바꿔놓기 시작했지요.

니다.

한편 18세기 유럽 사회는 거대한 정치적, 경제적 혁명을 겪었습니다. 지적 혁명에 힘입어 사고의 혁명적 각성이 일어난 덕분이었습니다. 정치적 변화에서 주목할 사건은 시민혁명입니다. 시민혁명으로 성직자와 귀족층의 특권적 지위는 땅바닥에 떨어졌어요. 기존 정치체계가 무너지면서 사회생활도 새롭게 조직되었습니다. 격동이 휘몰아치게 된 것입니다. 이어 경제적 측면에서는 산업혁명이 유럽 사회를 뒤흔들었습니다. 대규모 산업이 출현하면서 경제생활에 큰 변화를 겪게 됩니다. 사람들이 짐을 싸서 시골을 떠나 도시로 옮겨 가자 전통적인 가족이나 마을 공동체는 무너졌습니다. 도시로 간 사람들은 새로운 계급이 되었습니다. 자본가와 산업 노동자라는 새로운 계급이 세상에 나타난 거죠.

19세기 유럽 사회는 완전히 새로운 세계가 되었습니다. 시민혁명과 산업혁명이 새로운 종류의 사회를 창조하는 데 결정적인 영향을 미쳤죠. 그래서 새로운 세계가 시작되었다고 외치게 되었어요. 이 새로운 세계가 바로 근대 사회였습니다.

근대 사회의 출현은 인간의 역사에서 흔히 볼 수 없는 거대한 변화였습니다. 근대 사회에서 사람들은 이전의 사회적 관습이나 전통의 제약에서 벗어나 새로운 것에 가치를 두기 시작했죠. 사회에는 합리적 이성을 지닌 개인 각자가 자유의지에 따라 정치적 권리를 주장하고, 경제적 이익을 추구하는 데 몰두하는 일이 넘쳐 나고 있었습니다. 사람들의 신념과 가치뿐만 아니라 정치, 경제, 문화, 기술 등 거의 모든 게 확연히 달라졌습니다. 그 변화는 충격 그 자체였습니다. 사회학은 유럽의 급격한 사회 변화에 충격을 받고 이를 이해하기 위한 지적 노력의 하나로 출범했습니다. 요컨 대 과학혁명과 계몽사상에 이어 급진적인 경제적, 정치적 혁명이 혼합된 근대 사회의 출현이 사회학을 낳은 시대적 배경이 되었습니다.

사회가 크게 변했으니 사회를 보는 눈도 예전과 달라져야 했습니다. 구체적으로 이전의 시각과 무엇이 다른 것일까요? 사회학이 탄생하기 이 전의 학자들은 엄밀하게 말해서 사회를 중요한 연구 대상으로 삼지 않 았습니다. 윤리나 철학, 그리고 신학이 주름잡던 시대였는데요, 이들 학 문에서는 사회를 쏙 빼고 인간을 다루었습니다. 인간 본성에 대해 논쟁 을 벌이거나 신의 종속물로서 어떻게 사는 게 바람직한지를 살폈을 뿐이 었죠. 하지만 사회학에서는 인간을 사회와 직접 관련지어 다룬다는 점이 달랐습니다. 사회를 중요 개념으로 드러낸 것 자체가 사회학의 주요 공 헌이기도 합니다.

게다가 사회를 매우 특별하게 다루었죠. 객관성과 논리성을 담아 사회 를 과학적으로 연구하려 했던 겁니다. 학자들은 근대 사회를 과거와 구 분하고, 새로운 사회조직의 출현에 대해 과학적으로 설명하기 시작했습 니다. 이때 누구보다 앞서 사회가 어떻게 유지되고 작동하는지를 적극 적으로 묻고 대답하려고 했던 인물이 있었는데요, 바로 프랑스의 콩트 (Comte, A.)*였습니다. 과학의 세례를 받은 최초의 사회학자 콩트는 사회 학을 '사회에 대한 과학'으로 생각했습니다.

콩트를 비롯한 초기 사회학자들은 자신의 궁금증을 공유하며 사회학 이라는 학문의 깃발 아래에 모여들기 시작했습니다. 대표적인 궁금증이 뭐냐면, 많은 변화가 있었던 근대 사회를 지켜보면서 기존 질서의 붕괴

콩트는 사회학이란 용어를 처음 사용한 사람으로 유명해요. 사회학의 윤곽을 제시했다고 평가받죠. 그런데 보수적이었던 콩트는 당시 사회가 혼란스러워 사회 변화를 좋아하지는 않았어요. 사회 변화를 위해 사회학을 만든 게 아니라는 얘기죠. 종교적 권위가 지배하던 천년의 역사가 무너졌으니 얼마나 혼란스럽겠어요? 좋을 리 없지요. 하지만 그 변화를 어쩔 수 없다고 봤어요. 옛 질서로 돌아갈 수는 없다고 생각했던 것이죠. 이 점이 당시 귀족과 다른 점입니다. 사회는 달라졌어요. 혼란스러울 만큼 복잡해졌죠. 그것은 거부할 수 없는 '사실'인 거예요. 사실을 합리적으로 봐야겠죠.

그래서 개인의 삶과 구분되는 사회에서 사회조직이 새롭게 창출되고 유지 및 변화하는 사실적인 원리를 실제로 증명해 보여야 한다고 콩트는 주장했습니다. 그리고 사회에는 사회조직의 재편과 같은 새로운 공동체 질서가 필요하다는 생각을 하게 되었습니다. 사회가 어쨌든 무너질 수 없으니까요. 하지만 콩트는 사회의 방향성에 대한 확실한 길을 찾지는 못했어요. 그 길을 찾는 것은 이후 사회학자들의 몫이 되었죠.

에도 불구하고 "어떻게 사회가 유지될 수 있는가"라는 것이었죠. 이 궁금증이 많은 사람을 사회학의 길로 인도했죠. 그 궁금증은 "무엇이 인간을 결합하여 사회를 형성하게 만드는가?"라는 근본적인 의문과 잇닿아 있지요. 이젠 신을 찾아 답을 구하려 하지 않았죠. 당대 학자들이 이성의 눈으로 합리적으로 찾아야 한다고 생각했습니다.

그리고 사회를 이해하는 것만으로는 만족하지 못했던 사회학자들은 사회를 변화시키는 데 초점을 맞추기도 했습니다. "사회는 어떻게 변화하는가?"라는 이해와 분석에 초점을 맞춘 의문뿐만 아니라 "사회를 어떻게 변화시킬 수 있는가?"라는 적극적인 실천 의지가 담긴 의문처럼 학자들은 사회 변화에도 많은 관심을 두고 해답을 찾으려고 했던 것이지요. 하지만 그 답은 처음부터 정해지지 않았고, 그 답을 찾는 노력은 여전히 현재진행형입니다. 아마도 그 노력은 카멜레온처럼 변하는 사회의 생명과 함께 끝까지 이어지겠죠.

2장

사회학 읽는 시간

사회학에는 어떤 이론이 있을까

개인과 사회의
관계를 보는 이론

1

사회학을 읽을 시간입니다. 이제 본격적으로 사회학이라는 학문의 세계로 들어가보겠습니다. 학문적인 탐구를 할 때에는, 세상을 보는 틀로서 이론을 마주하게 마련입니다. 사회학 이론에서는 사회를 가장 중요한 개념으로 다룹니다. 그래서 사회를 드러내 본격적으로 탐구하면 됩니다.

그런데 여전히 사회가 정말 존재하기는 하는 것인지 근원적인 의문을 제기하는 사람이 있습니다. 이러한 도전적인 문제를 제기하는 사람은 사회에 집중하려니 개인이 멋쩍어진다고 주장합니다. 개인의 가치를 덮고 사회를 말하려니 헛다리를 짚는 것 같다는 거죠.

이처럼 개인과 사회의 관계 설정에서 이론적 논란이 일어났습니다. 한편으로는 개인과 사회의 관계에서 개인은 사회 속에서만 의미가 있는 존재라며 사회의 손을 들어주는 학자가 있습니다. 반면 개인을 중심에 놓고, 개인과 개인 그리고 개인과 사회의 관계를 탐구하여 사회를 탐구하려는 학자도 있습니다.

이렇게 개인과 사회의 관계를 보는 관점이 다를 수 있습니다. 초기 사회학자들을 비롯하여 대다수 사회학자는 사회가 실제로 존재한다는 사회실재론을 따랐지만, 뒤이어 등장한 사회학자들 가운데에는 사회를 명목상의 이름으로 보는 사회명목론을 지지하는 사람도 있었습니다.

사회는 실제로 존재한다 : 사회실재론

우리가 사용하는 모든 개념은 실체가 있습니다. 아무리 추상적인 개념이라도 실제로 없는 것을 표현하지는 않지요. 사회라는 개념도 마찬가지입니다. 사회가 실제로 있어 사회를 말하고 있는 겁니다.

우리 모두 잘 알고 있듯이 사회가 있습니다. 사회가 눈앞에 보이지는 않지만, 우리가 생각하고 행동할 때 늘 사회가 있다는 것을 느낄 수 있습니다. 예를 들어 사람들은 길을 건널 때 빨강 신호등 앞에서 멈춰 서게 됩니다. 우리는 무엇 때문에 멈춰 섰던 것일까요? 귀신이 뒤에서 붙잡은 게 아닙니다. 사회가 법과 제도로 빨강 신호등 앞에서 멈춰 서도록 제약했던 겁니다. 사회가 실제로 존재하지 않는다면 멈춰 설 이유가 없지요. 이처럼 사람들은 생각과 행동의 제약을 받을 때 비로소 사회가 실제로 있다는 것을 알게 됩니다.

　사회를 실제 객관적으로 존재하는 사실로 봐야 한다고 강력하게 주장한 사람이 있어요. 그 대표적인 인물이 프랑스의 뒤르켐*(Durkheim, É.)입니다. 뒤르켐에 따르면, 사회는 개인과 무관하게 그리고 개인의 외부에서 개인의 행동을 제약합니다. 뒤르켐은 사회에서 부도덕하다고 말하는 행동을 개인이 쉽게 하지 못하는 걸 보게 됩니다. 사회규범이 실제로 존재하더란 말이죠. 사회규범은 사회마다 다른데 사회규범이 강한 전통 안에서는 개인행동이 더 제약되고, 그것이 약한 사회에서는 개인이 좀 더 자유롭게 판단하더란 말이죠. 이런 제약이 가능한 것은 사회가 실제로 존재하여 개인에게 영향을 미치기 때문입니다. 그래서 사회는 개인을 그 개인의 의지와 다르게 이끌 수도 있습니다. 예를 들어 개인이 죽고 싶어

뒤르켐

뒤르켐은 사회학이 '사회적 사실'에 대한 연구라고 말했어요. 사회적 사실이란 사회적으로 실제 존재하는 것을 의미해요. 예를 들어 개인의 행위는 사회규범에 따르는 사회적 사실입니다. 누가 봐도 실제로 존재하는 것이니 연구 대상으로 삼기 충분하죠.

그런데 뒤르켐은 특별히 개인의 행동뿐만 아니라 사고와 감정도 사회학의 주제로 다루었어요. 사회학이 탄생하기 이전의 학자들은 도덕을 과학적으로 탐구하려 하지 않았어요. 행여 그것이 탐구 대상이 되더라도 개인의 심리적 현상으로 보았습니다. 인간의 본성에 대한 논의로 서로 입씨름만 했지요. 하지만 뒤르켐은 도덕에도 개인의 심리로 말할 수 없는 사회적 실체가 있다고 했어요. 사회규범이라는 형태로 존재하는 거죠. 이것을 도덕적 사실이라고 했어요.

뒤르켐은 사회적 사실이라는 관점에서 도덕적 사실을 말합니다. 도덕 규범이 실제로 있어, 개인을 규제한다고 봤어요. 많은 사람은 도덕적 사실에 순응하며 살아가게 돼요. 이처럼 도덕적 사실은 제멋대로 행동하여 뿔뿔이 흩어질 수 있는 개인을 사회 공동체로 묶어주는 대단한 역할을 합니다. 도덕 역시 사회적 실체로서 개인을 제약하고 사회를 통합시키더란 말이죠.

도 사회규범에 따라 그 선택을 하는 게 어려울 수도 있는 겁니다. 자살의 경우, 스스로 목숨을 끊는 매우 개인적인 행위로 보이지만, 개인 외부에 존재하는 사회적 힘이 자살에 영향을 준다고 봅니다. 사회가 불안정하고 사회 통합과 규제의 정도가 약할 때 자살율이 높더란 말입니다.

뒤르켐의 주장을 활용하여 우리는 더한 주장도 할 수 있습니다. 사회는 개인의 행동뿐만 아니라 욕망도 제약한다고 주장할 수 있지요. 사람의 욕망은 사회가 만들어냈습니다. 물론 사람의 욕망은 인간 본능이나 본성으로 볼 수도 있죠. 예를 들어 식욕은 생존 본능이라는 식이지요. 하지만 청국장 냄새를 맡고 청국장이 먹고 싶다는 감정이 드는 것은 정말 본능일까요? 한국 사람들은 청국장 냄새에 군침이 돌겠지만, 외국 사람들은 다릅니다. 코를 막고 불쾌감을 표현하지요. 음식 문화가 사회마다 다릅니다. 서로 다른 사회 속에서 특정 음식을 먹고 싶다는 개인적 욕망도 다르게 나타나는 것입니다.

이처럼 사회에 따라 사람들은 일정한 욕망과 감정을 가지게 됩니다. 다시 말해 사회는 실제로 개인이 먹고 싶은 것, 갖고 싶은 것을 격려하여 늘리거나 억제하여 줄일 수 있죠. 때로는 법과 제도를 통해 강력하게, 때로는 문화를 통해 스며들 듯이 개인의 욕망을 제약합니다. 그러니 개인보다 사회를 연구해야죠.

한편 뒤르켐이 명성을 얻기 전에 뒤르켐과는 완전히 다른 방향에서 사회를 실제로 보고 연구하던 학자도 있었습니다. 대표적인 사람이 독일의 사회학자 마르크스(Marx, K.)[*]입니다. 마르크스가 사회학적 상상력을 발휘하여 그려본 사회는 계급사회였습니다.

마르크스

마르크스는 자본주의 사회구조 연구에 몰입한 인물로 유명하죠. 그의 책《자본론》은 자본주의 사회의 경제구조와 작동원리에 대한 과학적 탐구 서적이라고 할 수 있지요.

많은 사람이 마르크스를 공산주의 연구자라고 생각합니다. 그것은 잘못 알고 있는 거예요. 물론 그가 공산주의를 주장한 것은 맞는 말이에요. 하지만 공산주의를 연구하지는 않았어요. 마르크스의 책들에는 공산주의 사회에 대한 분석이 거의 나와 있지 않아요. 공산주의에 대한 내용은 손가락에 꼽을 만큼 아주 조금 나와요.

예를 들어 마르크스는《공산당 선언》에서 생산의 주요 수단인 토지, 공장 등의 사적 소유가 폐지된 집단적 사회를 언급했습니다. 하지만 이것은 정책적 제안에 불과합니다. 그렇게 생산수단의 소유가 폐지된 사회가 세계의 어딘가에 있어서 그 사회를 연구한 게 아니란 것이죠. 한편《독일이데올로기》에서는 각자가 자신의 능력에 따라 원하는 분야에서 일을 하는 사회를 말해요. 하고 싶은 대로 오늘은 이 일을, 내일은 저 일을 하지요. 아침에는 사냥하고 오후에는 낚시하고, 저녁에는 소를 치며 저녁 식사 후에는 세상일에 대해 비평도 하는 모습이 나오죠. 이런 모습으로 공산주의 사회를 살짝 언급했을 뿐이에요. 마르크스가 그토록 원하던 공산주의 사회의 모습조차도 구체적으로 언급한 일이 없다는 것이죠.

이게 전부입니다. 슬로건 같은 말 뿐이에요. 사회주의 혹은 공산주의 사회에 관한 구체적인 내용이 별로 없습니다. 마르크스는 아직 지구상에 나타나지 않은 사회를 허황되게 연구한 사람이 아니었어요. 바람만 있었을 뿐이죠.

마르크스가 연구한 사회는 오롯이 자본주의 사회입니다. 그는 실제로 존재하는 자본주의 사회를 연구한 자본주의 연구자였던 셈이죠. 자본주의 사회를 실체로 인정하면서 계급갈등 역시 그 사회에 실제로 존재한다고 보고, 그 계급갈등과 사회운동을 사회 변혁의 원동력으로 삼으려고 한 것이죠. 그가 공산주의 사회를 제안한 것은 그가 발 딛고 살아가던 자본주의 사회의 실체에 대한 철저한 비판적 분석에서 나온 것이에요.

마르크스는 사회를 면밀하게 관찰해보는데, 보니까 사람들이 생산 활동을 하면서 먹고살더란 말이죠. 그런데 생산에 필요한 주요 수단을 소유한 지배자가 있게 마련이고, 그들은 자신에게 유리한 규범을 만들더란 것입니다. 반면 다수의 피지배자는 지배자들이 기획한 사회 안에서 순응하도록 강제되고 통제를 받습니다. 그러니 관계가 불편할 수밖에 없습니다. 갈등이 생기게 마련이죠. 그런 갈등적 관계에서 지배자들은 지배자들끼리 피지배자들은 피지배자들끼리 자신이 처한 위치에 대해 인식하게 되고 그것이 계급의식이란 것으로 나타납니다. 이러한 계급의식은 사회구조 속에서 만들어진 것이에요. 사회구조의 모순 없이 이런 집단적 계급의식이 생겨날 수 없던 거죠. 사회구조가 개인의 의식도 지배하니 우리는 사실로서 계급사회를 탐구해야 한다는 겁니다.

뒤르켐과 마르크스가 사회를 보는 관점은 하나로 모입니다. 사회가 실제로 있더란 것입니다. 사회가 도덕 규범으로 개인을 제약하여 사회를 통합시키든, 지배 세력이 피지배 세력을 억압하며 지배를 하든, 사회가 개인에게 실제로 영향력을 행사하더란 말이죠. 이를 두고 사회실재론이라고 부릅니다.

사회실재론으로 사회를 보는 방식은 사회학 연구에 매우 유리합니다. 사회가 실제로 있다고 봐야 사회를 확실히 연구 대상으로 삼을 수 있기 때문입니다. 사회를 실제로 인정하지 않으면 사회학이 그림자만 좇는 연구가 될 수 있지요. 실제로 존재하지 않는 것을 연구하면 몽상가 취급을 받을 수도 있죠. 그래서 사회학에서 사회실재론이 많은 지지를 받을 수 있었습니다.

사회를 실체로 인정하는 관점은 근본적으로 개인과 사회의 명확한 구분에 기초해 있습니다. 즉 사회는 개인의 속성과는 다른, 고유하고 독립된 실체로 파악된다는 겁니다. 개인과 사회는 확연히 구분된다는 거예요. 그래서 개인의 속성을 들여다보더라도 사회를 이해할 수 없습니다. 사회는 개인의 속성으로 환원될 수 없습니다. 그래서 사회라는 사실 그 자체를 봐야 한다는 말이죠.

개인보다 사회를 집중해서 봐야 하는 또 다른 이유는 개인이 아무리 잘났어도 결국 사회라는 손바닥 안에 있기 때문입니다. 개인은 사회의 구성요소로서 사회 속에서만 존재의 의미를 지닙니다. 개인의 사고나 행위는 사회의 영향에서 벗어날 수 없고 벗어난들 의미가 없습니다. 개인의 어떤 행동도 그것은 어디까지나 사회구조에 의해 제약된 것입니다. 개인은 사회에 의해 '구조화된 행동'을 한다고 볼 수 있습니다. 그래서 사회구조를 보면 개인의 행동 양식을 예측할 수도 있습니다.

사회가 얼마나 강력한지 개인이 사회에 돌을 던져도 사회는 코웃음만 칩니다. 이는 다시 말해 사회구조가 개인의 행동 하나로 쉽게 흔들리지 않는다는 얘기예요. 안정적이란 말이기도 하고요. 그래서 개인이 볼 때, 사회구조는 저항할 수 없는 존재, 즉 불가항력적인 존재라고 말하는 사람도 있습니다. 자본주의 사회에 불만이 많던 마르크스도 개인의 힘으로는 사회에 도전할 수 없다고 봤습니다. 그래서 개인이 아닌 거대한 집합적 힘, 즉 계급 투쟁을 통한 사회 변혁을 주장했던 겁니다.

사회실재론에서는 사회 문제의 원인도 개인이 아닌, 사회에 있다고 봅니다. 만일 사회 문제를 해결하고 싶으면 개인을 바꿔서는 그 꿈을 이룰 수 없습니다. 사회제도나 구조, 시스템을 개혁해야 사회 문제를 해결할 수 있습니다. 예를 들어 대통령 한 명을 바꾼다고 해서 정치 권력 체제가 바뀌는 것은 아닙니다. 대통령뿐만 아니라 장관, 검찰총장, 대법원장, 국회의원을 교체해도 세상이 안 바뀝니다. 시스템을 바꿔야 합니다. 정치 권력이 국민 아래 순응하여 작동되도록 시스템을 바꿔야 합니다. 그래야 사회가 민주화되는 것이지요.

사회실재론의 관점을 토대로 만들어진 이론은 많습니다. 사회학 연구 초창기에, 사회실재론을 따른 이론에는 스펜서(Spencer, H.)의 사회 유기체설*이 있었습니다. 사회 유기체설은 사회라는 생명체를 실제로 인정하고, 개인을 하나의 구성요소로 다룬다는 점에서 사회실재론에 어울립니다. 사회 유기체설에 따르면 개인은 사회라는 완전한 생명체를 구성하는 아주 작은 단위입니다. 세포 같은 것이죠. 사회에서 개인을 떼어놓고 그 개인에 대해서 아무리 갑론을박을 벌인다고 한들 사회를 설명할 수 있는 것은 아닙니다. 개인은 별로 중요하지 않아요.

세포 하나가 파괴되어도 생명체의 유지에는 변함이 없듯이, 한 개인에

사회 유기체설

스펜서는 사회를 유기체, 즉 생명체로 바라봤습니다. 생명체는 완전한 몸체로 살아 있는 실체를 말해요. 세포나 신체기관들은 생명체의 구성요소에 불과하죠. 이들 구성요소 하나하나를 떼어놓으면 그것은 살아 있는 완전한 몸체로서 생명체를 설명하는 데 아무런 도움이 되지 않습니다. 세포와 신체기관이 홀로 존재하는 게 의미 없듯이 개인은 사회를 벗어나 살 수 없다는 것을 강조합니다. 생명체 전체를 놓고 보듯 사회 전체를 말할 수 있어야 하지요. 사회도 생명체처럼 완전한 실체로 본다는 점에서 사회유기체설은 사회실재론의 입장에 기초하고 있다고 할 수 있습니다.

문제가 있어도 사회는 아무런 일이 없었다는 듯이 잘 돌아갑니다. 여러분 가운데 한 명이 죽어 없어질지라도 사회는 눈 하나 깜빡하지 않습니다. 그러니까 끝까지 살아남아서 여러분을 고통스럽게 만드는 사회제도를 바꿔야 합니다.

이처럼 사회실재론은 사회를 실체로 놓고, 사회 전체에 작동하는 법칙과 제도를 밝혀야 사회를 제대로 설명할 수 있다고 주장하여, 사회를 향한 관심을 촉구하고 있습니다. 그래서 사회 문제를 해결할 때에도 개인의 특성보다는 사회제도나 사회구조를 바꾸어야 한다고 주장합니다. 그것은 불가능하지 않습니다. 하지만 사회실재론은 그것이 쉽지 않은 일이라는 주장도 함께 담고 있습니다.

사회는 이름만 있다 :

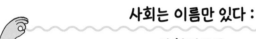

사회명목론

사회실재론은 개인을 사회 앞에서 아무것도 할 수 없는 무기력한 존재로 만들어버립니다. 허탈해집니다. 하지만 사회학이 모두 이런 것은 아닙니다. 사회학에는 사회실재론만 있는 게 아니니 다행이지요.

살아 있는 인간을 쏙 빼고 사회 체계만 논할 수는 없습니다. 정작 중요한 실체는 개인입니다. 개인을 사회 안에 몰아넣기 전에, 본래의 그 개인을 봐야 해요. 한국 사회, 미국 사회, 흑인 문화, 백인 문화처럼 국경이나 인종 등으로 사회나 문화를 나누기 전에 개인이 있었습니다. 개인을 집단보다 우선해서 봐야 할 이유가 여기에 있습니다. 그 개인들은 국가가 탄생하기 전부터 혹은 한 국가의 문화를 말하기 전부터, 생각을 교류하여 규율을 만들고 사회를 기획했습니다. 그것은 개인의 의지에 따른 매우 의도적인 행위였지요. 중요한 것은 개인들 상호 간의 의지뿐입니다.

따라서 인간들의 의지에 따른 행위를 사회학의 주요 연구 대상으로 삼아야 합니다. 독일의 사회학자 베버*(Weber, M.)도 사회학을 '사회적 행위를 연구하는 과학'이라고 보고, "중요한 것은 행위의 동기와 의미를 파악하는 해석적 이해다"라고 말했습니다. 이 말은 사회학이 개인의 행위와 의식에 관심을 두어야 한다는 말이기도 하지요.

베버에 따르면, 사람마다 다른 동기에 따라 다양한 행위가 나타날 수 있다고 합니다. 그 가운데 특정한 행위들이 더 많이 나타날 수 있고, 덜 나타날 수도 있지요. 베버는 특정 행위가 좀 더 많이 흔하게 나타남으로써 그 사회의 전체적인 특성이 드러난다고 봤습니다. 베버가 보기에 근대 이후 사회에서는 전통적 관습이나 종교적 신념을 지키려는 동기보다는 자신의 이익을 효율적으로 챙기려는 동기를 지닌 합리적인 행위들이 점차 사회적으로 인정받았다고 합니다. 이것이 근대 자본주의 사회의 모습이라는 거예요.

개인 행위와 동기에 관심을 둔 베버의 일부 관점은 대서양을 건너 미국 사회학에 영향을 주게 됩니다. 그 영향을 받은 대표적인 사회학자가 쿨리(Cooley, C.H.)와 미드(Mead, G.H.)예요. 이들 미국 사회학자들은 베버보다 한 단계 더 발전해서, 더욱 분명하게 개인과 개인, 혹은 개인과 사회의 상호작용을 강조하면서 개인을 전면에 내세웠습니다. 쿨리와 미드는 나중에 다시 자세히 살펴볼 텐데, 개인을 구체적인 연구 대상이라고 여

베버

자본주의 사회는 유럽에서 처음 나타났는데요, 베버는 그 이유를 유럽인들이 다른 아시아 국가들과 달리 자본주의 정신을 갖고 있었다는 데에서 찾아요. 유럽 국가나 아시아 국가들은 모두 자본주의 사회가 발전하는 데 필요한 상업적 교역의 발달과 같은 사회적, 정치적, 경제적 환경에서 비슷한 면이 있었어요. 이런 사회적 조건이 무르익으면 그 국가들이 모두 자본주의 사회로 변해야 하는데 그렇지 않았어요. 그러면 자본주의가 발전한 유럽에는 뭔가 특이한 게 있었다는 말인데, 베버가 주장하기를 유럽 국가들은 유독 특유한 의식을 가진 사람들이 있었다고 해요. 개신교 칼뱅파 목사들인데요, 이들은 기존의 종교적 신념과 달리 독특하게도 금욕주의와 소명의식을 강조해요. 그들의 설교는 남달랐어요. 사치와 낭비 같은 허튼 욕망을 억제하고 직업은 하느님이 주신 것이기에 직장에서 열심히 일하면 구원받을 존재임을 증명하는 셈이라고 설교를 했지요. 이런 설교에 감화되어 자본주의 사회가 발전했다는 거예요. 좀 의아한가요? 오늘날의 시각으로는 그런 의심을 할 수 있어요. 하지만 당시 유럽 사회는 오늘날의 사회와 많이 달랐어요. 당시에는 목사들의 영향력이 막강했어요. 목사가 한마디 하면 사람들은 절절매며 바로 수긍했지요. 그래서 칼뱅파 목사의 설교에 설득당한 사람이 많은 지역에서는 사람들의 생활 태도가 크게 바뀌었어요. 노동자들이 열심히 일하는 거예요. 자본가들은 열심히 자본을 쌓고 투자를 했어요. 왜요? 구원받으려고요. 그래야 구원받는다고 하니까요. 당시 사람들이 갖고 있던 이런 직업 소명 의식을 자본주의 정신이라고 하는데요, 처음에는 칼뱅파가 득세했던 지역에서 시작하여 점차 다른 지역에서도 자본주의 정신만큼은 널리 확산되어 전체 유럽 사회를 덮었죠. 자본주의 정신이 있는 곳에서 자본주의 사회가 급속하게 발전할 수 있었다는 거예요.

베버의 논리대로라면 자본주의 정신, 즉 사람들의 의식이 사회를 새롭게 만든다는 것을 알 수 있지요. 이것은 사회의 경제적 조건과 환경이 계급의 정신 혹은 계급의식을 낳는다고 주장한 마르크스의 사회실재론과는 정반대의 입장이에요. 그래서 어떤 사람은 베버가 마르크스를 거꾸로 세웠다고도 합니다. 다시 말해 개인들의 생각이 상호작용하며 확산됨으로써 사회를 구성하는 데 매우 중요한 역할을 했다는 얘기가 되겠죠.

기며 사회학을 이끌었지요.

베버의 일부 주장, 그리고 베버보다 더 중요하게는 쿨리와 미드가 사회명목론이라는 이론적 관점이 만들어지는 데 공로가 컸어요. 사회명목론에서 명목이라는 것은 이름뿐이라는 얘기입니다. 사회명목론에 따르면 사회는 환상에 불과합니다. 사회는 객관적 실체가 아니죠. 그럼 진정한 실체는 뭐라고 주장하냐면, 개인이라는 거예요. 개인은 사회를 처음 형성할 때부터 핵심적인 실체이자 주체라는 겁니다.

예를 들어 상상해보죠. 사람들이 혼자 살 수 없어 사회를 만들려고 모였을 때, 자유롭게 의견을 제시했을 것입니다. 실체도 없는 사회의 제약을 받아 눈치를 보거나 몸 사리는 일은 없었을 것입니다. 아직 사회는 탄생하지도 않았을 테니까요. 처음에 개인은 자신이 옳다고 믿는 것이 있어 자유롭게 말했을 겁니다. 개인은 자유의지를 갖고 있으니까요. 자유의지란 게 뭐냐면, 스스로 생각하고 판단하여 내릴 수 있는 의지예요. 인간은 자유의지를 가지고 있어 이미 정해놓은 프로그램에 따르는 수동적인 존재가 아니란 얘기입니다. 사회규범이 이미 존재하여 그것이 개인을 규정하는 게 아니라는 얘기죠.

그런데 그런 개인이 여럿이 있어요. 다른 사람도 그렇게 자유의지를 갖고 자유롭게 말했을 겁니다. 그래서 서로의 얘기를 듣게 되겠죠. 그렇게 사람들은 서로 공동으로 논의하고 합의하여 공통된 정서와 지식을 만들어냅니다. 그것은 서로 어울려 살아가는 데 도움이 되는 방향으로 정리되었을 겁니다. 그렇게 공유하는 생각들이 종합적으로 모여 사회규범이 되었던 거죠. 따라서 사회규범은 개인이 가지고 있는 자유의지의 총

합으로 표출된 것이라고 볼 수 있죠.

옷 짓는 것으로 비유하여 사회를 이해할 수도 있을 거예요. 씨줄과 날줄이 번갈아 가며 옷을 짓듯이 개인들의 수없이 많은 상호작용으로 사회라는 옷을 만든 것이죠. 사회라는 이름을 붙여보니 제법 번듯해 보이기는 합니다. 하지만 그것은 어디까지나 몸에 걸친 헝겊 조각일 뿐입니다. 이름뿐이라는 얘기지요. 비록 가느다란 실이지만 그것들이 촘촘히 모여 옷이 됩니다. 알록달록한 색상의 실들이 모여 사회라는 옷이 다양하게 만들어지는 것이죠. 개인의 합이 곧 사회인 것입니다. 옷이 실의 짜임이듯이 사회는 개인의 집합체에 불과합니다. 개인들이 상호작용하여 연결된 것이 사회인 것입니다.

옷 짓기를 다시 생각해보면, 실과 옷을 구분하여 말할 수 있을까요? 우리는 분명 옷이라는 사회를 얘기하려 합니다. 그런데 옷의 어디까지가 실이고 어디부터가 옷이라고 할 수 있을까요? 실과 옷을 분리하여 말할 수 없듯이 개인과 사회 사이에 경계선을 그어놓고 엄격하게 구분할 수 없습니다. 그리고 옷은 분명 실의 짜임입니다. 실이 있어야 옷이 만들어지는 것이죠. 사회도 곧 개인의 짜임입니다. 그래서 개인을 중요하게 봐야 해요. 개인 간의 이음을 주목해야 지요.

사회명목론은 개인에 대해 주목할 것을 촉구합니다. 왜냐하면 사회적 삶 혹은 사회·문화 현상은 개인의 행위나 심리 현상으로 환원될 수 있기 때문입니다. 개인의 정신을 이해하면 사회제도 역시 알 수 있습니다.

사회실재론에서 사회를 얘기할 때 항상 사회제도를 말하는데, 그 사회제도가 어떻게 구성되었는지 사회명목론의 입장에서 다시 생각해볼 필요가 있습니다. 예를 들어 결혼제도와 가족제도는 개인적 욕구인 성적인 욕구, 자식을 키우고 보호하려는 부모의 애정 등으로 구성된 것입니다. 종교제도는 절대자에 구원을 기대려는 연약한 본능으로 구성되고, 정치제도는 권력을 소유하려는 욕망의 상호 조절 과정에서 생겨난 것이지요.

그래서 사회제도를 관찰하는 것은 인간 사회를 이해하는 데 큰 도움이 되지 않습니다. 그것보다는 개인의 욕망이나 정신 상태를 관찰할 때 더 잘 이해할 수 있습니다. 사회를 연구할 때 개인에 집중해야 합니다. 개인의 개별적 특성을 이해하면 사회·문화 현상을 이해할 수 있습니다. 개인의 본능, 의지, 모방 성향, 이기심, 합리적 선택과 같은 구성원의 개인적인 특성을 기반으로 사회를 분석할 수 있어야 합니다. 개인 연구에서 시작해서 개인 간 상호작용을 연구하면 그것이 사회 연구가 되는 셈이죠.

사회의 변화에서도 결국 개인이 중요합니다. 사람들의 생각이 바뀌면 사회도 바뀌어요. 사회제도는 그 제도가 만들어질 당시 사회에서 사람들이 공유한 입장을 표현합니다. 따라서 지금 존재하는 모든 사회제도는 이미 과거에 사람들이 살아가면서 표현했던 입장들이 담겨 있습니다. 그런데 사람들의 입장은 계속 변합니다. 누구나 자유의지가 있어 기존 사회제도를 비판하고 거부하는 행동에 나설 수 있습니다. 만일 그런 변화된 사고방식과 행동을 다른 사람들이 수용하여 사회적으로 채택하기 시작하면 사회제도는 바뀌게 됩니다. 개인들의 새로운 입장이 어느 정도 사회에서 받아들일 만한 것이 되었을 때 사회제도 역시 새로운 모습으로 변하게 됩니다. 물론 그것은 한 사람의 생각만으로는 부족하고 여러 사람이 상호작용하며 이뤄지는 것이겠죠. 사회명목론은 사회에 의해 수동

적으로 규정된 개인이 아니라 자발적으로 움직이는 개인의 상호작용 과
정을 주목해서 봐야 한다는 점을 말하고 싶었던 겁니다.

그러면 사회 문제의 원인과 해결책도 개인에 초점을 맞춰 얘기할 수
있어요. 문제를 일으킨 개인이 어떤 생각으로 그런 문제가 될 만한 행동
을 했는지 알지 못하면 사회 문제를 알 수 없지요. 문제의 해결도 그 개인
들이 저지른 행동을 바꾸는 데 집중해야지요.

이런 맥락에서 사회명목론은 사회제도를 바꾸는 데 아주 구체적인 논
의를 이어갈 수 있어요. 사회제도는 스스로 행동하지 않습니다. 정책을
결정하는 사람들이 판단하고 행동합니다. 사회제도를 바꾸려면 정책결
정자를 바꾸어야 합니다. 대통령을 바꾸어야 하고, 국회의원, 검찰총장,

사회계약설

사회계약설은 개인의 자발적 의지가 사회 혹은 국가를 만들 수 있다는 것을 잘 보여주는 이론
입니다. 사회계약론의 바탕을 이루는 자연권 사상에 따르면, 개인은 자유롭고 평등하게 태어났
으나 개인들은 사회가 형성되기 이전의 자연 상태에서 자신들의 권리를 충분히 보장받지 못한
다고 봅니다. 그래서 개인들은 자신들의 권리를 지키려고 개인들 간의 자발적인 계약과 합의를
통해 국가를 만들었다고 상상력을 발휘하여 주장합니다.

사회계약론자들은 신이 만든 세상은 허상이며 오직 이성적 존재인 인간의 의지로 세상을 만들
뿐이라는 당찬 의지를 보여줬습니다. 국가는 신이 만든 게 아닙니다. 왕권도 신이 부여한 게 아
닙니다. 국가는 오직 인민들의 의지로 건설한 인위적인 산물입니다. 그동안 국가는 과대포장
되었습니다. 실제로 국가는 개인의 생명과 재산을 보호하기 위한 수단에 불과한 것입니다. 국
가는 개인의 자유와 권리를 보장할 의무만 있을 뿐입니다. 개인은 국가를 위해 존재하는 게 아
닙니다. 국가가 뭐기에 개인의 희생을 말하며 국가를 위해 복종하라고 강요하느냐 말입니다.
국가권력은 인민의 동의와 합의로부터 온 것입니다. 만일 국가가 사회 구성원들의 의지에 따르
지 않을 때에는 그 국가를 무너뜨려도 상관없습니다. 결국 어떠한 국가도 시민 위에 군림할 수
없다는 게 사회계약설의 중요한 주장입니다.

대법원장을 바꾸어야 합니다. 국민주권주의를 실현할 개혁 의지와 능력을 지닌 사람들로 말이지요. 그래야 사회가 민주화됩니다.

사회명목론에 바탕을 둔 대표적인 이론은 사회계약설*입니다. 사회계약설은 개인 간의 상호작용을 사회형성의 중요한 요소로 본다는 점에서 사회명목론의 입장을 지지하고 있다고 할 수 있습니다. 사회가 형성되기 이전의 개인들이 갖는 의지와 힘이 빚어낸 결과물로 사회를 정의했던 것입니다. 사회와 국가가 개인의 인권을 소홀히 다룰 수 없듯이 사회가 형성되고 나서도 그 개인의 힘은 빛을 잃지 않는 것이고요.

이처럼 사회명목론은 사회를 구성하는 능동적인 존재로서 개인을 인정하고 있다는 점에서 의미가 있습니다. 개인은 사회를 형성하거나 변화시키는 원동력을 갖고 있습니다. 사회에서 발생하는 문제는 얼마든지 개인들의 실천을 통해 해결할 수 있습니다. 개인의 힘이 약하지 않다는 것을 사회명목론은 보여줍니다.

사회실재론과 사회명목론의 조화

사회실재론과 사회명목론은 오랫동안 다투었습니다. 다툼의 쟁점은 사회구조와 개인 행위의 관계에 관한 것이었죠. 사회실재론은 사회의 구조적 특성을 강조하고, 사회명목론은 개인 행위에 집중하여 연구했습니다. 그런데 어느 한 가지에만 몰입하면 전체적인 것을 못 보게 마련입니다.

한쪽만 얘기하면 너무 단순해집니다. 실제 세상은 매우 복잡하죠. 어떤 사회·문화 현상이 일어나면 그 원인은 개인적 요인과 사회구조적 요인이 복합적으로 작용하는 경우가 많습니다. 본래 사회구조와 인간 행위는 상호의존적이기 때문입니다. 서로가 서로에게 영향을 미치지요. 사회는 인간 행위가 상호작용한 결과물이면서 동시에 인간 행위를 제약하기 때문에 이분법적 논리로는 사회·문화 현상을 전혀 이해할 수 없습니다. 따라서 이 두 관점의 가치를 각각 이해하고 존중해야 할 뿐만 아니라 종합적으로 결합하여 사회·문화 현상을 이해하는 것이 바람직합니다.

한편 이분법적 논리는 사회를 올바르게 바꾸는 데에도 도움이 되지 않아요. 우리 사회를 잘못된 방향으로 몰고 갈 수도 있습니다. 사회실재론만으로 사회·문화 현상을 보면, 개인의 자율성을 무시하고 개인을 사회의 종속물로 볼 수 있습니다. 그래서 전체주의로 흐를 위험도 있습니다. 개인보다 사회 전체를 강조하는 게 전체주의죠. 전체주의는 강력한 국가권력이 개인을 간섭하고 통제하는 체제로 독일 나치 시대에서 그 끔찍한 폐단을 경험한 바 있습니다.

반면에 사회명목론만으로 사회·문화 현상을 보면, 자칫 극단적인 개인주의로 빠질 수 있습니다. 따라서 사회가 개인에게 미치는 영향을 간과할 수 있으며 공동체의 질서나 공익을 소홀하게 여기는 문제가 발생할 수도 있습니다. 사회구조와 인간 행위가 상호의존적이기 때문에 이분법적 논리로는 세상을 이해할 수 없을 뿐만 아니라 올곧은 방향으로 이끌 수도 없습니다.

이렇게 말해놓고 보니 한 학생이 이런 말을 합니다. "그래요, 선생님. 제도 개혁과 개인의 의식 변화가 모두 필요하다고 생각합니다." 자주 들는 얘기죠. 거의 모든 교과서에서 나오는 얘기고, 거의 모든 학생이 이렇게 말해요.

하지만 이런 주장은 사회구조와 인간 행위의 이분법을 극복하는 논리로 삼기에 부족함이 많습니다. 먼저 사회구조는 매우 포괄적인 개념인데, 사회제도로만 한정시켜 생각하고 있는 게 문제죠. 사회구조의 변화를 제도 개혁으로만 생각했으니까요. 그리고 사회구조는 인간의 행위가 개입되고 다양한 사회제도들이 복합적으로 얽혀 있어요. 이 사실을 깨닫지 못하고 있었던 거예요.

그리고 인간 행위도 사회구조와 맞물려 매우 복잡한 상호작용을 거쳐 나타나는데, 소소하게 의식 개혁으로 인간 행위가 바뀔 거라 여기니 순진한 발상이에요. 의식이 바뀌면 행위가 꼭 바뀌던가요? 아니지요. 의식과 행위의 연결고리가 복잡한데 여기에 다양한 사람들이 개입되죠. 그리고 여기에 문화나 사회구조가 다시 얽혀 있지요. 앞의 학생은 이 사실도 미처 알지 못했네요.

사회구조와 인간 행위를 제도와 의식으로 국한해서, 병렬적으로 나란히 놓고, 모두가 바뀌어야 한다는 식으로 단순하게 정리하게 되면 사회구조와 인간 행위의 복합적 상호작용을 정확하게 이해한 것이 아니에요.

사회구조가 사회제도와 개인의식 및 행위의 복합적인 상호작용으로 오랜 시간에 걸쳐 구축되고, 인간 행위에는 여러 명의 오랜 상호작용으로 의식과 제도, 나아가 사회구조 전체가 관여하고 있다는 걸 알아야 합니다. 따라서 사회를 바꾸려면 역시 사회구조와 인간 행위의 이분법적 논리를 극복하는 실천이 뒤따라줘야 해요.

먼저 사회구조에 대한 충분한 인식이 필요해요. 사회구조가 단단하기만 하냐면 그렇지는 않아요. 사회구조는 개방적이에요. 그것은 굳어진 형태가 아니라 말랑말랑하다는 것이고, 다시 말해 바뀔 수 있다는 것이고요. 영원불멸의 사회구조는 없지요. 동시에 생각해봐야 할 것이 있는데, 사회구조가 변하더라도 쉽게 변하는 것도 아니라는 사실입니다. 완전히 말랑말랑하여 흐물거리진 않은 거죠. 손가락 하나로 누르면 쏙 들어가는 젤리 형태는 아니란 얘기에요. 개인이 바뀌어야만 할 뿐만 아니라 사회제도가 바뀌어야 하고, 이미 존재하는 여러 개의 사회제도가 서로 얽혀 단단히 굳어진 것을 깨면서 바꿔야 하니 사회구조를 바꾸는 게 분명 쉬운 게 아니죠.

그러면 사회 구성원의 어떤 실천이 사회구조를 바꿀 수 있는지 살펴보죠. 사회구조를 바꾸기 위한 개인의 행동은 어떤 것이어야 할까요? 나만 혹은 나부터라도 잘하면 된다고요? 천만의 말씀이에요. 다른 사람도 변해야지요. 여러 명이 집단으로 혹은 집합적으로 움직여야 해요. 그럼, 다른 사람의 행동 변화를 이끄는 작은 실천을 해볼까요? 거리로 나가 팻말을 들고 캠페인을 벌여볼까요? 그러면 세상이 바뀔까요? 다양한 캠페인을 통해 개인의 의식에 변화가 일어나더라도 그것만으로는 부족합니다. 개인의 작은 실천으로는 세상이 바뀌지 않아요. 이분법적 논리를 넘어 세상을 바꾸려는 데 초점을 맞춘다면 개인의 소박한 몇 번의 캠페인으로는 사회를 바꾸는 일에 도달할 수 없다는 것을 알아야 합니다.

거대한 집합행동, 그러니까 사회운동이 일어나야 합니다. 그런데 사회운동에 나선 참여자가 많다고 해서 그게 다가 아니에요. 대규모 인원이 광화문 광장에 나온들 사회구조가 바뀌는 것은 아닙니다. 집합행동에 나선 사람들에게 있어 사회 변화의 의식 수준이 무엇보다 중요해요. 개혁 의식은 사회구조적인 문제를 꿰뚫어 보고 있어야 해요. 광화문 광장에 나온 사람이 제아무리 많아도 표면적인 것만 보면 단단한 사회구조를 꿰뚫어 변화시킬 수 없어요. 사회구조는 제법 단단하기 때문이죠. 사회운동을 하는 사람들의 실천 행위는 사회학적 상상력을 발휘하여 사회 문제를 구조적인 문제로 깨닫는 의식에 바탕을 두어야 합니다. 그리고 개혁하려는 사회 문제에 대해 오랫동안 파고들면서 개혁 의식 및 의지를 다져야 해요. 그 의식적인 행위들을 서로 연결하는 복합적인 상호작용이 폭넓고 단단하게 그리고 꾸준히 계속되어야 구조적인 변혁이 가능한 것이지요.

예를 들어 2019년 세계적인 주목을 받았던 스웨덴의 16세 환경운동가 툰베리를 생각해보죠. 툰베리는 1년이 넘도록 금요일마다 스웨덴 국회의사당에 가서 '기후를 위한 등교 거부'라는 1인 시위를 했습니다. 이 겉모습만으로는 개인의 소박한 캠페인 활동과 다르지 않아 보이지요. 이런 행위만으로 세상이 바뀌나요? 절대 안 바뀝니다.

하지만 툰베리의 주장 속에 담긴 지구 온난화 문제에 대한 인식을 살펴보면 상당한 깊이를 느낄 수 있어요. 지구 온난화가 사회구조적인 문제와 잇닿아 있다는 것을 툰베리는 꿰뚫어 보고 있었지요. 이 점이 일반 청소년과 다른 점이었지요.

툰베리는 2019년 9월 23일 유엔 기후행동 정상회의에서 세계 정상들을 향해 연설했는데요, 비록 3분 동안의 짧은 연설이었지만 그게 세계 정상들의 간담을 서늘하게 했어요. 세계 정상들이 당장에 닥친 지구 온난화라는 세계적인 문제에는 관심을 두지 않고, 자신들 배만 부르게 하는 경제성장만을 이야기한다고 강력히 비난했던 거죠. 툰베리는 각국이 목표로 삼는 기후 변화 대책들이 여전히 미흡하다고 지적해요. 그리고 기후 변화 문제에 접근할 때에는 기후 정의와 평등의 측면을 고려해야 한다고 주장해요. 선진국보다는 어렵게 사는 국가와 국민이, 그리고 기성세대보다는 자신과 같은 미래세대가 기후 변화의 피해를 더 심각하게 겪게 된다는 거죠. 그리고 그 해결책은 결국 정치적일 수밖에 없다고 주장하죠. 정치적으로 해결할 수 있는데 세계 정상들이 정치적 행동에 나서지 않음으로써 툰베리 자신을 비롯한 미래 세대의 삶을 갉아먹는다는 거죠. 그 연설이 있던 날, 툰베리는 세계 최대 이산화탄소 배출국인 미국의 대통령 트럼프와도 마주쳤는데요, 순간 트럼프 대통령을 매섭게 쏘아보는 장면이 세계적인 화제가 되기도 했습니다. 그 매서운 눈빛 속에서 경제성장만 추구하는 자본주의 경제, 국가 간 이해관계가 다양한 가운데 강대국이 지배하는 국제정치 등을 환경 문제와 관련지어 구조적으로 꿰뚫고 있다는 게 보이더군요.

환경 문제의 구조적인 부분까지 꿰뚫어 보던 툰베리의 환경운동은 개인의 캠페인으로 그치지 않았습니다. 툰베리가 시작한 매주 금요일 1인 시위가 133개국 청소년 160만 명이 동참하는 '미래를 위한 금요일' 캠페인이 되었고, 2019년 유엔 기후변화 협약을 앞두고 세계에서 수백만 명이 거리를 행진하도록 만들었습니다. 대단하지요.

툰베리의 실천 행위로 전 세계가 들썩였어요. 물론 지구환경 개선을 위한 사회운동은 툰베리가 처음 시작한 것은 아닙니다. 많은 환경운동 단체를 중심으로 오랫동안 투쟁이 이어지고 있었지요. 그런데 아직도 지구 온난화 문제는 해결되지 못하고 있어요. 사회구조는 이처럼 단단합니다.

툰베리가 지적하듯이 지구 온난화 문제는 구조적인 문제로, 세계 각국이 경쟁적으로 추구하는 경제성장과 직접 관련되어 있습니다. 문제의 해결을 위해서는 정치적으로 접근할 수밖에 없는데, 각국의 이해관계가 달라 좀처럼 결론을 맺지 못하고 있습니다. 지구 온난화가 정치적, 경제적, 사회적으로 연결된 문제인 만큼 다양한 시민단체들과 함께 국제사회의 다양한 이슈를 다루면서 협력해야 합니다.

예를 들어 지구 온난화는 경제성장의 방향과 속도에 구조적인 원인이 있어요. 그런데 환경 문제가 아닌 빈곤과 기아 문제도 경제성장 문제에서 비롯되지요. 지구 온난화와 빈곤 문제는 서로 관련이 없을 것 같지만 자본주의 사회의 경제성장과 관련이 있다는 것을 알 수 있지요. 이처럼 한 가지 사회 문제도 다른 문제와 맞물리고 그것이 구조적으로 연결되어 있어요. 그러니 지구 온난화라는 한 가지 사회 문제를 해결하는 일도 쉽지는 않아 보이네요.

아직은 부족합니다. 하지만 희망은 있습니다. 툰베리처럼 10대 청소년도 사회구조와 인간 행위의 이분법을 넘어 지구 온난화 문제에 접근하고 있기 때문입니다. 이렇게 구조와 행위의 이분법적 논리를 넘어서는 실천이 더 단단하게 계속 퍼지면 사회구조는 바뀝니다. 참 어렵지요. 하지만 불가능한 것은 아니라는 사실을 역사가 늘 증명해왔습니다. 그러니 희망의 끈을 놓을 필요는 없습니다.

사회·문화 현상을 보는 관점 2

사회실재론과 사회명목론은 다시, 거시적 관점과 미시적 관점이라는 차원에서 가를 수 있습니다. 사회실재론이 사회구조에 초점을 맞추는 거시적 관점과 한 쌍을 이룬다면, 사회명목론은 개인에 초점을 맞추는 미시적 관점입니다.

사회를 전체적으로 보려는 시각을 거시적 관점이라고 합니다. 거시적 관점은 거대한 것을 보려는 것입니다. 큰 이야기를 좋아하는 사람이 이러한 관점으로 사회를 봅니다. 거시적 관점에서는 사회구조를 기능적으로 보는가 혹은 갈등적으로 보는가에 따라 기능론과 갈등론으로 구분됩니다.

그런데 이러한 거시적 관점들은 개인 행위의 다양성을 제대로 보지 못하는 우를 범할 수 있습니다. 그래서 대안으로 제시된 것이 미시적 관점입니다. 미시적 관점은 미세한 것을 보려는 것입니다. 작은 이야기를 다루죠. 대표적인 이론이 상징적 상호작용론입니다. 미시적 관점에서 볼 때 사회는 개인 간 상호작용의 산물입니다. 개인들의 행위가 상호작용한 결과로 나타난 것이 사회라는 얘기입니다. 개인과 사회 간의 관계에서는 개인이 사회에 미치는 영향을 주목하죠. 그래서 미시적 관점에서는 굳어진 사회구조 그 자체가 아니라 사회구조의 '형성 과정'을 주로 다루게 됩니다.

그런데 상호작용이라는 용어는 미시적 관점에서만 사용하는 것은 아닙니다. 거시적 관점도 사회 구성요소 간의 상호작용을 다루어요. 다만 그것을 다루는 단위가 다릅니다. 기능론은 개인 간의 상호작용이 아니라 사회기관 간의 관계를 다룰 수 있습니다. 상호작용을 언급했다고 해서 무작정 미시적 관점이라고 오해해서는 안 됩니다.

반면 상징적 상호작용론이 행위에 초점을 맞춘다고 해서 행위자가 언급되면 모두 미시적 관점으로 생각해서도 안 됩니다. 거시적 관점에서도 행위자들이 등장해요. 예를 들어 갈등론에서는 사회제도와 구조를 다루면서 계급을 행위자로 등장시켜요. 하지만 계급의 행위를 연구한다고 해서 역시 미시적 관점으로 오해해서는 안 됩니다. 계급은 개인이나 소집단으로 말할 수 없는 거대한 집합체이며 이는 사회구조에서 도출되기 때문입니다. 계급 간의 상호작용은 개인 간의 상호작용과 다른 것입니다.

거시적 관점의
기능론

기능론은 배포가 큽니다. 개인이 아니라 사회제도와 구조를 주목하여 사회를 봤기 때문이죠. 기능론의 핵심적인 주장은 다양한 사회기관들이 저마다 맡은 기능을 수행하며 놀라울 정도로 체계적으로 작동하여 사회가 조화롭게 통합되어 있다는 것입니다. 마치 생명체가 살아 움직이는 것처럼 거대한 사회가 순조롭게 움직이고 있지요.

이와 관련하여 스펜서는 자연과학의 시대라는 사회적 영향을 받아 생물학에서 얻은 아이디어를 사회 분석에 끌어다 사용했습니다. 생명유기체설에 빗댄 사회유기체설을 사회학 이론의 중심에 놓았죠.

생명과학 시간에 배웠듯이, 생명체는 호흡기관, 순환기관, 소화기관, 배설기관, 신경기관 등 여러 기관으로 구성되어 있습니다. 기관(organ)들은 작고 다양한 세포가 분열하여 성장하고 확대된 것이죠. 기관들이 늘어나면서 더 복잡해졌어요. 하지만 복잡해진 서로 다른 기관들이 상호의존하며 하나의 생명체를 유지하게 됩니다. 뇌가 작동하고 심장이 뛰고 호흡을 하며 완성된 생명체로 살아가죠. 여기서 유기체(organism), 즉 기관들이 움직여 살아가는 생명체라는 말이 나오게 됩니다.

유기적이라는 말도 종종 사용하는데요, 이게 뭐냐면, 상호 연결되어 있다는 말입니다. 신체의 각 기관이 연결되어 생명을 유지하는 기능을 하고 있다는 얘기지요. 신체 기관은 다양한데 그것들이 각기 다른 일을 하지만 따로 노는 게 아니에요. 하나의 목적, 즉 생명체의 생명을 유지하려는 목적을 위해 함께 움직이지요. 생명체를 살리려고 각 기관은 쉬지 않고 제 기능을 하는 겁니다. 이런 모습은 외부환경의 변화가 있더라도 항상 한결같아요. 이런 특성을 항상성이라고 합니다.

인간 사회도 마찬가지예요. 기능론에 따르면 사회에도 사회를 구성하는 기관들이 있습니다. 정부기관, 입법기관, 사법기관, 언론기관을 비롯하여 더 세분화시키면 양육기관, 교육기관, 의료기관, 교통기관 등 사회기관이라 부를 게 참 많아요. 인구가 늘어나면서 사회의 운영을 위해 다양한 사회기관이 만들어졌죠. 이 기관들은 서로 다른 기능을 합니다. 교육기관에서는 교육을 담당하고 의료기관에서는 사람을 치료하지요. 그런데 잘게 나뉜 각 사회기관은 한 가지 목적, 즉 '사회의 생명'을 유지하려고 기능하죠. 각 기관은 사회를 존속시키는 시스템으로 작동하고 있는 것입니다. 여러 기관이 서로에게 영향을 주고받으며 하나의 사회를 유지하려고 움직입니다. 상호의존적인 사회기관들이 하나의 사회를 존속시키며 통합시킵니다. 생명체처럼 사회도 이런 모습이 한결같아요. 예를 들어 과학기술이 발전하여 변화가 일어나면 그에 따른 교육도 변하여 창의성을 고무시켜 사회가 계속 유지되는 속성이 있는 것이지요. 그래서 지금까지 사회가 안정적으로 유지될 수 있었던 거죠.

이와 관련하여 파슨스(Parsons, T.)는 스펜서의 주장을 발전시켜 사회 체계의 존속을 위한 기능을 세분화하고, 다시 그 기능의 구조적인 통합을 강조해봤어요.

파슨스에 따르면, 사회 체계의 기능적 요건에는 먼저 사회 체계가 그것이 처한 상황에 적응하고 위기에 대처하는 적응 기능, 사회 체계의 목표를 설정하고 그것을 달성하려고 사회적 자원을 활용하는 목표 달성 기능, 여러 사회 체계들의 기능을 통합하는 통합기능, 한 사회의 문화 유형을 유지하고 계승하려는 잠재성 기능(유형 유지 기능)이 있다고 합니다. 하나의 사회 체계가 존속하려고 이들 네 가지 기능이 수행된다고 보았습니다.

누가 그 기능을 하냐면, 다양한 사회기관들이 합니다. 예를 들어 교육기관이 사회 구성원을 사회에 적응시키는 사회화 기능을 수행하고 사회문화의 유지 및 계승에도 함께 기능하지요. 기업이나 경제 관련 기관들은 경제적 생산을 증진하는 목표를 향해 기능을 수행하고요. 종교기관은 신의 뜻을 내세워 다양한 이해관계에 있는 사람들을 하나로 불러 모음으로써 사회 통합기능을 하기도 하지요.

그런데 생명체라고 해서 항상 건강한 것은 아니에요. 아프기도 하지요. 질병은 몸의 균형이 깨질 때 나타나죠. 사회도 사회 갈등으로 몸살을 앓을 수 있어요. 사회 시스템이 균형을 잃을 수 있어요. 기능론은 사회 문제나 갈등을 비정상적인 질병으로 봅니다. 병리적인 현상으로 본다는 얘기입니다. 질병은 특정 신체 기관의 기능이 문제가 있을 때 발생하죠. 이와 마찬가지로 사회 문제도 어느 기관이 변화된 환경을 따라가지 못하거나 기능적 요건이 충족되지 않았기 때문에 발생하는 겁니다.

특정 사회기관이 제 기능을 발휘하지 못할 때 사회는 혼란스럽고 갈등도 일어날 수 있어요. 그런데 이런 갈등은 일시적인 거예요. 갈등이 일어난다고 해서 세상이 뒤집히거나 종말이 올 것처럼 걱정하지 마세요. 근본적인 변화가 필요하다며 호들갑을 떨 필요도 없어요. 각 기관이 제 기능을 하도록 살짝 조정해주면 사회는 다시 균형을 회복하고 건강하게 살아 움직일 수 있지요.

물론 사회는 변합니다. 다만 사회의 변화는 파괴적이고 혁명적인 변화가 아니라 질서 정연한 변화, 질서 있는 변화라는 것입니다. 사회 갈등은 새로운 균형을 형성하기 위한 일시적인 과정입니다. 어떠한 사회 갈등도 사회의 통합과 유지라는 기본적인 기능을 깨지는 못합니다. 단지 사회가 점진적으로 진화하도록 도울 뿐이죠. 사회 변동은 천천히 점진적으로 이뤄지게 마련이며 잠시 혼란스럽던 사회는 결국 사회 전체의 통합에 적응해나간다는 것이죠. 그래서 사회가 오늘날까지 존속할 수 있는 것입니다.

이제 기능론을 평가해볼 차례입니다. 다시 생명 유기체설로 돌아가 설명하자면, 세포 분열로 신체 기관이 만들어져 생명체가 완성되고 나면, 그 기관들은 그 이상 다른 무엇이 되려고 하지 않습니다. 신체 기관들이 존재하는 이유는 오직 하나, 생명체의 유지에 있습니다.

그런데 변화가 아니라 유지에 집착하는 점이 탐탁지 않습니다. 생명 유기체설을 사회에 적용한 기능론은 사회라는 생명체의 완성을 선언해버려요. 지금의 사회가 과거의 그것보다 가장 완전한 최선의 사회라는 거죠. 그리고 완성된 사회 선언 이후에는 오직 사회 유지에 관심이 쏠려 있어요. 이처럼 기능론은 사회 변동을 소홀히 다루고 있어요. 그래서 기능론은 현존하는 사회를 지키고 유지하려는 보수주의를 대변한다는 비판을 받아요.

기능론은 변화보다는 지금의 안정을 좋아합니다. "지금 이대로!"를 외치는 것입니다. 지금 이대로가 좋은 사람들은 누구일까요? 지금의 지배 세력이지요. 지배 세력은 돈과 권력을 가졌기 때문에 사회가 변하지 않아도 사는 데 별 지장이 없고, 오히려 사회가 변하면 지금 가지고 있는 돈과 권력을 잃을 것만 같아 불안해합니다. 변화가 싫습니다. 현존하는 사회제도가 안정적으로 유지되는 게 바람직하다고 여깁니다. 재벌 총수와 그 가족들, 기업경영자와 임원들, 거대한 신문사와 방송사의 간부들, 행정 및 사법 관료들이 대체로 사회 질서와 안정을 원합니다. 노동자, 농민, 빈민들이 광장으로 나와 불만을 표출하고 변화를 요구할 때, 사회 지배 세력은 그것을 강력하게 억제하려고 했지요. 지배 세력이 왜 그랬겠어요? 기득권을 유지하려 했던 거죠. 이처럼 기능론은 지금 사회가 만족스러운 사람들의 입장만 대변했습니다.

기능론은 모든 사회 구성원이 자기 수준에 맞는 일을 한다고 봅니다. 개인 각자가 본분에 충실할 때 사회가 존속되고 통합될 수 있다고 주장합니다. 분업과 같은 사회 분화도 사회 통합을 위해 필요한 현상이라고 합니다. 대통령, 국회의원, 검사, 판사, 의사, 간호사, 경영자, 노동자, 농민 등 모든 사람이 각자에 알맞은 일을 하고, 서로 다른 직종에서 일하는 사람의 도움을 받아가며 사회가 유지되고 있다는 거예요. 원칙적으로 맞는 말입니다. 하지만 모든 사람이 기분 좋게 받아들일 수 있는 건 아닙니다.

예를 들어 폐지 줍는 노인은 자신의 수준과 적성에 맞는 일을 하고 있다고 말할 수 있을까요? 그 노인이 다른 일을 할 능력이 없으며, 폐지 줍는 일에 가장 잘 어울린다고 볼 근거는 어디에도 있을 수 없습니다. 게다가 폐지 줍는 일은 노인이 스스로 선택한 삶이 아니었습니다. 사회의 핵심부에서 주변부로 계속 떠밀려, 폐지 줍는 일을 하는 상황에까지 이르게 된 것이지요. 그런데 기능론은 폐지 줍는 노인이 그동안의 일을 그대로 유지하기를 바라는 측면이 있습니다. 폐지 줍는 노인이 대기업에 취업하여 경험을 쌓아 다른 사업을 해보겠다거나 국회의원이 되어 사회적 약자를 대변하겠다는 것은 꿈도 꾸지 말라는 것이죠. 그것은 오히려 사회 통합을 저해하는 부적절한 욕심처럼 취급될 것입니다.

그리고 사회 구성원의 불만이 터져 나와 갈등이 발생하더라도, 기능론은 이 또한 지나가리라라고 말하며 사회가 다시 균형을 찾을 때까지 참고 기다려야 한다고 말하는 것처럼 보입니다. 하지만 기능론자가 기대했던 것처럼 갈등이 가라앉고 사회가 전체적으로 조용해진 그날이 오면, 그때는 아마도 사회로부터 소외된 사람들은 모두 죽고 없을 거예요. 사회적 약자가 사는 게 너무 고통스럽다고 호소하는데, 기능론은 근본적인 대안을 제시하지 않습니다. 그러니 사회적 약자의 삶은 결국 재가 되어버릴 겁니다. 이러한 보수주의적 관점에 매몰되면 사회 내부에서 일어나는 이해관계의 모순과 갈등을 파악하지 못하게 됩니다. 그래서 사회 변동의 강력한 힘을 찾아 사회 변동을 이끌어 나가는 게 어려울 수 있습니다.

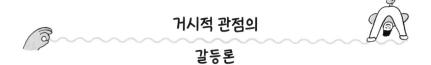

거시적 관점의 갈등론

갈등론은 기능론처럼 사회구조와 제도를 중시합니다. 거시적 관점에서 사회를 보고 있는 것이죠. 그런데 조화와 균형을 이루는 안정적인 모습으로 사회구조를 묘사하는 것에 대해서는 비판적입니다.

갈등론자들이 보기에 사회는 조화와 통합은커녕 대립적 이해관계를 바탕으로 이뤄져 있습니다. 사회 문제나 갈등은 비정상적인 병리적 현상이 아니라 본질적인 속성입니다. 어느 사회나 사회구조의 문제를 안고 있습니다. 사회구조적 모순이 있는 한, 사회 안에 언제나 대립과 갈등이 존재합니다.

따라서 사회 문제나 갈등을 가볍게 여겨서는 안 됩니다. 갈등에 둔감한 채 균형과 질서를 논하는 것은 허상에 불과합니다. 실제로는 지배계급과 피지배계급, 혹은 수많은 개인이나 집단이 서로 끊임없이 대립하는데, 이를 쏙 빼고 사회를 논하면 논할 게 없는 거죠.

어느 사회든 갈등이 사라지지 않은 채, 지배 세력의 강제로 사회가 운영될 뿐입니다. 지금의 시대는 지배 세력의 강요와 억압으로 피지배 세력이 억눌린 결과이지, 결코 사회적 합의를 본 것은 아닙니다. 합의가 있었다면 그것은 사회를 지배하려는 지배 세력만의 합의일 뿐이죠.

어느 사회나 그 사회를 지배하는 세력이 있게 마련입니다. 지배 세력은 다양한 사회제도를 활용하여 피지배 세력의 불만을 잠재우려 했습니다. 예를 들어 언론기관이나 교육제도를 통해 지배 세력의 입장을 끊임없이 보도하고 가르침으로써 시민들의 저항의식을 끊임없이 무디게 만들었습니다. 심지어 종교도 그런 역할을 합니다. 종교인들은 현실에서 발생하는 불평등조차 신의 뜻이라거나 전생의 업보 탓이라고 지도하고, 신자들이 그런 설교에 고개를 끄덕이다보면 결국 지배집단의 이익을 정당화시켜주고 마는 거죠.

특히 자본주의 사회에서는 생산 관계에서 지배적인 위치에 있는 자본가계급이 주도하여 지배해왔습니다. 대다수 사회제도는 자본가계급의 이익을 위해 작동됩니다. 무엇보다 자본가계급에 유리하게 경제구조가 짜여 있어 지배 세력은 항상 기세등등할 수 있습니다. 정당정치나 선거제도를 통해 피지배계급의 주장이 일부 반영되더라도 자본가계급에 힘을 실어주는 근간인 생산수단의 소유를 건드리지 못하게 합니다. 사회적 자원의 공정한 배분이 근본적으로 이뤄지지 못하고 있는 거죠. 그리고 법과 제도는 노동자보다 자본가에게 유리한 게 압도적으로 많습니다. 이런 불균등한 사회구조 속에 있는 한 학교와 언론도 자본가계급을 위해 봉사합니다. 학교에서는 항상 기업의 이익이 사회에서 우선해야 할 가치라고 주입합니다. 광고에 의존하여 이미 기업이 되어버린 언론도 자본주의 체제의 영원한 유지를 위해 기업에 친화적인 기사를 쏟아냅니다. 자본주의 사회는 자본가들의 사회입니다. 모든 사람이 합의하여 균형과 통합을 이룬 사회가 결코 아닙니다.

한편 갈등론은 마르크스의 자본주의 비판에서만 인용되는 게 아닙니다. 갈등론은 비판이론이라는 말로도 사용되어 다양한 사회 갈등에 적용해볼 수 있습니다. 우리 사회 곳곳에서 실제로 발생하는 현상을 갈등론적으로 보게 되면 팔을 걷어붙이고 따져봐야 할 제도들이 많습니다.

예를 들어 성 불평등과 관련해서는 남성은 지배 세력으로, 여성은 피지배 세력으로 구분할 수 있습니다. 갈등론에 따르면 사회는 지배 세력인 남성이 그들에게 유리한 제도와 구조를 갖추고 있다고 볼 수 있습니다. 이를테면 남성은 최고위층이 되기 쉽지만, 여성에게는 그런 기회가 충분히 마련되어 있지 못하다고 봅니다. 법과 제도 역시 남성에게 유리하게 만들어진 경우가 있습니다. 이를테면 낙태죄는 여성의 신체에 대한 권한을 남성주의적 시각에서 박탈한 사례로 볼 수 있죠.

한편 서구 사회의 경우, 백인은 지배 세력이고 유색인종은 피지배 세력입니다. 미국도 인종차별이 극심했던 시기에는 열차, 교회, 학교와 같은 공공시설에서 백인과 흑인을 분리시켜 이용하도록 했죠. 이런 제도는 지배 세력인 백인들이 만들었어요. 그리고 청소년 세대에게 기성세대는 지배 세력일 수 있습니다. 기성세대가 마련해놓은 사회제도와 구조 안에 청소년은 종속되어 있다고 볼 수도 있죠. 그리고 성적소수자에게 이성애자는 지배 세력일 수 있습니다. 이성 간의 결혼만을 허용하는 혼인제도는 이성애자가 지배 세력으로서 만들어낸 제도라는 것입니다.

이처럼 모든 사회제도는 지배 세력이 영향력을 행사하여 만든 겁니다. 지배적 위치에 있는 세력이 장악한 부와 권력, 명예를 오랫동안 누리려고 사회제도를 만들었습니다. 지배집단이 자신의 권력을 보호하려고 피지배 집단을 통제할 사회규범을 만들어놓았다는 것입니다. 사회규범은 피지배 세력을 옥죄게 됩니다. 그러니 갈등이 생길 수밖에 없죠. 사회구조가 갈등을 낳고 있는 거죠.

사회 문제가 구조적인 문제에서 비롯되므로 사회 문제와 갈등을 해결하려면 근원적인 변화가 필요합니다. 기능론이 주장하는 것처럼 부분적인 개선과 치료로 나아질 수 있는 게 아닙니다. 고열이 나면 뇌가 손상될 수 있고 사경을 헤맬 수 있듯이 근원적인 원인을 찾아 제거하지 않고 진통제 처방에 그친다면 사회의 건강은 심각하게 나빠집니다. 따라서 근원적인 사회구조의 변화가 필요합니다.

사회의 근원적인 변혁은 계급 투쟁과 같은 사회운동을 통해 이뤄질 수 있습니다. 그러한 사회운동은 필연적으로 나타납니다. 지렁이도 밟으면 꿈틀하는 법이기 때문입니다. 사회적 자원을 소유하지 못한 피지배 세력이 언제까지 가만히 있을 리 없습니다. 피지배 세력은 사회적 자원을 독차지해온 지배 세력에 도전합니다. 사회적 자원의 부당한 독점에 맞서 투쟁하게 마련입니다.

이러한 갈등과 대립 그리고 그로 인해 이어진 투쟁이 나쁜 게 아닙니다. 갈등은 사회 변화와 발전의 원동력이 될 수 있습니다. 사회 변동은 사회에 중요한 공헌을 합니다. 비록 갈등론의 논리가 인간의 보편적인 가치 추구 행위, 협동, 관용, 화합 등의 사회·문화 현상을 설명하기 부족하다고 하더라도 이런 평가에 쉽게 동조하고 머뭇거려서는 안 됩니다. 갈등과 대립, 투쟁이 심적으로 껄끄러운 일이라고 해서 이를 외면한다면 아무런 일도 일어나지 않을 것이기 때문입니다.

그런데 군부 독재 시절에 갈등론을 대표하는 마르크스 사상은 위험하고 불온한 사상으로 취급되었습니다. 마르크스의 저서를 지닌 것만으로 교도소에 가야 했죠. 학교에서는 갈등론 자체를 학생들에게 잘 가르치지 않았고 대입시험에 출제되기도 힘들었습니다. 덕분에 학습량은 줄었지만, 학생들의 학습량을 줄이려는 목적은 아니었습니다. 학생들이 갈등 문제를 깨우쳐 군부 독재 정권에 맞서는 게 두려웠던 것입니다. 이것을 보면 지배 세력에 유리한 내용을 교육하려고 학교를 운영한다는 비판도 일리가 있다고 보입니다. 행여 갈등론이 언급될 때는 비판하기 위한 목적으로만 다루었습니다. 갈등을 일으키면 안 되는 것으로 취급했던 것이지요.

하지만 갈등은 어느 사회나 존재합니다. 갈등이 없는 사회를 바랄 수는 있겠지만 그런 사회는 존재하지 않습니다. 마르크스도 계급착취가 완전히 사라진 인간 사회를 꿈꾸었지만 그런 사회는 오지 않았습니다. 민주화가 되면 갈등이 없어지냐 하면, 그렇지도 않습니다. 오히려 다양한 이유로 갈등은 더 늘어납니다. 손바닥으로 하늘을 가릴 수 없듯이 사회갈등을 외면할 수 없지요.

따라서 우리가 고민해야 할 일은 갈등을 외면하는 게 아니라 그 갈등을 어떻게 해결해야 할지 해결책을 찾는 것입니다. 갈등을 무조건 덮어버리려고만 하면 갈등은 해결되지 않습니다. 겉으로 드러난 문제만 언급해서도 문제를 해결할 수 없습니다. 갈등의 원인을 근원적인 사회구조에서 찾아내야 문제를 완전하게 해결할 수 있습니다. 따라서 그동안 불온시 되었던 갈등론이 이제는 제대로 인정받아야 합니다. 갈등론의 복원이 필요합니다. 다시 말해 갈등의 씨앗이 되는 사회구조와 제도를 근본적으로 개혁할 방안을 끊임없이 찾아야 합니다.

미시적 관점의
상징적 상호작용론

거시적 관점에 따랐던 초기 사회학은 인간 행위를 규제하는 사회구조에 많은 관심을 가져왔습니다. 사회관계를 조화와 통합을 향한 기능적 연관관계로 인식하든지 아니면 대립과 갈등이 만연한 지배-피지배 관계로 파악하든지, 사회는 모두 개인의 바깥에 존재하면서 개인을 제약하는 구조로 봤던 것입니다. 그동안 거시적 관점에 기울어진 사회학자들은 개인을 사회에 의해 압도당하는 존재로 묘사했지요. 즉 인간이 자율성을 지닌 능동적 주체라는 점을 소홀히 생각했죠.

하지만 20세기 초반을 넘어서면서, 개인의 개성과 같은 인간의 자율적 능력에 관심이 커졌습니다. 이러한 새로운 경향이 사회학에서는 미시적 관점으로 나타나기 시작합니다. 미시적 관점은 개인의 능동적인 사고 과정과 행위의 선택, 그리고 다른 사람과의 상호작용 과정에 주목합니다. 인간이 사물이나 행위에 주관적인 의미를 부여할 뿐만 아니라 사회에 대해서도 능동적으로 참여하는 존재임을 드러내어 인간 사회에 대한 새로운 조명이 시작된 것입니다.

미시적 관점을 따르는 사회학자들은 개인의 자아에 관심을 집중했습니다. 그러나 인간 본성이나 개인의 도덕적 품성을 알고 싶었던 것은 아닙니다. 그럼 뭐냐면, 개인에 담긴 사회적 관계 혹은 개인 주변의 관계를 보려 한 것입니다. 개인의 행위를 관찰해보면 다른 사람들과의 관계가 보입니다. 그렇게 사회관계를 맺는 개인을 통해 사회를 알 수 있습니다. 개인과 사회는 별개로 존재하는 게 아닌 거죠.

개인은 다른 사람과 얽혀 있는 존재입니다. 자아는 개인적인 게 아니라 사회적입니다. 사회적이라는 말은 여러 사회관계 속에서 있다는 말입니다. 사회관계가 개인 자아 속으로 편입된 것으로 봐야지, 개인을 사회 구조에 갇힌 존재로 봐서는 안 됩니다. 따라서 개인들의 사회적 상호작용을 통해 사회를 파악해야 합니다.

미국의 사회학자 쿨리에 따르면, 한 사람의 자아는 다른 사람을 만나 여러 가지 경험을 하게 되면서 형성된다고 합니다. 즉 개인의 자아는 의사소통적 상호작용을 통해서 형성됩니다. 상호작용 덕분에 개인의 자아의식 안에는 다른 사람의 자아가 반영되어 있습니다. 의사소통의 교환과정에서 다른 사람의 견해를 자아 안에 끌어들이면서 개인 의식이 발생하는 것입니다. 이런 일이 가능한 이유는 상호작용하는 사회관계에서 찾을 수 있지만, 결국엔 누구도 다른 사람과 단절되어 존재할 수 없기 때문입니다.

그래서 쿨리는 "고립된 자아는 없다"고 주장했습니다. 여럿의 개인 자아가 서로에게 의존하며 상호작용한다는 거죠. 그리고 개인과 사회의 엄격한 분리에 대해 반대했습니다. "자아와 사회는 쌍둥이로 태어났다"고 했지요. 개인과 사회를 분리해서 본다는 것은 개인 밖에 사회가 있어, 사회가 개인을 규제한다는 주장입니다. 반면에 쿨리처럼 개인과 사회를 동일한 수준으로 보는 관점은 개인 바깥에 사회를 놓을 수 없다는 주장입니다. 개인은 다른 개인과 연결되어 사회적 관계를 맺고 있으며, 이것이 곧 사회인 것입니다.

사회의 변화를 이끄는 힘도 개인들의 사회적 관계에서 나옵니다. 사회는 역사적으로 다른 모습을 보여왔죠. 오늘날의 사회에서 예전의 사회에서 볼 수 없었던 일이 일어나는 것은 개인과 개인, 그리고 개인과 사회 간의 관계가 변했기 때문입니다. 사회는 다양합니다. 그 이유도 서로 생각이 다른 다양한 사람들의 상호작용으로 이루어지기 때문입니다. 다양하게 변동하는 사회의 특징은 바로 개인들의 다양한 사회적 상호작용에서 비롯된 것입니다.

미드 역시 개인 간 혹은 개인과 사회 간의 역동적 관계를 중시했습니다. 역동적이란 말은 멈춰 서 있지 않다는 의미겠죠. 개인은 끊임없이 다른 사람과 모여 일하고 대화하며 자아를 형성합니다. 나의 본질은 다른 사람에 의해 반사되어 있습니다. 다양한 사람을 만나는 사회적 경험에서 개인이 성장합니다. 쿨리의 주장처럼 미드 역시 개인 간의 상호작용 경험이 중요하다고 주장합니다.

그런데 그 상호작용을 좀 더 세밀하게 관찰해볼 필요가 있습니다. 상호작용 과정에서 내가 내 생각과 행동을 드러냈을 때 상대방이 그 의미를 이해하지 못하면 아무런 반응을 보이지 않을 것입니다. 상호작용이 계속될 수 없는 거죠. 누구나 반응을 보이려면 먼저 주어진 상황이 어떤 상황인지 알아야 합니다. 그걸 모르면 멍하니 서 있을 수밖에 없지요. 사람 간의 상호작용이 원활하게 이뤄지려면 한 사람의 말과 행동을 이해할 수 있어야 합니다. 그 말과 행동을 하나의 상징적인 의미로 이해할 수 있어야 한다는 얘기입니다.

블루머(Blumer, H.)는 쿨리와 미드의 이론을 이어받아 '상징적 상호작용론'이라는 용어를 사용하면서 거시적 관점에 맞서는 미시적 관점의 이론을 정리했습니다. 블루머는 기존 사회학이 모두 인간 행위를 유발하는 요소로 사회라는 외부적 자극과 규범에 지나치게 초점을 맞추고 있다고 비판했습니다. 그는 기존 사회학에서 말하는 것과 완전히 다른 시각에서 인간과 사회를 봤습니다. 사회가 인간의 외부에서 자극을 주면 인간은 그에 따라 본능적으로 수용하듯 즉각 반응하는 게 아니라는 것이죠. 인간은 사회집단이 요구하는 대로 움직이는 로봇이 아닙니다. 다시 말해 인간은 사회의 특정 현상을 보고 어떤 생각과 행동을 보여야 할지 판단할 줄 아는 존재입니다.

쉽게 말해 인간은 웃으라면 웃고, 울라고 하면 우는 존재가 아닙니다. 어떤 자극이 일어나면 그게 무슨 의미인지 능동적으로 해석하고 의미를 부여하여 반응한다는 주장입니다. 웃으라고 해도 그게 과연 웃을 상황인지 오히려 울어야 할 상황은 아닌지 생각하며 반응한다는 것입니다. 어떻게 그럴 수 있냐면 인간은 사고 능력을 지니고 있기 때문입니다.

사회에서 개인은 생각하는 주체이며 상호작용하는 단위입니다. 생각하면서 행동하고 이것이 상호작용한다는 얘기입니다. 생각하는 상호작용은 조금 어려운 말입니다. 이것을 이해하려면 먼저 주의할 게 있습니다. 사람들이 상호작용한다고 해서 단순히 겉으로 드러난 말과 행동을 교류한다는 의미로 이해해서는 안 된다는 것입니다. 상호작용론이라는 이름 앞에 붙은 '상징적'이라는 말을 이해할 필요가 있습니다. 우리가 표현하는 말과 행동에는 상징성이 있습니다. 문자, 소리, 표정, 옷차림에도 모두 상징하는 게 있습니다. 그래서 그 상징성을 해석하여 상호작용을 하는 것입니다. 다시 말해 행동의 숨은 의미를 해석하여 생각하고 행동하는 것입니다.

사람은 행동할 때 무엇을 의미하려는 의도를 가지고 행동합니다. 그 사람을 본 다른 사람은 그 사람의 행동이 무엇을 의미하는지 또 생각합니다. 왜 그런 행동을 했는지, 그 행동이 무엇을 말하려는 것인지를 해석하여 반응합니다.

예를 들어 임금인상과 노동환경 개선, 비정규직 철폐를 주장하며 파업에 나선 노동자들이 구호를 외치면서 주먹을 치켜들어 올렸습니다. 사람들은 그것을 보고 해석하죠. 그러면서 생각합니다. "노동자들이 열 받아서 주먹을 들어 올렸구나"라고 말이죠. 그리고 반응을 보이죠. 반응이야 다양할 수 있지만, 노동자들의 입장을 충분히 들어보면 수긍할 만한 게 많습니다. 그러면 노동자들의 주장을 지지하는 서명에 동참하는 사람도 나타날 수 있겠죠.

그런데 주먹 쥔 손동작이 항상 분노를 의미하지는 않습니다. 이번에는 월드컵 축구 경기에 출전한 선수가 골을 넣고 관중들을 향해 주먹을 쥐어 보였다고 생각해보죠. 그러면 응원하는 관중이 그것을 보고 "저 선수 왜 저래? 화난 거야?"라고 생각할까요? 골을 넣었으니 함께 축하해주고 응원을 보내달라는 상징으로 이해하겠죠. 그러면 관중은 박수갈채를 보내고 함성을 지르거나 함께 주먹을 쥐어 보이기도 하겠죠. 주먹을 쥐는 모습은 같지만, 상황에 따라 의미가 다르게 전달됩니다. 그리고 그것을 본 사람들의 반응도 다릅니다.

그런데 앞의 두 사례에 나타난 주먹 쥔 행위를 보고 가위바위보 게임을 위해 주먹을 쥐어 보였다고 생각하는 어리석은 사람은 없을 줄 압니다. 그렇게 분위기 파악을 못하는 사람이 있으면 주변 분위기도 썰렁해집니다. 사람들은 주먹을 불끈 쥔 행동이 어떤 상황에서 나온 것인지 생각하면서 그것을 자기 생각대로 규정하고 해석합니다. 이것을 상황 정의라고 합니다.

상징적 상호작용론에서는 상황 정의가 중요합니다. 왜냐하면, 동일 상황을 어떻게 규정하느냐에 따라 사람들의 반응도 달라질 수 있기 때문입니다. 주먹을 불끈 쥐는 겉모습이 같아도 그것을 보고 해석하는 것이 달라지면 사람들의 반응도 달라집니다.

그런데 일반적으로 상황 정의가 비슷해 보입니다. 그것은 사회 구성원이 공유하는 생각이 비슷하기 때문입니다. 하지만 항상 그런 것은 아닙니다. 인간은 생각하는 동물이기 때문에 일반적인 상황 정의가 아니라 창조적으로 상황을 규정할 수도 있습니다. 상황 규정이 항상 변함없이 고정되어 있지 않다는 얘기입니다.

이처럼 상징적 상호작용론은 개인의 다른 개인에 대한 혹은 사회나 상황에 대한 규정과 해석, 그리고 반응이 일반적으로는 사회적 요구와 비슷하게, 때로는 개인의 창의적인 관점에서 서로 교차하는 것을 주목해서 봅니다.

한편 상징적 상호작용론에서는 사회 문제도 사람들 간의 규정에서 비롯된다고 볼 수 있습니다. 사회 문제로 불리는 것들 대다수는 그것을 사회 문제로 만드는 사회적 실체가 있어서 사회 문제가 되는 게 아닙니다. 사람들이 특정한 사람들에 대해 문제가 있는 대상으로 여기면서부터 진짜 사회 문제가 발생합니다. 특정한 사람에 대해 문제가 있는 것으로 의미를 부여하는 게 문제라는 것이죠.

예를 들어 장애인과 관련된 사회 문제를 말해보죠. 장애인 학교를 설립하려고 하면 지역주민들이 기를 쓰고 반대하여 사회 문제가 되고 있습니다. 거시적 관점에서 보면, 지역주민 자체를 문제 삼지 않습니다. 장애인 학교가 설립되면 지역의 경제적 가치가 떨어질 것 같아 반대하는 것으로, 자본주의 경제 체제가 낳은 문제죠. 사적 이익 추구를 신봉하는 사회구조 때문에 자신의 이익만 생각하여 장애인 학교 설립을 반대하게 되는 것이죠. 이를 두고 흔히 님비현상이라고 합니다. 님비현상은 사회혐오시설에 대해 반대하는 이기적 행동을 보이는 현상인데, 이게 단순히 개인의 이기심을 탓할 수 없는 구조적인 문제로 볼 수도 있죠.

하지만 상징적 상호작용론에서는 이 문제를 다르게 봅니다. 혐오를 주목해봐야죠. 비장애인이 장애인을 혐오스러운 대상으로 규정하는 것에서부터 장애인과 관련된 사회 문제가 등장한다고 봅니다.

장애인 편의시설 문제부터 특수학교 설립 문제, 장애인 의무고용제 등 많은 문제가 있는데요, 장애인 관련 사회 문제는 비장애인이 장애인에 대해 자신들과 다른 사람으로 의미를 부여하기 때문에 사회 문제를 일으키게 됩니다. 장애인을 다른 존재로 봄으로써 일반적인 상호작용과정에서 분리하고 단절시키는 것이죠.

그러면 혐오 대상이 아닌 보호 대상으로 보는 것은 문제가 안 될까요? 몸과 정신이 불편하고 특별한 편의시설을 마련해줘야 살 수 있는 대상, 연민과 동정의 시선으로 바라보고 보살펴야 할 대상으로 장애인을 규정하는 것, 말입니다. 이것은 장애인을 보호하려는 선한 태도로 보입니다. 하지만 사실은 장애인을 비장애인과 다른 존재로 보는 태도라는 점에서 본질은 다르지 않습니다.

한편 장애인뿐만 아니라 장애를 규정할 때부터 문제일 수 있습니다. 북유럽 복지국가, 예를 들어 스웨덴 같은 국가의 국민은 임산부가 일시적으로 겪는 고충이나 노약자가 겪는 고충도 자연적으로 발생하는 장애로 봅니다. 심지어 자국에서의 생활에 어려움을 겪는 이주 외국인의 문제도 장애로 봅니다. 이렇게 보면 사실 주변을 조금만 둘러봐도 모든 걸 장애로 얘기할 수 있습니다. 현대인은 모두 마음의 질병을 앓고 있는 장애인이라고 확장하여 생각해도 틀린 말은 아닙니다.

그런데 한국인은 소수의 특정인이 앓는 질병에만 의미를 부여하여 장애를 매우 제한적으로 보죠. 장애를 특수한 것으로 규정한다는 얘기가 됩니다. 이런 생각과 태도들이 하나의 시스템으로 굳어진 게 '장애 등록제'입니다. 장애 등록제는 특정한 장애만 장애로 보고, 그런 특정 장애가 있는 장애인을 특별하게 다루는 사람들의 인식이 쌓여 사회제도로 굳어진 것입니다. 이처럼 장애를 지나치게 제한하여 의미 부여를 하니, 장애인과 관련된 사회 문제가 나오는 겁니다.

하지만 모두가 조금씩은 장애인이라고 규정하거나 모두가 같은 기본권을 누릴 자격이 있는 인간이라고 의미를 부여하면 장애인에 대한 사회 문제는 사실 발생하지 않습니다. 특별히 장애인으로 언급될 대상이 없기 때문이죠. 이런 의미 부여가 이뤄지면 장애인 학교의 설립은 일반 학교의 설립과 다르지 않게 여길 수 있습니다. 장애인을 위한 대중교통 편의시설도 다르게 보게 됩니다. 장애인이 불쌍해서 장애인 편의시설을 만들어야 하는 게 아닙니다. 누구나 이동할 권리가 있는데 그 이동에 불편함이 있으므로 대중교통 편의시설을 제공하는 게 당연해집니다. 인간이라면 누구나 누리는 기본권에서 소외되는 일이 없어야 한다는 이유로 장애인 복지 정책이 마련될 수 있을 겁니다.

장애인과 관련된 사회 문제는 근본적으로 장애에 대한 사회 구성원들의 왜곡된 의미 부여에서 발생하는 것입니다. 장애인들은 그래서 외칩니다. 자신들에게 다른 의미를 부여하지 말라고요. 다른 시선과 관심으로 볼 게 아니라 다 같은 인간으로서 인간다운 대우를 하라고 말이지요. 장애인을 특별히 비정상적인 대상으로 규정하고 낙인찍는 것은 폭력입니다. 그 폭력이 장애인과 관련된 사회 문제를 낳고 있지요. 우리는 누구도 다른 사람을 비정상적인 존재로 규정할 자격이나 권리가 없다는 것을 알아야 합니다.

이처럼 사람들 사이에서의 의미 부여는 매우 중요합니다. 사람에 대한 의미 부여에 따라 한편으로는 한 사람을 장애인으로 배제하고 차별할 수 있습니다. 이와 달리 규정하면 한 사람을 같은 인간으로 동등하게 대우하고 공존할 수 있습니다. 사람들은 주관적인 의미 해석을 주고받으며 상호작용하는데, 그 상호작용에 따라 때로는 사회 문제가 발생할 수도 있고 때로는 온전한 인간다운 사회가 될 수도 있습니다. 사회 문제는 사회구조나 규범에 문제가 있어 발생하는 게 아니라 개인의 다른 개인에 대한 의미 부여의 왜곡에서 발생하는 것입니다.

상징적 상호작용론은 개인의 행위가 사회구조나 규범을 내재화된 경향으로 나타나는 게 아니라고 주장합니다. 그렇다고 무의식적인 정신적 충동에 따르는 것도 아닙니다. 사람들은 생각하는 주체로서 의미를 부여하고 그것을 해석하여 행동을 보입니다. 사람이 쓰는 말은 단순한 말이 아니라 의미를 담습니다. 행동도 단순한 몸짓이 아니라 의미 있는 상징입니다. 개인이 말하고 행동하는 것은 자신이 다른 사람에게 바라던 반응을 유발할 수 있는지를 생각하여 나타낸 것입니다.

사회는 개인들이 상호작용하는 과정 그 자체입니다. 사회는 개인의 정신과 자아가 나타난 것에 불과합니다. 어떤 상황에 대한 개인들의 반응을 조직화한 것이 사회입니다. 사회제도란 것도 그리 대단한 것이 못 됩니다. 그것은 단지 사람들의 공통된 반응입니다.

상징적 상호작용론에서 볼 때, 미래는 크게 열려 있는 것 같습니다. 개인들의 상호작용에 따라 사회는 변할 수 있기 때문입니다. 사회·문화 현상은 그것이 발생하는 상황과 행위 주체에 따라 달라질 수 있습니다. 물론 이런 관점은 변화무쌍하여 사회의 미래에 대한 정확한 예측을 제시해 주지 못합니다. 하지만 그 미래는 우리 사회에서 사람들 간의 상호작용을 어떻게 맺느냐에 따라 달라질 겁니다.

상징적 상호작용론은 기능론과 갈등론으로 대립하는 사회학을 전혀 다른 방향으로 안내했습니다. 인간은 생각 없이 사회의 요구에 따르는 게 아니라는 것을 보여줍니다. 즉 생각하는 인간의 재발견과도 같은 의의를 지닙니다. 상징적 상호작용론 덕분에 사람들이 구성해내는 주관적 생활 세계에 더 관심을 가질 수 있게 되었지요.

하지만 이 관점은 사회제도나 구조와 같은 거시적인 측면을 가볍게 여기고 있어 완전하지는 않습니다. 이처럼 사회제도와 구조를 간과하면 사회를 제대로 이해하는 것은 아닐 것입니다.

사회·문화 현상을 보는
관점들의 조화와 균형

몇 가지 이론적 관점에 따라 사회·문화 현상을 비추어 보니 특정 측면이 더욱 뚜렷하게 보입니다. 하지만 사회·문화 현상은 생각보다 복잡합니다. 그런 복합적인 사회·문화 현상을 정확하게 알려면 거시적 관점과 미시적 관점을 모두 활용할 필요가 있습니다. 다양한 각도에서 입체적으로 분석해야 한다는 얘기입니다.

예를 들어 민주화 운동 역사에 대해 왜곡하는 현상을 연구한다고 가정해보죠. 이 문제는 일제 강점기 역사에 대한 일본의 왜곡만큼이나 심각하고 중요한 문제입니다. 이 문제를 이해하려면, 다양한 관점에서 파악할 수 있어야 합니다.

기능론의 관점에서 민주화 운동에 관한 역사 교육이 민주 시민 양성을 위해 적절하게 시행되고 있는지를 파악하고, 갈등론의 관점에서 민주화 운동을 주도했던 개혁세력과 그것에 맞서려는 보수세력의 정치적, 경제적, 사회적 이해관계의 차이와 대립을 탐구해야 합니다. 그리고 상징적 상호작용론의 관점에서 민주화 운동 역사에 관한 왜곡된 정보를 인터넷에서 공유하고 확산시키는 태도를 살펴야 합니다. 이처럼 한국 사회의 민주화 운동 역사에 대한 왜곡 과정을 체계적이고 포괄적으로 이해하려면 기능론, 갈등론, 상징적 상호작용론의 관점이 모두 요구됩니다.

사회실재론과 사회명목론, 그리고 거시적 관점과 미시적 관점이 서로 균형 있게 조화를 이뤄야 한다는 주장은 사회의 모든 측면을 보자는 말이니 좋은 얘기입니다. 그런데 그것을 단순히 같은 비율로 취급하는 건 바람직해 보이지 않습니다. 이것은 고등학교 교과서 내용에서 한 걸음 더 나아간 것인데요.

"나무를 보지 말고 숲을 봐라". 자주 듣는 말입니다. 그런데 "숲을 보지 말고 나무를 봐라"는 어떤가요? 어떤 말이 맞을까요? 둘 다 맞을까요? 앞의 문장이 맞습니다. 눈앞에 사소한 것은 쉽게 보고 집중하는데, 전체적인 것을 넓게 보지 못하는 경우가 많아서 예로부터 전해오는 명언이지요. 사람들이 작고 소중한 것을 놓치는 일이 있어 뒷말을 사용하는 사람도 있지만, 일반적으로 쓰는 말은 아닙니다. 기존에 있었던 말을 뒤집어 사용한 말장난에 가깝죠.

사회를 볼 때도 마찬가지입니다. 나무를 보지 말고 숲을 봐야요. 사소한 개인을 볼 게 아니라 사회를 봐야 합니다. 다만 숲을 보면서 나무들도 살펴봐야지요. 사회를 보면서 개인도 챙겨봄으로써 개인이 사회에서 배제되는 일이 없도록 하자는 것입니다.

다시 말해 사회·문화 현상을 바라보는 두 관점의 종합은 나란히 병렬적으로 나열하는 게 아니라, 거시적 관점으로 사회를 보면서 미시적 관점을 추가하여 결합하는 방식으로 이뤄져야 합니다. 사회학은 어디까지나 사회를 봐야 합니다. 사회학적 상상력으로 사회를 본다는 것은 눈앞의 개인이 하는 행동만 볼 게 아니라 그 이면에 사회적 맥락을 보자는 취지였습니다. 다만 사회구조를 보면서 개인의 자율성도 놓치지 말아야 한다는 점이 추가되어야 합니다.

3 장

요리 보고
저리 봐도
알쏭달쏭한
사회·문화
현상

사회·문화 현상을 어떻게 연구할까

사회·문화 현상의 탐구 방법

사회·문화 현상이 참으로 알쏭달쏭합니다. 이럴 때에는 복잡하게 생각할 것 없이 관찰 가능한 것부터 분석해볼 필요가 있습니다. 사회학의 창시자 콩트에 따르면, 과학은 신학적 단계, 형이상학적 단계, 그리고 실증적 단계를 거쳐 발전한다고 했습니다. 여기서 사회학은 실증적 단계에 있다고 봤지요. 그래서 사회학을 연구할 때도 오로지 관찰 가능한 현상에만 관심을 두어 그것을 통해 실제로 사회의 운영 원리를 증명해 보일 수 있어야 하며, 사실적 지식을 축적하여 그 현상들 사이의 관계 법칙을 확립해야 한다고 주장했습니다.

콩트의 영향을 받아 초기에는 사회·문화 현상을 과학적으로 탐구하면서 자연과학 연구자들과 좀 더 비슷하게 닮아가려는 입장이 있었습니다. 사회·문화 현상도 자연현상의 연구 방법에서 하는 것과 같이 연구할 수 있다는 방법론적 일원론을 따랐던 것입니다. 방법론적 일원론은 자연현상처럼 사회·문화 현상에서 법칙을 발견하는 데 관심을 두었습니다. 이에 바탕을 둔 연구 방법이 양적 연구 방법입니다. 양적 연구는 사회·문화 현상에서 규칙성을 발견하여 일반화나 법칙을 정립하고 원인을 밝혀내미래의 결과를 예측할 때 사용합니다.

하지만 이러한 연구 방법에 반대하는 사회학자도 있었습니다. 사회·문화 현상을 과학적으로 탐구하더라도 사회·문화 현상이 가치 함축적이어서 자연과학의 연구 방법을 고스란히 적용하여 연구하기 어렵다는 주장이 나타났던 거죠. 이들의 주장에 따르면 연구 방법이 하나가 아닌 둘입니다. 방법론적 이원론입니다. 방법론적 이원론은 인간의 의지를 담고있는 사회는 자연현상과 본질이 달라서, 연구 대상이 다른 만큼 자연과학의 방법론과 다른 연구 방법을 사용해야 한다는 주장이었습니다. 이에 바탕을 둔 연구 방법이 질적 연구 방법입니다. 질적 연구는 행위자의 주관적 의미 및 행위 동기, 상황 맥락과 연결된 개별적인 사회·문화 현상을 심층적으로 이해하기 위한 연구를 할 때 사용합니다.

그런데 어느 탐구 방법이 절대적으로 옳다고 말할 수 없습니다. 연구 목적, 즉 연구를 통해 밝히고자 하는 것이 다르기 때문입니다. 사회·문화 현상을 어떤 목적에서 연구하느냐에 따라 적절한 탐구 방법을 찾아 사용해야 합니다.

양적
연구 방법

양적 연구 방법을 선호하는 연구자는 양(量)으로 연구 성과를 내려고 합니다. 양은 수치로 표현하게 마련입니다. 조사할 항목을 계산 및 측정할 수 있는 양으로 표현하는 계량화(計量化)를 하는 것이죠. 통계를 활용하여 특정 수치가 높게 나타나면 대다수 그런 현상이 일어나는 것이니까, 그 현상은 보편적이라고 말할 수 있게 됩니다. 자연과학에 버금가는 보편적 법칙을 발견할 수 있는 거죠. 양적 연구 방법은 보편적 법칙을 실제로 증명해 보이려는 실증적 연구 방법과 매우 친밀합니다.

그런데 양적 연구 방법으로 실제 연구를 진행하려 할 때 처음부터 어려움을 겪습니다. 사회·문화 현상에서 밝히고자 하는 것은 추상적인 개념이 많기 때문입니다. 추상적인 개념은 측정되기 어렵습니다. 그러면 양적 연구를 포기해야 할까요? 하지만 양적 연구를 고집하는 연구자는 쉽게 물러나지 않았습니다. 약간의 무리가 따르더라도 수치로 표현할 수 있는 조작을 시도합니다. 모든 추상적인 개념을 측정 가능한 개념으로 조작하는 것입니다. 이것을 개념의 조작적 정의라고 합니다. 사실 수치로 표현되는 것은 모두 조작적 정의를 한 것으로 이해해도 됩니다.

예를 들어 인생에서 매우 중요한 사랑에 관심을 두고, 애인 간 '사랑의 유효기간'*에 관한 연구를 할 때, 사랑을 어떻게 규정할까요? 사랑은 느낌이다, 사랑은 이해다? 아니면 사랑은 얄미운 나비인가요? 그것도 아니면 눈물의 씨앗인가요? 무엇으로 정의하든, 추상적이라 연구하기 곤란

사랑의 유효기간에 관한 연구는 실제로 한 연구소에서 전문적으로 진행되었습니다. 2000년 미국 코넬대학교 인간행동연구소에서는 2년간 5천 명의 미국인을 대상으로 사랑의 유효기간을 조사했습니다. 이 연구팀도 먼저 사랑을 정의해야 했습니다. 사랑을 어떻게 정의했냐면, 대뇌에서 옥시토신, 도파민, 페니레시라민 등 세 가지 화학물질이 분비돼 형성되는 일종의 정신 상태라고 규정했습니다. 이 연구에서 제시된 '사랑의 화학물질'은 상대방에 대해 호감을 느끼거나 사랑에 빠질 때 뇌에서 분비되는 물질이라고 알려져 있죠. 이 물질이 분비되는 양을 조사 항목으로 삼아, 즉 사랑을 계량화시켜 조작적 정의를 한 것입니다.

양적 연구는 연구하려는 현상을 계량화하기 때문에 많은 수치가 제시됩니다. 여기서 활용되는 수치는 변합니다. 그래서 변수라고 불러요. 변수는 변인이라고도 하지요. 간단히 말해 '조건과 환경의 변화에 따라 변할 수 있는 수'라는 것입니다. 변수에는 원인이 되는 변수가 있고, 결과로 나타나는 변수가 있습니다. 다시 말해 영향을 주는 변수가 있고, 영향을 받는 변수가 있지요. 앞의 것을 독립변수, 뒤의 것을 종속변수라 합니다. 앞의 것이 원인이 되거나 영향을 주어, 뒤의 것이 결과가 되거나 영향을 받기 때문이죠. 이 연구에서는 세 가지 화학물질의 분비량이 증가하면 사랑하는 정도가 높은 것으로 파악하게 되는데요, 화학물질의 분비량은 독립변수이고 사랑하는 정도는 종속변수가 됩니다.

독립변수는 다른 것에 의해 영향을 받는 게 아니라 단독으로 독립되어 있어 영향을 주는 변수이기 때문에 독립변수라고 합니다. 그럼, 영향을 받는 게 없으니까 변수가 아닌가요? 아닙니다. 화학물질의 분비량이 증가할 수도 있고 감소할 수도 있습니다. 변할 수 있으니 독립된 것이라도 변수인 것은 분명합니다. 반면 종속변수는 일반적으로 결과에 해당합니다. 독립변수에 따라 달라지므로 독립변수에 종속되어 있어 종속변수라 합니다. 화학물질의 분비량에 따라 사랑하는 관계가 계속될 수도 있고 끝날 수도 있겠죠.

이 연구에 따르면, 세 가지 화학물질의 분비량은 사랑에 빠진 1년 후 50퍼센트가 감소하고, 이후 계속 낮아졌다고 합니다. 그래서 18개월에서 30개월이 지나면 뜨겁던 사랑이 식는다고 결론을 내렸습니다. 화학물질 분비량의 하강을 막지 못하면 사랑의 열정 곡선은 바닥까지 내려가 결국 이별을 맞게 된다고 합니다.

합니다. 그래서 양적 연구 방법을 사용하는 연구자는 사랑을 구체적으로 측정 가능한 지표로 정의합니다.

예를 들어 하루 평균 전화 통화 횟수 혹은 문자를 주고받는 횟수, 만남의 시간, 대화 시간 등 관계의 밀접성으로, 사랑하는 마음과 행동을 계량화된 데이터로 만들어 정의를 내리는 것입니다. 이러한 수치화된 측정값을 척도(尺度)라고 하고, 척도를 비교하여 그 값이 많거나 높은 사람들의 관계는 사랑하는 관계라고 할 수 있습니다. 반면에 그 수치가 낮으면 사랑하고 있지 않은 것이지요. 애인 사이에서 1년 전보다 문자를 주고받거나 만나는 시간이 거의 없고 대화 시간도 매우 적은 것으로 연구 결과가 나타나면 둘 사이에서 사랑이 식은 것으로 파악할 수 있습니다. 나아가 그 관계가 곧 끝날 거라는 예측도 할 수 있을 겁니다.

이러한 접근은 사회·문화 현상, 즉 사람들이 사랑하는 관계를 맺고 그 관계를 유지하는 현상을 연구한 것인데, 그 현상을 있는 그대로 드러내는 데 목적이 있는 게 아니라, 원인을 밝히는 데 목적이 있습니다. 그래서 원인이 될 만한 현상을 추적하게 됩니다. 여기서는 먼저 전화 통화 횟수, 만남 횟수와 시간처럼 상호 간의 밀접한 관계성을 측정했습니다. 그 지표로 상호 간에 만남이 일어나는 현상을 해석했습니다. 그리고 원인이 되는 현상으로 관련지었죠. 그래서 얼마나 밀접하게 관계를 유지하고 있는지에 따라 사랑하는 관계를 파악하는 것이죠. 이처럼 양적 연구는 통계 기법을 통해 두 현상 간의 관계를 분석합니다. 구체적으로 관계의 밀접도와 사랑하는 정도를 비교한 것입니다. 그리하여 관계의 밀접도가 원인이 되어 결과적으로 사랑하는 정도가 다르게 나타난다고 밝힐 수 있습니다. 이러한 계량화된 원인 분석을 통해 미래에 다가올 일도 충분히 예측할 수 있게 됩니다.

그뿐만 아니라 양적 연구는 연구 결과에 따라 일반화를 시도하게 됩니다. 일반화는 자료 분석을 통해 얻은 연구 결과가 비슷한 다른 대상에도 적용될 수 있는 것을 말합니다. 두루두루 일반적으로 적용될 수 있다는 의미에서 일반화라고 합니다. 이것은 하나의 이론이 됩니다. 그래서 이 연구에서는 "안 보면 멀어진다(Out of sight, out of mind)"라는 사회적 관계에 관한 이론을 만들었다고 주장할 수도 있겠죠. 조금 어렵게 표현하자면 "물리적 거리가 심리적 거리를 규정한다"라고 할 수도 있고요. 이러한 일반화는 양적 연구를 통해 인과관계를 밝혔기 때문에 가능한 것입니다.

하지만 양적 연구의 인과관계 도출과 일반화에 대해서는 많은 논란을 일으키고 있습니다.

먼저 양적 연구라 하더라도 실제 자연법칙과 같은 인과관계를 설명하기에는 여전히 부족함이 많다는 의심을 받습니다. 연구자가 원인이라고 파악한 것은 결정적 원인이 아니라 사실 여러 가지 가능한 원인 가운데 하나에 불과할 수 있습니다. 다양한 원인을 늘어놓아도 문제입니다. 그것들을 모두 원인이라고 부르기 어려울 수도 있습니다. 여러 원인이 서로 복합적으로 작용한 것이 원인일 수 있거든요. 그래서 하나의 원인으로 하나의 결과를 단언하는 것은 경계해야 한다고 주장하기도 합니다. 따라서 단일 원인을 단일 결과로 연결하는 단선적인 연구 결과로 미래를 예측하는 게 무리일 수 있다고 비판받고는 하지요.

예를 들어 앞의 연구에서 관계의 밀접성은 그 자체로 원인이 아니라 다른 원인의 결과일 수 있죠. 특히 신체적 혹은 정신적 매력의 변화, 상호 관계의 특성, 관계 유지 노력 등 수없이 많은 제3의 변인들이 더 크게 영향을 미칠 수 있고, 그것들이 복합적으로 상호작용하여 사랑하는 관계에 영향을 줄 수 있는 거죠. 이렇게 원인과 결과의 결합이 엉켜 있어 인과관계로 결론을 내리기 힘듭니다.

그래서 연결하려던 두 가지 사회·문화 현상을 인과관계가 아닌 상관관계로만 파악하는 경우가 많습니다. 상관관계는 인과관계와 약간 그 의미가 다릅니다. 일정한 조건에서 서로 관련성이 파악되면 상관관계가 있다고 합니다. 상관관계는 두루뭉술하게 연관성이 있다고 말할 뿐, 직접적인 연계성은 섣불리 말하지 않습니다.

상관관계와 인과관계는 구분되는 개념이기 때문에 일반적으로 연구자들은 상관관계를 인과관계와 동일시하지 않도록 훈련받습니다. 상관관계를 인과관계로 둔갑시켜 과학적 탐구를 한 것처럼 왜곡하지 말라는 얘기입니다.

양적 연구에 대한 또 다른 중요한 의심은 일반화 논란입니다. 사회·문화 현상도 자연현상처럼 일반화가 가능하다는 얘기도 의심스러울 수 있습니다. 사회·문화 현상은 너무 변화무쌍하기 때문입니다. 일반화에 대한 의심은 제 나름대로 타당한 의심입니다.

일반화 혹은 일반이론은 모든 대상에 적용할 수 있는 이론적 틀이 되는 것이기 때문에, 일반화에 도달하려면 연구 대상으로 삼은 집단이 전체 집단을 대표할 수 있어야 합니다. 그런데 전체 집단을 대표할 수 있는 집단을 선정하는 게 정말 쉽지 않습니다.

특히 몇 개의 사례나 경험 혹은 통계자료로 전체 또는 전체의 속성을 단정하고 판단하면 성급한 일반화라고 볼 수 있습니다. 예를 들어 특정 고등학교에서 진행한 연구로 한국 고등학생에 대해 일반화하는 건 있을 수 없습니다. 한국인을 대상으로 연구해서 얻은 결과로 인간의 속성으로 일반화할 수도 없지요. 연구를 진행할 때 너무 성급하게 일반화하면 문제입니다.

더욱이 연구 대상의 규모를 늘렸다고 해서 일반화가 명확해지는 것도 아닙니다. 실제 연구에서 연구 대상의 전부를 대상으로 빠짐없이 조사하더라도 고려해야 할 다른 여러 조건이 매우 다양합니다. 그리고 사회가 끊임없이 변동하기 때문에 일반이론으로 정립하기 어렵습니다. 일반화를 선언하려면 여러 가지 조건이 개입되어 연구 결과가 달라지는 일이 없어야 합니다. 그런데 구체적인 사회·문화 현상은 수없이 많은 변수가 개입됩니다. 실제 연구 사례에서, 특히 수능에서 지문을 통해 보여주는 연구 사례에서 일반화를 시도하는 경우를 제시할 수는 있어도 그게 일반화에 성공한 연구로 확신할 수 있는 것은 거의 없다고 봐도 지나치지 않습니다. 학생들이 일반적으로 접하는 연구들은 양적 연구라고 하더라도 일반화를 말할 수 없는 게 대다수니 항상 주의해서 봐야 합니다.

하지만 양적 연구에서 인과관계의 파악을 통해 일반화를 꾸준히 지향하려는 노력은 의미가 있습니다. 일반화가 끝내 도달할 수 없는 목표가 되더라도 말이지요. 그 이유는 지금의 사회를 이해하는 데 만족할 수 없기 때문입니다. 앞으로 어떤 현상이 벌어질지 예측하고 그에 대한 대응 방법을 모색할 수 있어야 합니다. 그렇지 않으면 사회학의 쓸모는 현저히 줄어들 것입니다. 연구 결과가 앞으로 벌어질 일들에 대하여 상상이나 공상이 아닌, 정확하게 예측하는 데 활용되려면 인과관계를 분명히 밝혀 일반화를 추구하려는 노력을 포기해서는 안 됩니다.

양적 연구 방법의 탐구 절차

양적 연구 방법의 탐구 절차는 복잡하고 까다롭습니다. 먼저 연구 과정의 일반적인 틀부터 살펴보도록 하지요. 양적 연구뿐만 아니라 대다수의 연구 과정은 기본적으로 네 단계로 이루어집니다. 문제 제기 및 연구 주제 선정, 연구 설계, 자료 수집 및 분석, 결론 도출 등의 단계가 그것입니다.

문제 제기 및 연구 주제 선정에서는 연구하려는 목적에 맞도록 연구 주제를 선정합니다. 연구 설계는 연구자가 연구 대상, 자료 수집 및 분석 방법, 연구 기간 등 연구의 진행에 필요한 세부적인 계획을 설계하는 것입니다. 그리고 그 연구 계획에 따라 실제로 자료 수집에 나서고 분석합니다. 분석이 끝났으면 최종적인 결론을 도출하며, 때로는 도출된 결론을 토대로 정책적 제안을 할 수도 있습니다.

이러한 일반적인 연구 과정에서 양적 연구는 독특한 단계가 포함되어 있습니다. 가설설정과 가설검증, 그리고 일반화입니다. 이 부분이 양적 연구 과정을 복잡하게 만듭니다.

양적 연구에서는 처음 연구 주제를 선정한 후에 가설을 설정하는 단계가 있어 독특합니다. 가설은 사회·문화 현상이 어떻게 나타날 것이라고 하는 연구자의 잠정적인 결론입니다. 잠정적(暫定的)이란 말은 잠시, 잠깐

정했다는 것으로, 다시 말해 아직 확정되지 않았다는 얘기입니다. 추측입니다. 이런 추측이 확정되려면 검증해야 합니다. 검증을 거쳐 그것이 하나의 이론으로 확정될 수도 있고, 확정되지 않을 수도 있습니다. 검증되기 전까지는 가설에 불과한 것이죠.

가설은 인과관계 혹은 상관관계를 진술하는 문장이기 때문에 가설을 세울 때에는, 두 가지 이상의 변수들, 즉 독립변수와 종속변수 간의 관계를 다룹니다. 독립변수에 따라 종속변수가 달라질 것이라는 예측을 담습니다. 가설은 '광고를 하면 매출액이 증대할 것이다' 혹은 '광고를 할수록 매출액이 증대할 것이다'와 같이 조건문 형식으로 표현됩니다. 때로는 연구자가 밝히고자 하는 사항을 선언문 형식으로 표현하기도 합니다. 예를 들어 '광고는 매출액 증대에 긍정적인 영향을 미친다'고 쓸 수 있지요.

가설의 설정은 변인 간의 관계가 의미 있도록 서술해야 합니다. 예를 들면 '광고를 하면 광고비가 지출될 것이다'라는 것은 당연한 것으로 의미 없는 것입니다. 그리고 가설은 사실과 관련된 진술이어야 합니다. 당위적 진술, 즉 '광고비를 지불하여 매출액을 증대시켜야 한다'는 식으로 가설이 설정되면, 이미 매출액 증대라는 목표를 향해 의도적으로 그에 필요한 조건을 찾아 끼워 맞추는 연구가 될 수 있습니다. 이런 가설들은 적절하지 않습니다.

일반적으로 가설을 세울 때에는, 한 가지만으로는 부족하고 두 가지 이상이 필요합니다. 'A하면 B할 것이다'가 거짓으로 판명될 경우를 대비하여 'A가 아닌 다른 무엇일 경우 B할 것이다'라는 대립하는 가설이 더 필요합니다. 이럴 때, 변수는 모두 세 가지가 됩니다. A, A가 아닌 것, 그리고 B,

이렇게 말이죠. 그래서 가설을 세울 때 두 가지 변수가 아닌, 두 가지 '이 상'의 변수를 다룬다고 말하는 겁니다. 여기서 'A가 아닌 것'은 제3의 변인 이라고 합니다. 따라서 일반적으로 연구는 가설에 따라 두 가지 경로를 따라 진행될 것입니다. 첫 번째 가설을 검증하는 연구, 그리고 두 번째 가설을 검증하는 연구. 이렇게 말이죠. 각각의 가설에 대한 검증이 필요합니다. 그런 연후에 연구자는 참에 이르는 가설, 한 가지를 수용하게 됩니다.

그런데 일반적으로 첫 번째 가설과 두 번째 가설은 상호 배타적으로 설정되는 경우가 많습니다. 첫 번째 가설이 채택될 수 없을 때, 두 번째 가설이 자동으로 받아들여질 수 있도록 설정한다는 것입니다. 이런 상황을 염두에 두고 처음부터 가설을 세울 때 비판하고 싶거나 인정할 수 없는 혹은 부정하고 싶은 가설을 첫 번째 가설로 내세우는 경우가 많습니다. 이것은 연구자가 의도한 것입니다. 첫 번째 가설은 변수 간의 차이가 없다거나 관계가 없다는 내용을 이끌려고 설정된 것입니다. 첫 번째 가설은 연구자에 의해 그렇게 희생양으로 활용됩니다. 그리하여 두 번째 가설이 빛을 보게 만듭니다. 첫 번째 가설이 거짓이므로 두 번째 가설이 채택될 수 있도록 돋보이게 만드는 것입니다.

가설은 양적 연구에서 사용되므로 계량화를 염두에 두고 명료하게 설정해야 합니다. 연구 대상을 수치로 측정하려면 연구 설계를 하면서 개념의 조작적 정의가 필요합니다. 가설을 세울 때에는, 가설에서 다루는 독립변수와 종속변수를 측정 가능한 것으로 표현해야 합니다. 독립변수와 종속변수를 조작적으로 정의하고 그 둘의 관계에 관해 사실적으로 진술하여 경험적으로 검증 가능해야 합니다.

가설을 설정하고, 개념의 조작적 정의와 연구 대상, 방법, 기간 등을 어떻게 할지 정하는 연구 설계를 끝냈으면, 이젠 본격적으로 가설을 검증해봐야 합니다. 가설검증을 하려면 먼저 통계가 의미 있는 것인지 확인해야 합니다. 의미 없는 통계로 결론을 내리면 그 결론에 대해 동의할 수 없을 것입니다. 통계를 활용하는 양적 연구는 법칙을 발견하는 게 궁극적인 목적입니다. 그렇다면 무엇보다 우선하여 연구자료인 통계가 사회·문화 현상의 법칙을 말할 수 있을 정도의 의미를 지니고 있어야 합니다.

다시 말해서 어떤 실험 결과 자료를 두고 '통계적으로 유의미하다'라고 하는 것은 확률적으로 봐서 단순한 우연이라고 생각되지 않을 정도로 의미가 있다는 뜻입니다. 반대로 '통계적으로 유의미하지 않다'라고 하는 것은 실험 결과가 단순한 우연일 수도 있다는 뜻입니다. 자료 분석 결과 그것이 우연으로 보이면, 즉 통계적으로 의미가 없으면, 후속 연구가 더 필요합니다. 유의미하지 않은 통계로는 연구가 완성될 수 없는 것입니다.

한편 통계적으로 유의미하다고 하더라도 연구의 결론이 타당하다거나 합리적이라는 보증을 해주지는 않습니다. 통계적으로 유의미하다는 표현은 '통계적인 오류를 범할 가능성이 낮다'는 의미입니다. 가설을 참이나 거짓이라고 보는 판단은 아직 진행된 게 아니라는 얘기죠. 다시 말해 검증 과정이 아직 남아 있다는 겁니다.

그럼 가설검증이란 정확하게 무슨 의미일까요? 가설검증은 증명된 바 없는 주장이나 가설을 통계조사를 통해 진위 여부를 판단하는 통계적 추론 방식입니다. 진위 여부란 무엇일까요? 참인지 거짓인지의 여부입니다. 그래서 꼭 참이어야만 할 필요는 없습니다. 거짓이어도 됩니다. 거짓이라고 하더라도 거짓이라는 판단을 할 수 있기 때문입니다. 반면에 참인지 거짓인지 판단 자체가 안 되는 게 있을 수 있습니다. 조사한 자료만으로는 알 수 없는 게 있지요. 그것은 진위 여부를 판단할 수 없습니다. 그래서 '참이다' 혹은 '거짓이다'라고 말하지 못하고, '알 수 없다'고 말합니다. 요컨대 진위 여부를 판단하는 게 검증입니다. 진위 여부만 판단되면 그것으로 검증은 완료된 것입니다. 가설이 거짓으로 판명되더라도 검증된 것입니다. 거짓이라는 게 확인된 것이란 얘기입니다.

다음, 가설이 참인지 거짓인지 진위 여부가 판단된 후에 비로소 그 가설의 수용(채택)이나 기각을 결정합니다. 가설검증으로 가설이 참이면 수용하고 거짓이면 기각합니다. 다시 말해 가설에서 예측한 것과 같은 연구 결과가 나오면 그 가설을 수용합니다. 가설과 다른 연구 결과가 나오면 가설을 폐기합니다. 가설을 받아들이지 않는다고 해서 기각한다고 말하기도 합니다.

한편 자료 분석을 통해 가설에서 언급한 두 변인 간의 상관관계를 파악할 수 있습니다. 여기서 정(+)의 상관관계 혹은 부(-)의 상관관계가 나옵니다. 정의 상관관계는 비례관계입니다. 독립변수가 높을수록(↑) 종속변수도 높아진다(↑)는 것입니다. 혹은 독립변수가 낮을수록(↓) 종속변수도 낮아진다(↓)는 것입니다. 부의 상관관계는 반비례의 상관관계입니다. 독립변수가 높을수록(↑) 종속변수가 낮아진다(↓)는 것입니다. 혹은 독립변수가 낮을수록(↓) 종속변수가 높아진다(↑)는 것입니다.

그런데 가설검증은 정(+)의 상관관계를 찾는 게 아닙니다. 가설이 정의 상관관계로 설정하든 부의 상관관계를 설정하든 상관없이 그 가설과 연구 결과가 일치하거나 일치하지 않는지를 분석하는 것입니다. 그것으로 수용과 기각이 결정되는 것입니다.

'부모와 자녀의 친밀도가 높을수록(↑) 자녀의 학업 성취도가 높을 것이다(↑)'라고 가설을 설정하면 그 가설은 정의 상관관계를 염두에 둔 것이고, 연구 결과가 실제로 그렇게 나왔으면 그 가설을 수용하고 그와 반대로 나왔으면 그 가설은 기각합니다. 반면에 '부모와 자녀의 친밀도가 낮을수록(↓) 자녀의 학업 성취도가 높을 것이다(↑)'라고 가설을 부의 상관관계로 설정했으면 어떨까요? 이런 가설은 말도 안 되는 것 같지만 사실 부모의 지나친 관심이 자녀의 학업 성취도에 악영향을 끼치는 경우가 있습니다. 지나친 관심이 끊임없는 잔소리로 이어지니, 아예 아무 말 하지 않을 때 자녀가 제 살 궁리를 하여 공부를 잘할 수도 있어요. 그래서 이런 가설을 세운 것인데, 이 가설은 부의 상관관계를 염두에 둔 것이죠. 역시 연구 결과가 실제로 그렇게 나왔으면 그 가설은 수용됩니다. 역시 반대의 결과가 나왔으면 그 가설은 기각됩니다.

끝으로 양적 연구 단계에서 기억해야 할 또 다른 특이점은 결론 도출에서 일반화로 이어진다는 것입니다. 가설을 모집단 전체에 적용하는 일반화를 시도하여 연구는 마무리됩니다.

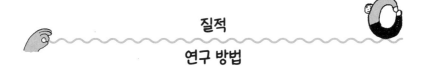

질적 연구 방법

질적 연구 방법을 선호하는 연구자는 자료의 질(質)을 강조하여 연구합니다. 연구자료에 담긴 의미를 보고 그것을 해석하기 때문에 해석적 연구 방법이라고도 합니다.

질적 연구는 양적 연구에 대한 비판을 통해 그 가치가 드러납니다. 양적 연구는 사회·문화 현상의 많은 부분을 계량화하여 측정하고 연구하지만, 인간의 의식이나 가치 등의 내면세계를 모두 수치로 측정하여 탐구하기는 어렵습니다. 인간 행위의 주관적인 의도와 동기를 배제하여 사회·문화 현상에 대한 피상적인, 즉 겉모습만 연구하는 데 그칠 수 있습니다. 통계를 활용한 양적 연구 방법은 통계로 포착되지 않는 이면을 볼 수 없지요. 다양한 인간이 빚어내는 다양한 현상을 통계로 뭉뚱그려 기계적으로 표현하면 많은 사실이 가려질 수 있습니다. 인간 행위의 동기나 의미와 같은 내면적인 이야기를 수치에 담아내는 것은 부적절할 수 있습니다. 사회·문화 현상의 본질은 숫자로 표현할 수 없습니다.

예를 들어 인간관계에서 사랑을 만남 횟수로 표현하면 사랑의 다양한 의미를 전혀 이해하지 못합니다. 비록 만남 횟수가 적더라도 사랑하는 관계를 부정할 수 없을 때가 있지요. 서로 사는 지역이 달라 멀리 떨어져 지내게 된 연인도 있습니다. 그들의 사랑이 끈끈하지 못하다고 단정할 수 없습니다. 사랑하는 사람 사이의 관계에서 마음만 진정성이 있으면 환경과 상황은 걸림돌이 되지 않습니다. 단순히 만남의 양보다는 질에 달려 있습니다. 어떤 연인들은 한 달에 단 한 번을 만나도 그 만남에 큰 의미를 부여할 수 있습니다. 사랑한다면서 그게 무슨 사랑이냐고요? 아닙니다. 사랑일 수 있습니다. 사랑은 사람마다 다르게 표현될 수 있는 겁니다. 이럴 때 연구자는 사랑은 사람마다 다르게 표현되는 것이라고 해석하면 됩니다. 이런 사랑도 있고 저런 사랑도 있다는 것을 아는 것 자체가 사람을 이해하는 데 더 도움이 됩니다. 질적 연구는 양적 연구와 달리 사랑이라는 개념을 조작적 정의를 통해 억지로 비틀지 않습니다. 그냥 있는 그대로 표현하면 되는 것입니다.

연구 대상이 처한 상황은 다양합니다. 그 상황에 대한 정의는 주관적입니다. 비슷한 상황에 있는 두 사람이 있을 때 각자는 주관적으로 서로 다르게 그 상황을 이해할 수 있습니다. 이런 상황에 대한 이해는 서로 다르게 경험한 사회적 관계에서 비롯됩니다. 가정환경이나 친구 관계 등 사회적 관계는 사람마다 다릅니다. 모든 사람이 각기 다른 상황을 경험하는 것은 흔하고 당연한 일입니다. 따라서 연구 대상이 처한 사회적 맥락에서 생각과 행동의 의미를 해석할 수 있어야 합니다. 질적 연구 방법은 연구 대상의 관점, 즉 내부자적 관점을 통해 사회·문화 현상의 다양한 의미를 이해할 수 있습니다.

규칙의 발견이나 이론을 만들어내는 게 질적 연구의 목적이 아닙니다. 연구 대상자에게 벌어진 사실과 의미를, 있는 그대로 드러내는 것에 더 충실해지고 싶었던 겁니다. 이를 통해 연구 대상자가 왜 특정한 생각과 행동을 하게 되었는지 내면에서 일어난 일들을 알 수 있는 것이죠. 우리는 질적 연구를 통해 같은 사회를 살아가는, 나 외의 다른 사람에 대해서도 충분히 이해할 수 있는 도움을 받을 수 있습니다. 질적 연구로 연구 대상의 사고와 행위가 일어난 내면을 심층적으로 이해할 수 있습니다.

그런데 개별 사례에 집중하여 연구하기 때문에 그 사례에 관한 한 무엇보다 깊은 얘기를 담을 수 있지만, 그것을 다른 사례에도 적용하는 일반화된 지식을 얻기는 어렵습니다. 처음부터 일반화를 시도하지 않았으니 당연한 결과죠. 그리고 연구자가 연구 대상자의 사고와 행동을 해석하면서 연구자의 주관이 개입될 가능성이 높습니다. 이런 점은 질적 연구가 가지고 있는 근원적인 한계입니다. 양적 연구와 마찬가지로 질적 연구만을 맹목적으로 동경하기 힘든 것입니다.

질적 연구 방법의 탐구 절차

질적 연구 방법의 탐구 절차는 기본에 충실하여 간단합니다. 앞에서 일반적인 연구 과정은 문제 제기 및 연구 주제 선정, 연구 설계, 자료 수집 및 분석, 결론의 도출 등의 단계에 따라 진행된다고 했습니다. 질적 연구는 이러한 네 단계 연구 과정만으로 충분히 연구를 수행할 수 있습니다. 특별한 연구 단계를 넣을 필요가 없습니다. 가설설정이 필요 없으니 가설검증도 없습니다. 그리고 일반화를 시도하지 않기 때문에 일반화라는 단계도 필요 없습니다.

질적 연구는 가설을 설정하는 대신, 종종 연구 주제와 관련된 막연한 가정(假定)을 갖고 의문을 제기합니다. 여기서 막연한 가정이라는 용어를 사용했습니다. 가설을 잠정적 결론이라고 단정하여 표현한 것보다 느슨한 느낌을 줄 것입니다. 예를 들어 연구자는 성 정체성과 성 역할의 차이가 생물학적 요인보다는 사회·문화적 요인에서 기인할 것이라는 막연한 가정을 갖고, '남성성과 여성성의 의미는 사회·문화적으로 어떻게 구성되는 것일까?'와 같은 문제를 제기하는 것입니다. 그런 문제의식으로 원시 부족 사회나 주변 지역 사회를 찾아가 연구할 계획을 세우면 됩니다.

자료 수집을 할 때에는 사소한 것도 모두 소중하게 다뤄야 합니다. 일기나 낙서, 문자메시지 등 매우 사적인 기록이나 사소한 자료들도 수집해야 합니다. 그만큼 연구자가 다뤄야 할 자료의 양이 늘어나 부담되겠죠. 하지만 이런 비공식적 자료가 주관적 세계를 진솔하게 담고 있는 경우가 많기 때문에 그런 고충은 감내해야 합니다. 공식적인 자료는 겉으로 드러낸 자료이므로 스스로 부끄러운 면은 감추고 사소한 점은 굳이 드러내지 않게 마련입니다. 그래서 인간의 내면을 깊이 있게 이해하려는 질적 연구에서는 비공식적인 자료 수집이 중시됩니다. 그런데 질적 연구가 연구 대상자의 내면을 이해하는 데 목적이 있으므로 연구 대상자를 직접 만나는 게 더욱 좋습니다. 실제로 질적 연구 방법을 사용하는 연구자는 연구 대상자를 직접 만나 사소한 표현이나 몸짓도 꼼꼼히 챙겨 기록하게 마련입니다.

자료 분석은 연구자의 직관적인 통찰과 감정이입에 의한 해석을 통해서 이루어집니다. 직관적 통찰이란 곰곰이 생각하여 현상의 이면을 꿰뚫어 보는 것입니다. 연구자가 지닌 지식과 감각적인 판단 능력으로 현상의 의미를 파악하는 것이죠. 감정이입은 연구 대상자 감정 안으로 들어가 동참하는 것입니다. 연구자가 연구 대상자와 공감대를 형성하여 연구 대상자를 더 잘 이해하려는 것이죠. 그래서 자료 분석이라는 말보다는 자료 해석이라는 말을 더 잘 사용합니다. 이런 해석을 통해 깊이 있는 이해를 추구할 수 있습니다.

질적 연구에서는 자료 수집과 해석이 구분되지 않고 동시에 이뤄지고
는 합니다. 예를 들어 연구자가 연구 대상자의 생애사를 연구하려고 인
터뷰하면서 자료를 수집하다가 인터뷰한 내용에 대해 제 나름대로 이해
하여 해석합니다. "아~ 그때는 그렇게 어렵게 살았구나"라고 해석하는
것이죠. 연구자는 자신의 해석을 바탕으로 즉석에서 다른 질문을 할 수
도 있습니다. 그렇게 대화가 오고 가다보면 처음 수집하려 했던 것과 다
른 이야기도 듣게 됩니다. 그러면 연구 주제를 더 구체화하거나 수정할
수도 있습니다. 자료 수집을 하면서 연구 주제가 끊임없이 재검토되는
것입니다. 이처럼 질적 연구는 유연합니다.

결론 도출에서는 수집된 자료에서 해석된 내용의 의미를 심층적으로
종합하여 결론을 내립니다. 가설이 처음부터 없었기 때문에, 있는 그대로
'그렇다'라고 말하는 것으로 끝납니다. 일반화를 시도하지 않습니다. 연
구 결과를 일반 이론으로 내세우지 않습니다. 하지만 대안적 이론을 제
안할 수는 있습니다. 연구 대상에 대한 구체적인 자료로 새로운 관점을
제시할 수 있었으니까요. 그리고 그것을 바탕으로 정책적 제안도 할 수
있습니다. 다만 정책적 제안을 제시할 때는 "연구 결과에 나타난 이러저
러한 점을 고려해야 한다"는 정도로 강하지 않게 넌지시 말하는 방식으
로 이루어지고는 합니다.

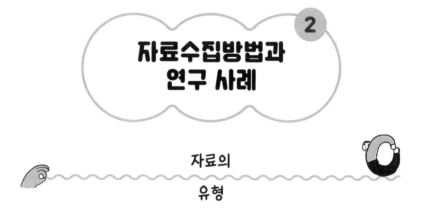

자료수집방법과 연구 사례 ②

자료의 유형

음식을 만들 때에는 무엇보다 재료가 좋아야 합니다. 재료가 싱싱해야 음식 맛도 좋은 법이죠. 마찬가지로 사회·문화 현상 연구에서도 자료가 좋으면 분석 기술이 특별하지 않아도 제법 좋은 연구가 완성될 수 있습니다. 연구자는 무엇보다 사회라는 텃밭에서 좋은 자료를 수집하는 일부터 집중해야 합니다.

연구자가 수집하는 자료는 자료의 원천에 따라 1차 자료와 2차 자료로 구분됩니다. 1차 자료는 조사자가 직접 수집한 원래의 자료입니다. 2차 자료란 다른 사람이 수집한 1차 자료를 가공한 자료입니다. 그런데 이런 연구자료를 실제로 어떻게 다루는지 보지를 못해 1차 자료와 2차 자료의 구분이 어려울 수 있습니다. 이럴 때에는 연구자를 기자라고 생각해보는 게 도움이 될 겁니다.

여러분이 기자가 되었다고 생각해보세요. 취재하러 현장에 나갔습니다. 그랬을 때 기자가 특정 사건 현장에 가서 직접 수집한 인터뷰 자료가 1차 자료입니다. 사건 현장을 목격한 사람이 말한 것을 취재 기자가 처음으로 수집했으므로 1차 자료를 활용한 사례입니다. 하지만 기자가 작성한 기사를 다른 연구자가 인용하면 그 기사는 2차 자료가 됩니다. 사건 목격자의 목격담이 기자의 글을 통해 한 번 걸러진 자료이기 때문입니다. 이것만으로도 가공이라고 봅니다. 그래서 그 기사를 인용하면 가공된 자료, 즉 2차 자료를 사용하는 것입니다. 다시 말해서 연구자가 연구 대상자로부터 직접 수집한 자료는 1차 자료이고, 이미 게재된 자료를 다시 인용하면 2차 자료입니다.

수집한 자료에는 수치화된 것도 있고 그렇지 않은 것도 있을 겁니다. 수치화된 자료는 양적 자료이고, 수치화되지 않은 문자나 영상, 음성으로 기록된 자료는 질적 자료입니다. 양적 자료와 질적 자료에는 자료의 원천이 어디냐에 따라 1차 자료도 있고 2차 자료도 있습니다. 앞의 사례에서 기자가 수집한 사건 목격자의 목격담은 질적 자료이자 1차 자료입니다. 그 기사를 인용한 연구자는 질적 자료이자 2차 자료를 다루는 것이죠.

다른 사례도 있습니다. 예를 들어 정부는 국가의 정책 설계 및 집행에 앞서 실태를 파악하려고 정기적으로 인구 주택 총조사를 합니다. 가끔

텔레비전 광고를 통해 인구 주택 총조사가 시작되었다고 홍보하는 광고를 본 적이 있을 것입니다. 정부는 보통 용역을 주어 용역을 받은 조사원이 국민을 대상으로 인구 주택 총조사를 실시합니다. 이때 조사원이 수집한 자료는 1차 자료이지만 이것을 모아 통계를 내어 발표한 정부의 자료는 2차 자료에 해당합니다. 정부 통계청에 의해 정리된 자료이기 때문입니다. 통계청은 인구, 주택, 고용, 물가, 국내 총생산과 같이 객관적 사실을 계량화한 자료를 다수 수집하여 보유하고 있는데, 이 자료를 인용할 경우 양적 자료이자 2차 자료를 다루는 것이 됩니다. 하지만 조사원이 직접 조사하여 통계자료를 만들면 양적 자료이자 1차 자료를 다루는 것이 됩니다.

일반적으로 1차 자료를 얻는 것은 쉬운 일이 아닙니다. 연구 대상자를 직접 만나야 해서 노력과 수고가 따라줘야만 합니다. 그래서 연구자가 직접 나서서 그동안 알려지지 않았던 새로운 자료를 수집하면, 그 자료 수집의 노고를 칭찬하며 좋은 평가를 받습니다. 연구자라면 누구나 기본적으로 1차 자료 수집에 나서는 데 많은 공을 들이게 마련입니다. 하지만 1차 자료만으로 연구하기는 어렵습니다. 2차 자료를 사용하는 일은 현실적으로 많이 있습니다. 그런데 누군가에 의해 걸러진 자료이기는 하지만 2차 자료라고 해서 무조건 자료 가치가 떨어진다고 보기는 어렵습니다. 2차 자료도 잘 활용하면 훌륭한 연구를 할 수 있습니다.

1차 자료와 2차 자료는 특정한 자료수집방법을 통해 수집됩니다. 자료수집방법으로는 질문지법, 실험법, 면접법, 참여 관찰법, 문헌 연구법 등이 있습니다. 이들 자료수집방법을 통해 수집하는 자료는 대다수 1차 자료입니다. 하지만 문헌 연구법은 기존 문헌을 인용하기 때문에 일반적으로 2차 자료를 수집하는 방법입니다.

그리고 질문지법과 실험법은 주로 양적 연구에서 활용되는 반면, 면접법과 참여 관찰법은 주로 질적 연구에서 사용됩니다. 문헌 연구법은 양적 연구와 질적 연구 모두에서 이용될 수 있습니다. 자료수집방법의 선택에서 정답은 없습니다. 연구자는 사회·문화 현상의 연구 주제에 따라 가장 적절한 자료수집방법을 선택하게 됩니다.

물론 적절한 자료를 수집할 방법이 없는데 특정 연구 주제를 고집하는 건 무모합니다. 하지만 현실적으로 가능한 자료수집방법만 좇아 연구 주제를 선정하는 건 구태의연합니다. 궁금한 게 있어 길을 나섰는데 가는 길이 어렵다고 다른 길을 갈 수는 없는 노릇입니다. 여러분이 사회·문화 현상에 관해 연구하기로 마음먹었으면, 우선 여러분이 관심 있는 연구 주제에 집중하면서 최선을 다해 자료를 수집하는 게 순서일 겁니다.

질문지법

질문지법은 연구자가 조사할 내용을 질문지로 미리 제작한 후, 연구 대상자에게 보여주고, 이에 응답한 것을 수집하는 방법입니다. 흔히 설문조사라고 말하기도 합니다. 정치적, 사회적 이슈나 정당의 지지율, 대통령의 국정 수행 지지율 등 여론조사를 할 때 흔히 사용되는데, 사회학 연구에서도 가장 많이 사용됩니다.

연구자는 일반적으로 문서로 된 질문지를 활용합니다. 글도 언어이므로 언어적 도구의 사용이 필수적입니다. 때로는 전화 설문 조사, 인터넷 설문 조사와 같이 다양한 방법으로 조사하기도 하는데, 이것들도 주어진 질문지에 따라 조사하는 것으로 모두 질문지법이라고 볼 수 있습니다.

질문지법은 시간과 비용 측면에서 효율적인 방법입니다. 수많은 연구 대상자를 직접 만날 필요도 없이 전화나 인터넷으로 조사할 수 있기 때문입니다. 전국적인 여론조사처럼 질문지법을 사용하여 전국의 국민을 대상으로 대량의 자료를 수집할 수 있습니다. 질문지법은 연구 대상자 전체 집단을 대상으로 연구할 수도 있습니다. 이것은 전부를 수집한다고 하여 전수 조사라고 합니다.

그런데 전수 조사를 하는 경우는 거의 없습니다. 일반적으로 전체 집합에서 샘플을 뽑아냅니다. 이 샘플을 표본이라고 합니다. 표본 추출은 마치 엄마의 자궁에서 엄마를 닮은 아이가 나오는 것으로 비유해볼 수도 있습니다. 아이를 통해 엄마를 알 수도 있지요. 그래서 샘플을 추출한 집합 전체를 어미 모(母) 자를 사용하여 모집단이라고 합니다. 추출된 집합은 표본 집단이라고 합니다. 일반적으로는 표본 집단을 대상으로 표본 조사를 합니다. 연구 대상자 전체를 대상으로 연구하기 어려워 대개 모집단에서 일부를 추출하여 연구 대상자로 삼습니다.

모집단이든 표본 집단이든 모든 조사 대상자에게는 동일한 질문지

를 제시합니다. 연구를 통해 무엇을 밝혀낼지 사전에 충분히 고려하여 질문 항목을 정확하게 정합니다. 그 질문 항목은 한 가지로 통일되어 있습니다. 그래서 구조화 및 표준화된 자료수집방법이라고 합니다.

질문지법은 비교 분석하기에 적합합니다. 질문지 첫 장에는 보통 일반적인 문항이 있습니다. 연구 목적에 따라 연령이나 성별을 묻기도 합니다. 그러면 연령대 혹은 성별로 응답한 사람의 비율을 비교할 수 있습니다. 응답 항목에 따라 통계 분석을 하여 기준이 명확하고 통계 처리가 용이합니다. 1번 문항에 ①, ②, ③, ④, ⑤번 가운데 몇 번을 답한 사람이 각각 몇 명이며 비율이 어떠한지 분명하게 알 수 있기 때문입니다.

그래서 질문지법은 정확성과 객관성이 높다고 평가할 수 있습니다. 조사 대상자가 응답한 항목을 모아, 드러난 그대로의 수치를 활용하여 응답 통계만 분석하므로 연구자의 의사가 개입될 여지도 없는 셈이죠.

하지만 질문지법은 단점도 있습니다. 문서로 된 질문지를 사용하는 경우 문맹자에게는 활용하기 곤란합니다. 글을 읽을 수 있는 대상자에게 배포하더라도 배포한 질문지 수만큼 회수되지 않는 경우도 많습니다. 회수된 질문지도 응답률이 낮게 나타나거나 무성의하게 응답한 경우, 그 질문지를 연구에 활용하기도 어렵습니다.

심지어 악의적인 응답 가능성도 배제할 수 없습니다. 이를테면 특정 정당의 국회의원 후보를 지역주민의 여론조사를 반영하여 선출할 때, 응답자가 그 정당을 지지하지 않는 경우 지지하는 정당의 후보를 당선시키려고 경쟁력이 낮은 상대 후보를 의도적으로 지지한다고 응답할 수도 있습니다. 이런 경우가 실제로 적지 않게 나타납니다.

질문지법을 유용하게 사용하려면 먼저 설문지의 문항을 작성할 때부터 특별히 주의를 기울여야 합니다. 문항은 간결하고 명료해야 합니다. 한 개의 문항에서는 한 가지에 대해서만 물어보아야 합니다. 응답자가 자신의 경험 속에서 충분히 응답할 수 있는 질문이어야 합니다. 그리고 부정어가 있는 문항은 응답자를 혼란스럽게 하여 피해야 합니다. 개인 신상이 드러나지 않게 주의를 기울여야 합니다. 그래서 응답자가 응답을 꺼리지 않고 솔직하게 답할 수 있도록 도와야 합니다. 특정한 대답을 유도하는 방식으로 작성되어서도 안 됩니다. 가치 판단이 개입되어 편견적으로 보일 수 있는 문항과 용어는 피해야 합니다. 응답자가 주어진 보기에서 고르는 폐쇄형 질문인 경우, 응답 항목에서 긍정과 부정 혹은 찬성과 반대 응답이 균형을 유지하여 적절하게 배치되어야 합니다. 선택지는 포괄적이어야 합니다. 답할 수 있는 모든 상황을 염두에 두어야 합니다. 즉 응답자들이 설문에 응답할 수 있도록 모든 범주를 제시해야 합니다.

　문항 작성에 특별히 주의할 점은 문항에서 언급한 개념에 명료하고도 명확한 정보를 제공하여 응답자가 자기 마음대로 판단하지 않고 정확하게 주어진 개념에 맞게 이해하고 판단할 수 있어야 한다는 점입니다. 예를 들어 "책을 읽는 시간이 얼마나 되나요?"라고 묻는다면 명료한 게 아닙니다. 책 읽는 시간이 하루를 단위로 한 것인지, 일주일을 단위로 하는 것인지 알 수 없기 때문입니다. 응답에 필요한 정보를 충분히 제공해야 응답자도 정확하게 응답할 수 있을 것입니다.

　표본 조사의 경우 표본은 모집단의 특성을 적절하게 반영하여 대상 전체를 대표해야 하는데 표본의 대표성이 낮을 때는 조사 결과를 일반화하기 곤란할 수 있습니다. 질문지법을 사용하여 표본 조사를 할 때 표본 추출에 특별히 유의해야 합니다.

표본 추출의 오류를 보여주는 역사적인 사례가 있습니다. 1936년 미국에서 〈리터러리 다이제스트(The Literary Digest)〉 지(誌)가 대통령 선거에 출마한 후보자의 지지도를 파악하여 선거 결과를 예측하려고 설문 조사를 했습니다. 표본은 전화번호부와 자동차 등록 명부를 활용했는데 설문 조사 결과는 실제 당선 결과와 완전히 달랐습니다. 표본의 근거로 삼은 전화번호부와 자동차 등록 명부가 문제였습니다. 당시 전화와 자동차를 소유하여 그 명부에 이름을 올린 사람들은 중산층 이상의 계층이었습니다. 설문 조사의 표본이 모집단인 전체 유권자를 대표하지 못하고 특정 계층의 사람들만 모여 있었기 때문에 설문 조사 결과가 실제와 다른 결과를 낳았던 것입니다.

표본은 모집단의 특성을 잘 반영하여 대상 전체를 대표할 수 있어야 하는데, 대표성이 높은 표본을 선택하는 게 쉽지 않습니다. 표본 추출의 오류를 최소한으로 줄이려고 노력해야 합니다. 연구 주제에 맞도록 계층, 지역, 성별, 나이 등을 고려하여 대상자를 추출하는데, 그 대상자 추출에 연구자의 의도가 개입되지 않는 무작위 추출을 하는 게 표준적인 방식입니다. 무작위 추출은 모집단을 구성하고 있는 개체가 표본으로 선택될 확률이 같은 상황에서 추첨처럼 우연에 의해 표본을 추출하는 방법입니다. 표본 추출 방식에는 여러 가지가 있으나 어떤 방식을 사용하든 표본 추출을 적절하게 수행해야만 표본에 대한 분석 결과를 모집단 전체에 일반화시킬 수 있다는 점을 잊지 말아야 합니다.

질문지법은 사회·문화 현상의 실태를 조사하는 데 널리 사용됩니다. 예를 들면 노동환경 실태조사 같은 게 있지요. 온 나라가 노동자를 기계처럼 취급하여 산업화로 매진하던 1960~1970년대, 누구도 노동자의 노동환경에 관심을 가지려 하지 않던 그 시기에 열악한 노동환경 실태를 조사한 대표적인 사람이 있습니다. 전태일입니다.

전태일은 어릴 적 시골에서 서울로 올라와, 먹고살려고 정말 갖은 고생을 하다가, 평화시장에 자리를 잡게 됩니다. 그런데 그가 경험한 평화시장 노동자들의 노동환경은 말로 표현하기 어려울 정도로 열악했습니다. 특히 어린 여공들이 견디기에는 너무도 참혹했죠. 이렇게 열악한 노동환경을 목격하고 또 경험하면서 평범했던 노동자 전태일은 투사가 됩니다. 하지만 감정만 앞세우지 않았습니다. 평화시장의 노동환경 실태를 정확하게 파악하여 문제점을 개선하려 했습니다. 그래서 두 차례에 걸쳐 평화시장 노동자들의 급여와 건강상태를 알아보려고 설문 조사를 했습니다.

설문 조사 분석 결과에 따르면, 당시 평화시장에서 일하는 노동자들의 월급이 매우 적었다는 것을 알 수 있습니다. 경력에 따라 시다(수습공과 비슷)는 1,800원에서 3,000원까지, 재단보조는 3,000원에서 15,000원까지, 미싱사는 7,000원에서 25,000원까지 받았습니다. 봉제 산업 노동자라면 누구나 바라던 재단사도 15,000원에서 30,000원까지 받았을 뿐입니다. 전태일도 재단사가 되어 처음에는 15,000원을 받다가 나중에는 23,000원을 받았습니다. 하루 평균 14시간 이상을 일하면서 한 달에 두 번의 일요일만 쉬었으니 시다의 경우 시간당 5원에 못 미치는 급여를 받은 것으로 볼 수 있습니다. 정확한 측정은 어렵겠지만, 오른 물가를 감안해 현재

가치로 계산하면, 시다의 경우 시간당 95원에서 158원, 재단사도 791원에서 1,582원 정도를 받은 것으로 볼 수 있습니다.

그리고 건강상태도 매우 심각한 것으로 드러났습니다. 재단사는 100퍼센트 전원이 신경성 소화불량, 만성 위장병, 신경통 등의 환자이고, 미싱사는 90퍼센트가 신경통 환자로 위장병, 신경성 소화불량, 폐병 2기까지 걸린 경우가 있었습니다. 평화시장 노동자 중 경력 5년 이상인 사람은 전부 각종 병을 가진 환자인데, 대다수가 신경성 위장병, 신경통, 류머티즘 등을 앓고 있다고 하였습니다.

전태일은 어려운 조사환경 속에도 설문 조사를 진행했습니다. 오늘날 제기되고 있는 갑질이 매우 흔하게 벌어지던 시대라 자유롭게 조사 활동이 이뤄질 수 없었죠. 그래서 총 300매를 배포하여 156매를 회수하는 데 그쳤지만, 이 조사만으로도 당시 평화시장 노동자의 살인적인 노동환경 실태를 객관적으로 파악할 수 있었습니다.

이런 객관적 데이터는 정책 제언을 위한 용도로 활용될 수 있습니다. 전태일은 조사 결과를 분석하여 시청과 노동청에 진정서를 제출했습니다. 객관적 자료를 제시하면 정책 당국자가 이를 두고 문제를 해결하는 데 나서줄 것이라고 믿었던 것입니다.

하지만 거기까지였습니다. 조사연구를 바탕으로 한 정책 제언은 끝내 받아들여지지 않았습니다. 박정희 독재 체제에서는 전쟁을 벌이듯 노동자를 산업 전사로 내몰며 인간으로서 당연히 누려야 할 권리는 전혀 고려하지 않았죠. 어쩌면 전태일은 너무 순진했는지 모릅니다. 전태일은 좌절하죠. 하지만 포기하지는 않았습니다. 노동자에게 아무 쓸모도 없던 근로기준법의 화형식을 열고 항의를 이어가죠. 그날이었습니다. 노동자의 노동환경을 바꾸려고 마지막 선택을 하죠. 끝내 전태일은 1970년 근로 기준법 준수를 요구하며 몸을 불살라 항거했습니다. 그는 목숨을 내놓은 투쟁으로 생을 마감했습니다.

질문지법은 전문가가 아니더라도 누구나 쉽게 사용할 수 있는 연구 방법입니다. 하지만 어떤 연구를 하느냐에 따라 그 쓰임의 가치는 달라집니다. 전태일의 소박한 조사는 어느 학식 있는 연구자의 것과 비교해도 그 가치가 떨어지지 않습니다. 사회학을 연구하는 사람이라면 무엇에 관심을 두고 어떤 자세로 연구해야 하는지, 전태일의 연구는 오늘날까지 강한 울림을 주고 있습니다.

실험법

실험법은 인위적으로 만든 실험 상황에서 어떤 변수를 실험에 맞도록 의도적으로 조작하고, 그 변수에 의해 초래된 변화를 측정하는 자료수집방법입니다.

실험을 설계할 때는 연구 대상자를 실험집단과 통제집단으로 분류합니다. 실험집단은 독립변수를 투입한 집단이고, 통제집단은 독립변수를 통제하여 적용하지 않은 집단입니다. 통제집단을 별도로 구성하지 않은 경우는 실험집단 이외의 것이 통제집단이 됩니다.

이렇게 연구 대상자를 분류한 후에는 실험하기 전에 실험집단과 통제집단 모두에 대해 사전검사를 합니다. 독립변수를 투입하기 전에 종속변수 값을 알아보는 것입니다.

그다음 실험에 들어갑니다. 실험은 실험집단에 독립변수를 투입하는 방식으로 진행됩니다. 실험집단에 독립변수를 투입하는 것을 실험 처치라고 합니다. 응급 처치라는 말을 들어봤을 겁니다. 응급 처치는 응급 환자에게 의료상의 조치를 하는 것입니다. 실험 처치는 실험집단에 독립변수를 적용하는 조치를 하는 것이라고 할 수 있습니다. 변인을 투입하는 것이죠.

실험집단은 실험 처치를 한 후 사후검사를 통해 종속변수가 어떻게 달라지는지 값을 측정합니다. 사후검사는 실험집단에 독립변수를 투입한 이후 다시 종속변수 값을 알아보는 것입니다. 이때 통제집단에도 종속변수 값을 다시 측정합니다. 다만 통제집단에는 독립변수의 투입 없이 사전검사에서 했던 것과 똑같이 다시 사후검사를 합니다.

끝으로 실험집단과 통제집단의 사전검사 및 사후검사 결과를 비교하여 독립변수와 종속변수의 관계를 검증하게 됩니다.

예를 들어 EBS 교재를 활용한 학습이 학력 향상에 미치는 영향을 연구한다고 가정해보죠. 가설은 "EBS 교재를 활용한 학습이 성적을 향상시킬 것이다"로 정해봤습니다. EBS 교재로 학습하는 집단은 실험집단으로, EBS 교재를 사용하지 않는 집단은 통제집단으로 분류합니다. 본격적으로 실험에 들어가기 전에, 즉 EBS 교재로 학습하기 전에, 두 집단을 대상으로 먼저 3월 전국연합학력평가를 보게 하고 성적을 측정합니다. 사전검사를 하는 것입니다. 그 후 실험집단은 EBS 교재로 학습합니다. 통제집단에서는 EBS 교재를 사용하지 못하게 합니다. 끝으로 두 집단에 대해

11월에 수능성적을 다시 측정합니다. EBS 교재로 학습한 실험집단과 그렇지 않았던 통제집단이 성취한 3월 전국연합학력평가와 수능성적 결과를 비교하여 EBS 교재를 활용한 학습이 수능성적에 미치는 영향에 대한 가설을 검증해볼 수 있는 것입니다. 만일 통제집단에서 5점이 상승했는데, 실험집단에서는 10점이 상승했으면 가설을 수용할 수 있습니다. 실험집단의 성적 변화가 없거나 하락했으면 가설을 기각합니다. 특히 성적이 하락한 경우에는 EBS 교재를 활용한 학습이 오히려 독이 될 수 있음을 보여준 겁니다. 영향을 받았지만 안 좋은 영향을 받은 거죠.

참고로 사전검사와 사후검사에는 설문지를 사용하여 검사하기도 합니다. 실험하려는 현상이 설문 조사를 통해 측정할 수 있으면 충분히 가능한 일입니다. 설문 조사를 하면서 실험집단과 통제집단을 나누어 비교할 수도 있습니다. 앞의 사례에서 시험을 치러 측정한 것처럼 설문지를 돌려 EBS 교재의 학습이 성적 향상에 얼마나 도움이 되었는지 알아볼 수도 있을 것입니다. 물론 이 연구 사례의 경우는 시험을 보는 게 더 정확한 결과를 보여줄 수 있어 설문지 조사를 하지 않고 직접 시험을 봐서 그 성적 값을 측정했습니다. 하지만 원칙적으로 조사 형식이 중요하지는 않습니다. 사전검사와 사후검사가 변인의 통제 속에서 이뤄지면 설문지를 사용하여 측정하더라도 실험법으로 볼 수 있습니다. 물론 질문지법도 적용한 것이지요.

실험법은 비교적 제한된 연구에 잘 어울립니다. 상황을 확장하여 연구하기에는 적절하지 않다는 얘기입니다. 하지만 여러 조건을 제한하기 때문에 제한된 변수에 따라 어떤 결과가 나오는지 명확해질 수 있습니다.

인과관계를 규명하고 가설을 검증하는 데 적절합니다.

실험법은 변수의 인과관계를 정확히 파악하여 법칙을 발견하는 데 유리합니다. 실험을 다른 집단에 대해서도 거듭하여 수행하여 실험 결과의 신뢰도와 일반화 가능성을 높일 수 있습니다. 오직 측정값으로 결론을 도출하기 때문에 정확성과 정밀성, 객관성이 높다고 할 수 있습니다. 게다가 집단 간 비교 분석도 용이합니다.

하지만 실험법에도 단점이 있습니다. 실험법의 가장 큰 약점은 인위성, 즉 조작에 있습니다. 개념의 조작적 정의의 강도가 매우 강합니다. 연구자의 조작 및 통제 정도가 높게 나타난다고 얘기할 수도 있습니다. 물론 이것을 무조건 문제로만 볼 수는 없습니다. 실험의 왜곡으로만 볼 수 있는 게 아니기 때문입니다. 오히려 엄격한 통제 덕분에 제한적 조건에서의 명확한 결과를 얻을 수 있는 것입니다. 앞의 사례에서 다른 조건들을 모두 통제하면 EBS 교재가 성적 향상에 도움이 되는지 아닌지를 명확하게 알 수 있을 것입니다. 오히려 통제가 철저히 이뤄지지 않은 실험 결과는 인과관계를 파악할 때 신뢰하기 어렵습니다. 따라서 엄격한 조작과 통제로 주어진 조건에 대해서는 명확한 인과관계를 설명할 수 있습니다.

하지만 조건이 조금만 변해도 그 실험 결과는 무용지물이 될 수 있습니다. 통제 자체가 잘 이루어지기 힘듭니다. 자연과학의 실험과 달리 사회과학에서는 엄격하게 통제된 실험이 곤란합니다. 그뿐만 아니라 통제된 상황에서 나타난 실험 결과가 실제 사회에서는 일어나지 않을 수도 있습니다. 게다가 인간을 실험 대상으로 삼을 때에는 윤리적인 문제도 발생할 수 있습니다. 이것도 소홀히 여길 수 없는 문제점입니다.

실험법이 효과를 보려면 독립변수 이외의 다른 변수가 영향을 주지 않도록 특별히 주의를 기울여야 합니다. 실험집단과 통제집단은 오직 독립변수의 차이로만 나뉘어야 하고 다른 조건은 모두 같아야 합니다. 앞의 실험 사례를 다시 불러 말하자면, 실험집단은 교과서와 EBS 교재로 공부하고 통제집단은 교과서만으로 공부하게 통제하는 식으로 변수 통제가 명료해야 합니다. 혹시 EBS 교재 외에 다른 문제집으로 공부하는 일이 없도록 해야 합니다. 아무리 수능이 중요해도 다른 문제집으로 몰래 공부하는 일이 없어야 합니다. 그리고 성적이나 수업에 임하는 학생들의 태도 역시 두 집단이 모두 비슷해야 합니다. 공부 시간도 같아야 합니다. 이처럼 두 집단의 동질성을 확보하고 완전한 통제를 이루려면 챙겨야 할 것이 많아집니다. 그만큼 실험법을 통한 자료 수집이 쉽지 않습니다.

실험법의 사례는 심리학에서 많이 찾아볼 수 있습니다. 미국의 심리학자 밀그램(Milgram, S.)은 권위 있는 자가 매우 비인간적이고 비합리적인 지시를 내렸을 때 사람들은 어떻게 반응하는지를 알아보려고 '권위에 대한 복종 실험'을 했습니다.

실험자(실험을 시행하는 자)는 실험에 참여한 사람들에게 '처벌이 학습에 미치는 효과'를 연구한다고 말했습니다. 연구 결과가 교육 시스템 구축에 도움이 될 거라고도 했죠. 그런 다음, 실험에 참여한 사람들을 교사와 학생 역할로 나누었습니다. 그런데 학생 역할을 맡은 사람은 실험자가 돈을 주고 고용한 배우였고, 진짜 피험자(실험 대상자)는 교사 역할을 맡은 일반인이었습니다. 다시 말해 교사 역할을 맡은 사람들이 실험집단이었습니다. 통제집단은 별도로 만들지 않았습니다. 실험의 성공을 위해 교사

역할을 맡은 사람은 학생 역할을 맡은 사람이 연기하는 배우라는 것을
모르게 했습니다. 실험에 사용하게 될 기계 장치도 가짜였습니다. 이 사
실도 숨겼습니다.

실험자는 이 실험이 과학적 연구이며 실험 대상자에게 영구적인 치명
상을 입히지 않으니 실험자를 믿고 실험에 임해달라고 했습니다. 사례금
도 두둑이 챙겨주고 모든 책임은 본인이 지겠다고 했습니다. 피험자들은
실험자의 권위를 신뢰했습니다. 실험은 구체적으로 교사 역할을 맡은 피

험자가 단어 문제를 내고, 학생 역할을 맡은 사람이 그 문제를 맞히지 못하면 한 번 틀릴 때마다 전압을 높여가며 전기충격을 가하게 하는 것이었죠. 학력 향상을 위해 일종의 전기고문을 하라는 것입니다. 도덕적으로 있을 수 없는 것을 명령한 겁니다.

밀그램이 주목한 것은 전압을 높여 전기충격이 점차 강해지고 학생 역할을 맡은 사람이 비명을 지르며 점점 더 고통스러워할 때, 피험자(교사)의 반응을 보는 것이었습니다. 이런 상황에서 피험자(교사)는 실험자의 지시에 계속 따를까요? 아니면 하지 못하겠다고 거부할까요? 여러분은 어떻게 예상하나요? 전기충격으로 실제 고통스러워하는 소리를 들을 때 즉각 실험을 포기할 것이라고 예상했을 것입니다.

하지만 충격적인 반전이 나타납니다. 실험 결과는 일반적인 상식과 정반대의 결과로 나타났습니다. 대다수인 피험자(교사) 65퍼센트는 기꺼이 실험자의 지시에 따라 전기충격의 강도를 끝까지 높였습니다. 이게 우연은 아닐까요? 그래서 다른 사람들을 실험 대상으로 모집하여 실험을 반복했습니다. 그런데 결과는 같았습니다. 피험자는 실험자의 명령을 충실히 따랐던 겁니다.

이 실험을 통해 밀그램은, 사람들은 권위를 지닌 자의 지시와 명령이 비합리적이고 비도덕적이더라도 주어진 상황에 따라 복종하는 심리가 있다고 결론 내렸습니다. 이성적인 사람이라도 상황에 따라 비이성적인 행동을 보일 수 있다는 거죠. 외적인 힘이 작용하면 비도덕적인 명령에도 맹목적으로 복종하게 된다는 겁니다. 외적인 힘은 여러 가지일 것 같습니다. 돈일 수 있고 약속일 수도 있을 겁니다. 명령을 내리는 자의 카리

스마나 권위, 그에 대한 믿음일 수도 있겠네요. 때로는 그저 시키는 대로 하는 게 불필요한 갈등을 일으키지 않는다고 생각하는 분위기일 수도 있죠. 이에 따라 복종하는 심리가 많은 사람에게 있다고 합니다.

이 실험은 나치의 유대인 학살과 같은 역사적 비극이 복종의 심리에서 발생한다는 것을 보여준 것으로 평가받습니다. 예를 들어 유대인 학살의 실무 책임자였던 아이히만도 외적인 힘에 의해 맹목적으로 명령에 복종한 사람이죠. 이런 일은 우리 역사에서도 흔히 볼 수 있습니다. 일제 강점기 일제가 독립 운동가를 탄압할 때 이에 동조했던 '평범한 친일파'들이 너무도 많았습니다. 일제의 만주군 장교였던 박정희도 그중 한 사람이며, 그가 정권을 탈취하여 인권을 유린하는 조치를 내릴 때 성실히 그 임무를 수행한 경찰이나 검찰도 마찬가지입니다. 5·18 민주화 운동이 일어났을 때 발포 명령에 그저 따랐던 수많은 계엄군도 복종의 심리를 그대로 안고 있었던 사람들입니다.

그런데 밀그램의 실험이 권위에 대해 복종하는 행위가 정당하다거나 당연히 누구나 그럴 수 있다고 옹호하는 것은 아닙니다. 밀그램은 이 실험을 통해 얻은 깨달음이 사회에 이로움을 줄 거라고 봤습니다. 불합리한 권위에 대해서 복종하지 말고 상황에 휘둘리지 않으며, 부당한 지시에는 항의하고 저항하라는 얘기를 하고 싶었던 겁니다.

면접법

면접법은 연구자(면접자)가 연구 대상자와의 대화를 통해 자료를 수집하는 방법입니다. 양적 연구의 질문지법처럼 언어적 도구의 사용이 필수적입니다. 말을 해야 하니까요. 면접법은 연구 대상자의 경험담이나 생애사 연구와 같이 개인적 삶의 심층적인 자료를 얻으려 할 때 주로 사용됩니다.

면접법에서 대화는 연구자와 연구 대상자 사이의 상호작용을 뜻합니다. 일상적으로 대화를 나눌 때처럼 서로의 얘기를 자연스럽게 주고받아야 합니다. 경찰이 피의자를 취조하듯 연구자가 연구 대상자를 대하면 안 됩니다. 물론 연구자는 연구 대상자에게 무엇을 질문할지 일반적인 조사 계획을 가지고 있기는 합니다. 하지만 구체적으로 정확하게 어떤 용어를 사용하여 어떤 순서로 질문할 것인지를 정해놓고 자료를 수집하지는 않습니다. 그래서 질문지법과 달리 비구조화된 형식으로 실시된다고 하는 것입니다. 자연스러운 대화를 하니 딱딱한 구조화와 어울릴 수 없죠.

미숙한 연구자는 미리 정해진 질문을 던지고 대답을 적는 식으로 하는 때도 있지만 이런 방식으로는 충분히 좋은 자료를 수집할 수 없습니다. 처음에는 일상적인 질문으로 시작하는 게 좋습니다. 그렇게 가볍게 대화하다가 조금씩 추가적인 질문을 이어갑니다. 면접하고 있는 순간에도 조사 대상자의 상황을 잘 살펴가며 질문을 던지고, 그에 대한 대답에 세심하게 귀 기울이며 그 대답이 갖는 의미를 생각하고, 다시 그 대답 내용에 따라 더 깊은 내용을 드러내도록 질문합니다.

대화를 나누다가 예상하지 못한 상황이 벌어질 수도 있을 것입니다. 예를 들어 연구 대상자가 갑자기 감정에 북받쳐 울음을 멈추지 않거나 다른 사람이 방문하여 연구를 위한 대화가 단절될 수도 있습니다. 예상하지 못한 상황은 나열하기 힘들 정도로 다양하고 빈번하게 일어날 수 있습니다. 이럴 때 연구자는 조급해져서는 안 됩니다. 연구자는 연구 대상자와 상호작용을 하며 연구 대상자가 충분히 자기표현을 할 수 있도록 신축적으로 연구를 진행해야 합니다. 면접법에서는 변화하는 연구 상황에 대해 연구자의 융통성이 충분히 발휘될 수 있습니다. 연구자는 상황에 맞게 유연하게 행동하면서 갑작스러운 상황에 잘 대처할 수 있습니다. 실제로 그 역량을 잘 발휘해야 합니다.

면접법은 연구 대상자의 행위 동기나 가치 등 내면세계를 심층적으로 이해하는 데 도움이 됩니다. 연구자와 연구 대상자 간에 신뢰 관계가 충분히 형성되면 응답 거부나 회피, 무성의한 응답, 악의적인 응답 등 질문지법에서 나타나는 문제점을 방지할 수 있습니다. 질문지법과 달리 글을 읽지 못하는 문맹자에게도 실시할 수 있습니다.

하지만 다수를 대상으로 자료를 수집하는 게 쉽지 않습니다. 만일 다수를 대상으로 연구할 경우 시간과 비용이 너무 많이 들어갑니다. 물론 시도해볼 수는 있습니다. 이때 연구자는 여러 명의 면접자를 동원하여 연구할 수밖에 없는데, 그럴 때에는 면접자 간의 면접 기술이나 능력, 특성에 따라 수집된 자료의 양과 질에 차이가 발생할 수 있습니다.

일반적으로 면접법은 소수의 사람을 대상으로 수행합니다. 연구 대상자가 소수인 만큼 연구 목적에 가장 적합한 사람을 골라야 합니다. 하지만 전형적인 연구 대상자를 선정하는 게 어렵습니다. 그리고 연구자의 편견이나 주관적 의견이 자료 해석 과정에 개입될 가능성도 있습니다.

면접법을 통한 자료수집방법이 성공적으로 활용되려면 무엇보다 연구자의 자세와 태도가 중요합니다. 연구자와 연구 대상자 간의 정서적 교감이 있어야 합니다. 연구자는 연구자로서 보이려고 하지 않고 편안한 대화 상대자로 보이는 게 좋습니다. 그래야

편안히 말씀해주세요.

라포르
(rapport)

연구 대상자가 자신의 살아 숨 쉬는 진솔한 생활 이야기를 술술 풀어놓기 때문입니다. 그러려면 라포르(rapport)가 형성되어야 합니다. 라포르는 프랑스어로 마음이 연결된 상태를 의미하며, 쉽게 말해 친밀한 신뢰 관계라고 할 수 있습니다. 마음을 열고 편안하게 얘기할 수 있는 허용적인 분위기가 형성되어야 한다는 것입니다. 처음부터 심문하듯 질의와 응답이 이루어지는 딱딱한 분위기는 안 됩니다. 차 한 잔 마시며 편안하게 시작하여 대화 도중 맞장구도 쳐주고 슬픈 이야기에는 같이 눈물 흘리며 임한다면 더욱 좋은 자료를 얻을 수 있을 것입니다. 연구자가 유연성을 발휘할 수 있는 것은 그만큼 풍부한 자료를 수집할 수 있는 것이기 때문에 매우 특별한 장점입니다.

면접법은 흔히 현장 연구에서 질적 연구법으로 많이 사용됩니다. 연구 대상자에게 질의할 때 무엇보다 연구 대상자와 공감대를 형성하는 게 가장 중요하다고 했는데, 면접법은 연구 대상자를 조용한 카페에서 만나

사용할 수도 있지만, 연구 대상자가 있는 현지에서 진행하면 더욱 좋을 수 있습니다. 현장에 직접 가서 연구 대상자와 함께 일하며 신뢰를 쌓는 것도 필요합니다. 빈민촌을 연구하려면 빈민촌에 가서 생활해보는 것도 좋겠습니다. 연구는 그다음에 시도해도 늦지 않습니다. 비록 비용과 시간이 많이 들겠지만, 심층적인 자료를 얻는 데는 면접법이 으뜸입니다.

면접법의 대표적인 연구로는 현장 연구로 유명한 조은 교수의 서울 사당동 철거민 가족의 생애사 연구를 소개할 만합니다.

연구자는 1980년대 중반 서울 사당동을 찾아갔습니다. 이곳은 1986년 서울 아시안게임과 1988년 서울 올림픽을 앞두고 도시 재개발 사업을 위해 철거가 진행되고 있었습니다. 당시 전두환 정권은 매우 폭력적이었습니다. 정부는 세계적인 스포츠경기를 보려고 외국인이 한국을 방문하게 될 텐데 가난하게 사는 모습을 보여주면 국가 이미지가 훼손된다고 하여 빈민들의 삶의 터전인 빈민촌에 대한 대대적인 강제 철거를 진행했습니다. 연구자는 철거가 진행 중이던 사당동으로 들어가 주민들의 고충을 들었습니다. 그곳 주민들과 심층 인터뷰하여 공동연구자와 함께 〈도시 빈민의 삶과 공간: 사당동 재개발 지역 현장 연구〉를 완성했습니다.

연구자가 인터뷰한 주민들의 이야기에 따르면, 서울 곳곳의 무허가촌에서 쫓겨나 사당동 산등성이로 모여들었는데, 처음에는 상하수도 시설도 없어 물을 길어 먹고 버스도 다니지 않는 환경 속에서 간신히 모양새만 갖춘 집을 짓고 살았다고 합니다. 그리고 행상, 노점상, 중국집 배달부, 일용직 건설노동자, 청소부, 암표 장사, 붕어빵 장사 등으로 어렵게 생계를 유지했습니다. 그러나 이곳 주민들은 강제 철거로 다시 그곳을 떠나야 했습니다.

　연구자는 사당동 철거 지역 연구를 하다가 알게 된 특정 가족의 이야기를 다른 방향에서 더 연구하고 싶어졌습니다. 그래서 그 가족을 대상으로 25년 동안 인터뷰하고 연구하여 《사당동 더하기 25》라는 책을 발간했습니다.

　연구자의 새로운 관심은 '빈곤의 세대 재생산'이었습니다. 구체적으로 가난한 가족에게 주거 공간이 제공되면 빈곤이 완화될 수 있을지 의문을 가졌습니다. 연구자가 연구 대상으로 삼은 가족은 사당동 철거 이후 임대아파트에 입주하게 된 한 할머니의 가족이었습니다. 임대주택 입주는 재개발로 삶의 터전을 잃은 주민에게 도움을 줄 수 있을 겁니다. 그러면 임대아파트 입주로 빈민의 가난한 삶이 끝날 수 있을까요? 연구자는 이 부분에 의문을 가지고 빈민 가족의 생애사를 기록했습니다.

　연구 내용에 따르면 연구 대상자인 할머니는 남북으로 분단되기 전, 북한에서 여관집 딸로 태어나 중고등학교를 졸업하고 대학 입학 기회도 얻었다고 합니다. 당시 이 정도의 조건이면 계층이동 가능성이 매우 높다고 볼 수 있었죠. 하지만 결혼 후 남한으로 넘어와 월남 피난민이 되면서 사정이 완전히 달라졌습니다. 노점상과 일용직으로 생활하는 도시 빈민이 되었던 거죠. 이는 대물림됩니다. 할머니의 아들은 중학교 시절부터 학교를 그만두고 중국집 배달, 일용직 건설 노동으로 생계를 이어갔습니다. 며느리는 아이를 낳고 가출했습니다. 엄마 없이 자란 손주들도 어릴 때부터 신문 배달, 암표 장사, 오토바이 배달 서비스, 노점상, 일용직 건설 노동 등을 했습니다. 노동력만으로 생계를 유지하기가 어려워지자 막내

손자는 범죄에 활용될 수 있는 은행 통장이나 핸드폰을 만드는 데 자신의 명의를 빌려주어 범법자가 되기도 했습니다. 취직도 해보았지만, 절반은 실직 상태라 할 만큼 일자리가 변변치 않아 자주 직장을 옮겨 다녀야 했고, 하는 일마다 녹록지 않았습니다. 손주의 자식, 즉 증손주들도 또래의 다른 아이들과 달리 부모의 관심과 지원을 받지 못하여 학교생활에서 어려움을 겪고 있다고 합니다. 이 연구를 통해 시간이 흘러 세대가 바뀌어도 빈곤에서 벗어나지 못하는 도시 빈민의 삶을 생생히 보게 됩니다.

연구 결과에 따르면 가난이 가난을 낳았다고 합니다. 연구 대상이 되었던 가족의 출발선인 할머니 세대에서는 무절제, 알코올 중독, 게으름 등으로 대표되는 빈곤 문화가 없었으나 월남 이후 빈곤해지면서 이후 세대에서는 계속 빈곤 문화가 나타났다고 합니다. 이러한 빈곤 문화는 가난의 원인이 아니라 결과였습니다. 가난을 극복할 수 있도록 정치적, 경제적, 사회적 제도 및 환경을 충분히 제공하지 않아 빈곤 문화에 젖어 들게 되더라는 말입니다. 이런 점에서 이 연구는 빈곤 문제가 주거 공간의 제공만으로는 해결되지 않는다고 밝혀주고 있습니다.

나아가 이 연구를 통해 물질적 빈곤 때문에 자기 존중감도 낮아져 정신적으로도 황폐해져가는 도시 빈민의 진솔한 얘기를 우리는 생생하게 들을 수 있었습니다. 또한 도시 재개발이라는 명분 아래 빈민의 생존권이 파괴되고 가난이 대물림되는 현실을 생생하게 마주하게 됩니다. 이는 다시 우리 주변에 가난하게 살아가는 사람들에 대해 무관심했던 우리 자신을 되돌아보게 만듭니다.

참여 관찰법

참여 관찰법은 연구자가 연구 대상자의 생활 세계에 직접 참여하여 대상자 또는 대상자와 관련된 사회·문화 현상을 있는 그대로 관찰하여 자료를 수집하는 방법입니다.

참여 관찰법은 다른 자료수집방법과 비교하여 가장 비구조화되고 비표준화된 자료수집방법이라고 할 수 있습니다. 앞서 면접법도 심층적인 자료를 얻으려고 현장에 들어가 연구하는데, 면접법은 인터뷰할 내용을 조금은 구상하고 자료를 수집합니다. 하지만 참여 관찰법은 그조차도 거의 없습니다. 현장 속에서 같은 일원으로 참여하여 하나씩 그 세계를 이해해 나가는 것이 참여 관찰법입니다.

참여 관찰법은 연구 대상에 대해 알려진 정보가 부족할 때 연구 대상에 대한 개척의 정신으로 자료를 수집하는 방법입니다. 그래서 연구자가 수집한 자료는 흔히 볼 수 없고 연구자보다 잘 아는 사람도 없어 특별히 소중할 수 있습니다. 특히 그 자료는 연구자가 관찰하려는 사회·문화 현상이 벌어지는 바로 그 현장에서 직접 수집한 것입니다. 가공되지 않은, 날 것 그대로의 생생한 자료입니다. 관찰 자료의 기록에는 연구 대상자의 말을 직접 화법으로 있는 그대로 드러낼 뿐만 아니라 몸짓, 표정도 모두 담아냅니다. 생생한 자료를 얻는 데 그치지 않고, 수집한 자료가 심층적이기까지 합니다. 이처럼 참여 관찰법은 자료의 실제성을 확보하기 용이하므로 질적 연구에서 각광받고 있습니다.

참여 관찰법은 의사소통이 원활하지 않아 질문지법이나 면접법 사용

이 어려울 때 사용하기 좋은 자료수집방법입니다. 언어적 상호작용이 꼭 필수적이지는 않지요. 특히 현지에 장기간 머물면서 현지 문화를 연구하는 문화 인류학에서 자주 활용되고 있습니다.

제인 구달은 침팬지와 생활하며 그들의 언어, 울음소리를 들으며 인간과 크게 다르지 않은 침팬지 생활을 소개하여 침팬지를 더 잘 이해할 수 있게 해주었습니다. 침팬지와 말이 통하지 않는데도 연구가 가능했던 것은 제인 구달이 참여 관찰법을 매우 훌륭히 소화해낸 덕분이었습니다. 한편 여성 문화 인류학자 미드의 연구도 주목할 만합니다. 미드는 1920~1930년대에 적게는 수개월, 많게는 3년 동안 사모아와 뉴기니 지역을 찾아가 연구했습니다. 그 지역에 사는 부족 사회를 관찰하면서 성역할과 지위는 생물학적인 것에서 비롯되는 게 아니라 문화로 결정된다는 결과를 발표했습니다. 이때 미드가 사용한 자료수집방법도 참여 관찰법이었습니다.

이처럼 참여 관찰법은 연구자가 현상이 실제로 발생하는 현지에 가서 연구해야 하는 방법입니다. 면접법은 현장이 아닌 곳에서도 진행할 수 있지만, 참여 관찰법은 연구 대상자가 있는 곳에 가지 않고서는 사용할 수 없습니다. 반드시 현장에 찾아가서 관찰하기 때문에 비용과 시간이 많이 소요됩니다. 그리고 현장에서 관찰할 때 관찰하려는 현상이 바로 나타나지 않는 경우도 많습니다. 그럴 때는 관찰하려는 현상이 나타날 때까지 장기간에 걸쳐 기다리기 때문에 이 역시 시간과 비용이 많이 들게 만드는 요인입니다. 게다가 관찰을 진행하는 도중에 예상하지 못했던 돌발 상황이라도 발생하면 그 상황에서 개입은커녕 반응조차 보여서도 안 되고 유연하게 대처하기도 어렵습니다. 실제로 연구자가 할 수 있는 게 없습니다. 그냥 바라보기만 해야 합니다. 연구자가 그 상황에 개입하면 그것은 연구의 왜곡을 낳습니다. 가뜩이나 다른 질적 연구 방법에서처럼 참여 관찰법에서도 자료 수집과 해석의 과정에서 연구자의 주관이 개입될 수 있는 점이 우려되는데, 연구자가 연구해야 할 대상에 직접 개입하는 것은 더욱이 있을 수 없는 일입니다.

참여 관찰법이 성공적으로 활용되려면 연구자가 조심스럽게 행동해야 합니다. 연구 결과의 왜곡이 발생하지 않으려면 연구자의 신분을 밝히지 않는 게 나을 수 있습니다. 만일 연구자의 신분을 밝히더라도 관찰 기록이 노출되지 않도록 해야 합니다. 사람이란 원래 자신이 하는 말과 행동을 누군가가 적어 내려가는 것을 보게 되면, 평소와 다르게 행동할 가능성이 높기 때문입니다.

참여 관찰법을 사용한 연구로는 김준호의 〈거리 노숙인이 생산하는 차이의 공간에 대한 연구 : 서울역 거리 노숙인을 중심으로〉를 주목할 만합니다. 이 연구가 대단한 이유는 연구자가 연구를 위해 스스로 노숙인이 되었기 때문입니다.

연구자는 서울역에서 노숙인과 섞여 70여 일 동안 노숙 생활을 하며 노숙인들을 관찰했습니다. 설문 조사나 인터뷰로는 노숙인의 실제 경험과 인식을 이해하는 데 한계가 있다고 판단했기 때문입니다. 노숙인의 세계에 직접 들어가 그들의 미묘한 행동 하나하나를 면밀하게 살피는 참여 관찰을 통해 노숙인의 시각으로 노숙인의 생활을 바라보고 이해하려고 했지요.

그의 논문에는 잠을 자고 휴식을 하고 구걸하고 떠도는 노숙인들의 생생한 생활 모습이 드러납니다. 이런 모습은 우리가 본 노숙인 모습과 달라 보이지 않을지 모릅니다. 하지만 그들의 생활 세계를 우리가 정확하게 알고 있는 것은 아닙니다. 우리는 노숙인에게 가까이 가려 하지 않지요. 그러니 노숙인이 드러낸 겉모습만 알고 있을 뿐입니다. 하지만 이 논문은 우리가 못 본 생활 세계의 의미를 보여줍니다. 연구자가 노숙인 삶의 현장 안으로 들어간 덕분입니다.

게다가 이 논문은 노숙인 생활에 대한 해석이 돋보입니다. 이 논문은 지리학과 석사학위 논문이었는데, 노숙인이 생활하는 지리 공간에 대해 새로운 해석을 하고 있습니다. 서울역이라는 공적인 공간을 일반 시민과 달리 노숙인은 어떻게 변형하여 재구성하는지를 연구자는 이 논문에서 밝히고자 했습니다.

　누구나 잘 알고 있듯이 서울역은 본래 노숙인이 생활하도록 만든 공간은 아닙니다. 서울역은 철도를 이용하는 시민을 위한 공적인 공간입니다. 하지만 노숙인의 시각에서는 다릅니다. 노숙인에게 서울역은 수면, 취식, 구걸, 떠돌이의 공간입니다. 차이가 있지요. 그러면 노숙인은 어떤 방식으로 일반 시민이 생각하는 공간과 다른 '차이의 공간'을 만들었을까요?

　먼저 인간이 살려면 기본적 요소인 의식주가 먼저 해결되어야 하는데 그중 잠자리에 해당하는 수면의 공간이 노숙인 생활에서 가장 중요합니다. 서울역 노숙인에게 옷과 음식은 다른 사람의 도움을 받아 해결하는 경우가 많지만 잠자리는 그렇지 않습니다. 서울역 노숙인이 생활하는 공간 지도를 그릴 때 가장 기본이 되는 것은 수면의 공간입니다. 수면의 공간이 정해진 이후에 취식의 공간이나 구걸의 공간, 떠돌이의 공간이 형성된다고 합니다. 쉽게 말해 잠자리부터 챙겨놓은 후에 어디서 밥을 먹고 구걸하고 떠돌지를 찾더란 얘기입니다.

　노숙인은 아무 때나 아무 데서나 드러누워 자지 않습니다. 그렇게 할 수도 없습니다. 서울역을 지배하는 국가권력이 있기 때문입니다. 단속반이 있는 것이죠. 그래서 노숙인은 단속을 피해 계획적이고 전략적으로 행동하여 수면의 공간을 확보합니다. 노숙인 간의 유대감을 통해 단속 정보를 공유하기도 합니다. 서로 소통하며 국가권력의 힘에 대응해나가는 것입니다. 수면의 공간에서는 그 밖의 다양한 상호작용이 일어납니다. 수면의 공간에서 가족 이야기, 노숙인 생활 이전의 삶에 관한 이야기, 미래의 꿈 이야기 등을 하며 정서적 교감도 이뤄집니다.

하지만 노숙인의 세계에도 위계질서가 존재합니다. 그런데 그것이 신체적 힘에 따라 결정되는 게 아니었습니다. 노숙인 사이에서도 사회적 지위 체계가 형성되고 그 지위 체계에 따라 잠자리가 배분된다고 합니다. 그리고 성, 연령, 성격 등에 따라 소외되는 노숙인도 있습니다. 노숙인 내의 차별이 공간 점유에 그대로 나타나기도 합니다.

우리는 일반적으로 노숙인이 되는대로 계획 없이 하루를 간신히 연명하듯 살아간다고 생각합니다. 하지만 이 연구는 그런 편견을 깨뜨려놓습니다. 노숙인이 자신의 생활공간에 대해 다양하게 의미를 부여하여 전략적으로 이용하고 살아가는 모습이 일반 시민과 크게 다르지 않음을 보여줌으로써 노숙인의 생활을 더 잘 이해할 수 있게 됩니다.

문헌 연구법

문헌 연구법은 일반적으로 역사적 문헌, 공식 문건, 신문이나 잡지, 서적, 논문, 보고서, 동영상, 그림, 인터넷 자료, 통계자료 등 2차 자료를 수집하여 활용하는 방법입니다. 이 방법은 앞에서 소개한 자료수집방법처럼 그 자체로 하나의 자료수집방법이 될 수 있습니다. 그런데 문헌 연구법은 모든 연구의 기초로 활용되고는 합니다. 문헌 연구법을 통해 같은 연구 주제를 다룬 기존의 연구 성과물과 연구 동향을 파악할 수 있기 때문입니다.

기존의 연구를 언급할 때 문헌 연구법의 사용을 피할 수 없습니다. 모든 논문의 앞부분에는 선행 연구, 혹은 기존 연구 검토라는 부분이 담겨 있습니다. 인류가 한 번도 하지 않은 연구라면 이러한 부분이 필요 없겠지만 그런 논문은 보지 못했습니다. 기존 연구를 소개하여 자신의 논문은 기존 논문과 어떤 점에서 다르게 접근하고 있는지 반드시 소개해야 합니다. 모든 연구자는 기존 연구 동향이나 성과를 파악하여 자신의 연구에 참고합니다. 그래서 양적 연구나 질적 연구 등 모든 연구논문에는 문헌 연구법이 사용되고 있습니다.

문헌 연구법은 자료 수집에 필요한 시간과 공간의 제약이 적을 뿐만 아니라 비용도 비교적 적게 듭니다. 해외에서 자료를 얻으려고 굳이 외국을 방문할 필요 없이 인터넷을 뒤적이면 됩니다. 문헌 연구법으로 자료를 수집할 때에는 집에 앉아서도 할 수 있습니다.

그러나 문헌 자료의 신뢰성이 낮은 경우 연구 전반의 신뢰도에 문제가 발생할 수 있습니다. 문헌 자료가 믿을 만한 것인지 반드시 확인해야 합니다. 문헌은 보통 2차 자료이기 때문에 그 자체로 이미 다른 사람에 의해 가공된, 즉 주관적 판단이 개입되었던 자료일 수 있습니다. 그리고 그 문헌을 다시 해석하는 과정에서 연구자의 주관적 판단이 개입될 소지도 있습니다. 그러니 하나의 문헌 자료를 획득했으면 그 문헌이 믿을 만한 것인지 다른 문헌을 통해 재차 확인하며 문헌을 해석해야 합니다. 그리고 자신의 문헌 해석이 수집한 문헌의 내용을 왜곡하지는 않는지 신중하게 접근해야 합니다.

문헌 연구법이 유용하게 사용되려면 문헌의 양과 질이 중요합니다. 연구자는 수많은 문헌을 확보하고 그 문헌들을 교차 검토하여 정리하는 자세를 갖추는 게 필요합니다. 하지만 무턱대고 인터넷에 떠도는 자료를 취합하다가는 연구에 실패할 확률이 높습니다. 인터넷 자료 가운데에는 초등학생들이 생각 없이 남긴 자료도 많고, 가짜 뉴스처럼 왜곡된 내용도 많습니다. 반드시 자료의 출처를 확인하고 직접 그 출처를 추적하여 확인하며 다른 자료, 특히 획득한 문헌과 다르게 표현된 자료를 찾아 비교·검토해야 합니다.

문헌 연구법을 자료수집방법으로 선택한 연구는 대체로 이론 연구가 많습니다. 이론가들의 다양한 해석을 이론적으로 비판하고 재정립하려니 문헌 연구법 이외의 다른 방법이 없지요. 하지만 이론 연구가 아닌 사회·문화 현상에 관한 연구도 문헌 연구법을 활용할 수 있습니다. 나의 경

우 〈민주주의 체제하 '자본의 국가 지배'에 관한 연구 : 삼성그룹을 중심으로〉라는 논문을 썼는데, 문헌 연구법을 주로 사용한 사례입니다.

이 논문은 삼성이 삼성 제국 혹은 삼성 공화국으로 불리는 현상을 분석한 것입니다. 삼성은 일반적인 대기업이 아닙니다. 민주공화국을 지배하는 권력을 갖고 있기 때문입니다. 일반적으로 민주화 이후에는 국민주권이 빛을 발할 것이라 기대했지만, 실제로는 삼성이 독재자 대신 지배적인 위치를 차지하게 되었습니다. 그래서 삼성이 민주주의 체제에서 어떻게 국가와 국민 위에 군림하게 되었는지, 삼성의 국가 지배 전략을 분석하려 했던 것입니다.

이 연구에서는 삼성이 무엇보다 재벌 세습 체제를 유지, 강화하려고 각종 편법 불법 행위를 일삼으면서도 법망을 피해갔던 일들을 주목합니다. 민주국가에서는 누구나 법 앞에 평등하다고 했지만, 막대한 경제력을 지닌 삼성은 예외였습니다. 이러한 일이 가능했던 이유는 삼성이 국가를 관리해왔기 때문이었습니다. 삼성은 정당과 국회, 행정부, 사법기구, 언론과 대학 등에서 주요 인물을 영입하거나 그들을 대상으로 로비를 벌이며 정치적, 사회적으로 적극적인 영향력을 행사했습니다. 심지어 삼성의 불법 행위를 조사 혹은 수사했던 국가기관의 인물을 영입하여 오히려 자신의 허점을 방어하기 위한 방패막이로 사용할 정도였습니다. 삼성은 시민 사회에서도 지배력을 확장했는데, 그 방식이 노동자의 기본권을 부정하는 노조 파괴처럼 때로는 강압적으로, 기업 이미지 개선을 위한 사회 공헌 사업처럼 때로는 유화적으로 나타나기도 했습니다. 그리고 언론기관을 관리하며 삼성의 불법 행위에 비판적인 기사가 실리지 않도록 압력을 행사하여 국민의 귀와 눈을 멀게 했습니다. 삼성의 국가 지배 전략은 무서울 정도로 철저했습니다.

이 연구는 연구 특성상 문헌 연구법이 아닌 다른 자료수집방법을 사용할 수 없었습니다. 불법 비자금을 조성한 기업 회장, 기업 봐주기 수사를 하는 검사, 기업에 유리한 판결을 내리는 판사, 기업 로비를 받는 국회의원이나 관료, 기업을 옹호하는 기사를 쓰는 기자를 만나, 그 이유를 묻는 면접법이나 질문지법을 사용할 수 없었습니다. 솔직한 답변을 기대하기 어려울 테니까요. 삼성에 취업하여 관찰한다고 해서 삼성의 국가 지배 현상을 알 수는 없었고, 실험법은 가당치도 않았습니다. 그래서 문헌 연구법을 통해 연구를 진행하는 게 더 적절했지요.

우선 공신력 있는 언론 보도 자료를 최대한 수집하려 했습니다. 인터넷으로는 '삼성'이라는 키워드로 검색할 수 있는 거의 모든 문헌을 찾았습니다. 손가락에 쥐가 나도록 말이지요. 인터넷 자료가 아닌 것은 직접 도서관에서 샅샅이 뒤졌습니다. 도서관이 연구 현장이었던 셈이죠. 시민 단체, 노동계와 학계에서 관련 자료를 갖고 있으면 그 또한 어디든 마다하지 않고 찾아다녔습니다. 그러니 교통비와 복사비 말고는 특별히 비용이 많이 들지도 않았습니다. 다른 자료수집방법에 비하면 자료 수집에 큰 어려움은 없었지만, 수집한 문헌마다 이해관계에 따라 관점이 달라 대조해가며 분석해야 했습니다. 그렇게 온갖 문헌에 파묻혀 지내며 연구를 진행했습니다.

이처럼 문헌 연구법은 적은 비용으로 손쉽게 사용할 수 있고, 이미 공개된 자료만으로도 얼마든지 연구에 활용할 수 있어 연구에 큰 어려움은 없습니다. 그러고 보면 사실 자료가 부족해서 사회 문제를 밝혀내기 어려운 게 아닌 것 같습니다.

문제는 연구의 의지일 겁니다. 그동안 학계에서는 누구도 삼성 권력만큼은 건드리려 하지 않았습니다. 한국 사회에서 삼성은 거의 신적인 존재였죠. 어쩌면 삼성 권력의 존재를 밝히기 어려워서라기보다는 그동안 동경해오던 대상이 우리 사회의 치부로 드러나는 게 두려웠기 때문에, 보이는 사실 자료도 묻어버리고 외면하고 싶었던 것은 아닌지 모르겠습니다. 나아가 그 부당한 권력에 맞설 용기도 없었던 것은 아닌지 모르겠습니다.

양적 연구 방법과 질적 연구 방법의 상호 보완적 탐구

세상을 살아가는 데 경험이 전부일 수는 없지만, 경험을 도외시하면 평범한 진리도 깨닫지 못합니다. 경험을 다루는 기술은 삶의 지혜가 될 수 있습니다. 사회·문화 현상 연구에도 경험적 자료를 다루는 기술이 중요합니다.

일반적으로 거의 모든 사회과학 연구는 연구 대상에 관한 경험적 자료를 다룹니다. 경험적 자료는 인간의 감각을 통해 습득된 자료입니다. 관찰하여 연구 결과를 확인할 수 있는 자료이지요. 자연현상과 사회·문화 현상 혹은 양적 연구와 질적 연구, 그 무엇이든 모두 관찰하여 확인할 수 있는 경험적 자료로 연구할 수 있고, 경험적 자료를 바탕으로 결론을 도출할 수 있습니다.

좋은 연구가 되려면 경험적 자료를 논리적으로 다뤄야 합니다. 궁금한 사회·문화 현상에 대해 답을 찾아가는 과정이 논리적이지 않으면 사회 과학이라는 이름을 얻기 어렵습니다. 논리적 접근 방식에는 두 가지가 있습니다. 구체적 진술에서 시작하는 귀납적 접근과 일반적 진술에서 시작하는 연역적 접근입니다.

귀납과 연역은 말 자체가 어렵습니다. 귀납(歸納, induction)은 흩어진 것을 거두어들이거나 유인하여 모으는 의미이고, 연역(演繹, deduction)은 큰 것에서 작은 것으로 줄이고 구체적인 것으로 풀어내는 의미입니다. 하지만 이런 의미 해석으로는 여전히 이해하기 어렵습니다. 귀납과 연역의 구분이 혼란스러우면 무식하게 접근하는 것도 하나의 방법입니다. 예를 들어 귀납에서 앞 글자의 초성 'ㄱ' 혹은 '귀'는 구체적 사실의 'ㄱ' 혹은 '구'에서 시작하고, 연역에서 앞 글자의 초성 'ㅇ'은 일반이론의 'ㅇ'에서 출발한다고 생각하면 구분하는 데 조금은 도움이 될 것입니다.

원래의 의미로 설명하자면, 귀납적 방법은 구체적인 관찰 기록으로 시작해서 일반적 진술로 결론을 도출하는 것입니다. 관찰하여 얻은 구체적인 사실 자료를 통해 일반화를 시도하여 진리에 도달하려는 것이죠. 여기서는 모든 선입견을 제거하고, 있는 그대로의 사실을 놓치지 않고 관찰하려고 노력하는 자세가 중요하다고 볼 수 있습니다. 실험, 관찰, 설문조사 등 자료수집방법이 무엇이든 그러한 자료 수집을 통해 얻은 경험적 자료를 이용하여 결론을 내리는 과정에서는 주로 귀납적 추론이 활용됩니다.

반면 연역적 방법은 일반적 진술로 시작해서 구체적인 개별 진술로 결론을 맺는 것입니다. 이미 만들어졌거나 설명해야 할 문제에 대해 가설을 제시하여 이론을 구성한 후, 구체적인 사실 자료를 수집하여 검증해 보는 방식입니다. 가설을 수용할 것인지 혹은 기각할 것인지를 과학적으로 검증하는 과정이 필요한데, 그 검증은 구체적인 자료를 제시하고 대조하는 방식으로 이루어집니다. 이게 연역적 방법입니다.

　　그런데 만일 자료 수집과 검증 과정에서 기존 이론이 설명하지 못하던 부분까지 설명할 수 있으면 그것은 곧 새로운 이론이 될 수 있을 것입니다. 이러한 과정은 구체적인 사실 관찰로써 이론이 다시 정립되는 과정이라고 볼 수 있습니다. 연역적 접근으로 시작했으나 다시 귀납적 접근이 적용되는 일이 벌어지는 거죠. 논리적 접근은 이렇게 엉켜 있습니다. 좋게 말하면 순환한다고 할 수 있습니다.

　　가설이 언급되니 양적 연구는 연역적 방식으로 접근하는 것으로 흔히 이해됩니다. 하지만 양적 연구의 과정에서 귀납적 방식도 함께 사용됩니다. 연역과 귀납은 논리적 접근 방식이기 때문에 어디에라도 사용될 수 있습니다. 그래서 단순히 양적 연구는 연역적 접근 방식만 사용한다고 단정해서는 안 됩니다.

　　한편 질적 연구는 그 반대이겠죠. 질적 연구는 구체적인 개별 진술을 중시합니다. 그래서 연구의 시작 지점에서 귀납적 방식이 엿보입니다. 그런데 일반화는 시도하기 어렵습니다. 구체적인 개별 진술에서 시작하여 구체적인 개별 진술로 끝납니다. 좀 허무하죠. 그러니 양적 연구를 선호하는 학자들로부터 많은 비판을 받습니다. 연구의 가치가 떨어진다는 말이죠. 사실 그것만으로 질적 연구는 양적 연구가 할 수 없었던 자기 몫을 다한 것인데, 연구자는 여전히 아쉬워합니다. 그래서 질적 연구는 연구 대상이 소수에 불과하더라도 '지속적으로' 관찰하여 일관성을 유지함으로써 일반이론으로서의 가치를 얻으려고 부단히 노력합니다. 비록 그것이 양적 연구의 일반화 수준에는 끝내 미칠 수 없더라도 말이지요. 이처럼 양적 연구든 질적 연구든 객관적 연구가 될 수 있도록 최선을 다하고 있습니다.

연구가 더욱 객관적이라는 평가를 받으려면, 즉 경험적 자료를 통해 밝혀내고자 하는 내용이 과학적 지식으로 인정받으려면 신뢰성과 타당성을 지니고 있어야 합니다.

먼저 신뢰성을 알아야겠습니다. 신뢰는 믿음입니다. 주변에 믿음직스러운 사람은 보통 어떤 사람인가요? 바른 생각과 행동을 일관되게 보여주는 사람일 겁니다. 착실한 행동을 하면서도 괴팍스러운 행동 역시 거듭하는 사람은 신뢰감을 주지 못하죠. 연구도 마찬가지입니다. 연구 결과가 믿음을 주려면 연구 결과가 일관되어야 합니다. 연구할 때마다 연구 결과가 달라지면 그 연구는 신뢰성을 잃게 됩니다.

신뢰성은 유사하거나 동일한 측정 도구를 사용하여 동일한 개념을 거듭하여 측정했을 때 일관성 있는 결과를 얻는 것을 말합니다. 일관되게 안정적으로 나타나는 연구 결과는 예측 가능성도 높여줄 수 있습니다. 양적 연구는 통계 분석을 통해 일반화와 법칙을 정립하니 연구 대상이 달라도 비슷한 결과가 나올 수 있습니다. 그래서 신뢰도가 높습니다.

하지만 질적 연구는 소수를 대상으로 연구하여 일반화를 시도조차 하지 못합니다. 연구 결과는 조사하는 대상마다 다르게 나타납니다. 예를 들어 1970년대 여성 노동자의 생애사를 연구할 때 그 생애는 사람마다 다르지요. 그러니 양적 연구보다 신뢰성이 낮다고 할 수 있습니다.

한편 타당하다는 것은 적절성과 같은 말입니다. 타당성 혹은 적절성은 연구자가 실제로 수집한 경험적 자료가 연구하려는 의미나 개념을 정확하게 반영하는지 나타내는 정도를 말합니다. 연구에서 밝히려는 것과 수집한 내용으로 밝혀낸 것이 일치해야 합니다. 타당성을 높이는 것은 신뢰성을 얻는 일보다 조금 더 어려운 일입니다. 사회 연구에서 밝히려는 사회·문화 현상과 관련된 개념은 추상적인 게 많은데, 실제로 연구에서 자료를 수집하여 밝힌 것은 그 추상적인 수준을 모두 채우기에는 항상 모자람이 있기 때문입니다.

타당성은 측정하려고 하는 개념을 어떻게 정의하는가에 상당한 영향을 받습니다. 양적 연구에서는 타당성을 높이려고 연구하려는 개념에 대해 적절한 조작적 정의를 합니다. 하지만 통계만으로는 실제 밝히고자 한 내용을 완전히 채워줄 수는 없습니다. 숫자로 표현한 개념이 본래의 개념을 정확하게 드러낼 수는 없습니다. 가장 좋은 방식이 아닌, 숫자로 대체하여 표현할 수 있는 방식으로 측정하기 때문입니다.

타당성이 높은 연구는 연구하려는 것을 연구 현장에서 있는 그대로 밝혀내는 것입니다. 다시 말해 타당성이 높은 가장 좋은 자료는 연구자가 현장에서 직접 파악한 자료일 것입니다. 그래서 타당성을 높이는 일에는 질적 연구가 강점을 보입니다. 질적 연구는 현장 연구를 통해 실제로 있는 그대로의 의미를 드러내니 그것은 연구를 통해 밝히고자 하는 의미와

다룰 수 없습니다. 그래서 타당성이 높습니다. 질적 연구는 겉으로 드러
난 것이 아니라 인간 속내까지 밝히기 때문에 연구를 통해 밝히고자 하
는 것을 충실하게 보여줄 수 있습니다. 하지만 그 연구 결과를 다른 연구
대상에게도 동일하게 적용하기에는 어려움이 있습니다. 다시 신뢰성에
서 문제가 발생하는 겁니다.

이러지도 저러지도 못하게 되었습니다. 이걸 어떻게 하죠? 우리의 연
구가 신뢰할 만하면서 동시에 타당하기를 원하니 더욱 큰 문제입니다.
따라서 가장 좋은 방법은 양적 연구와 질적 연구를 함께 활용하는 것입
니다. 그럼 양적 연구와 질적 연구의 상호보완성을 실제 연구에서 어떻
게 적용할 수 있는지 예를 들어보죠.

한국 사회의 고용구조가 매우 불안정해졌습니다. 시간제, 계약직 등의
비정규직 노동자가 정규직 노동자보다 많아졌습니다. 청년들이 일자리
를 얻은 경우도 비정규직인 경우가 많으니 청년들의 삶은 더욱 팍팍해졌
습니다. 따라서 비정규직으로 일하는 청년 노동자의 사회적 고충을 연구
할 필요가 있습니다.

이를 위해 먼저 비정규직 청년 노동자의 실태를 조사할 필요가 있습니
다. 고용노동부의 고용형태별 근로 실태 조사를 찾아보면 도움이 됩니다.
대기업 정규직, 대기업 비정규직, 중소기업 정규직, 중소기업 비정규직
등 기업의 규모 및 정규직 여부에 따른 임금 격차와 근로 시간을 조사해
볼 수 있습니다. 통계자료에 따르면 대기업 정규직의 임금 수준을 100으
로 보았을 때 중소기업 비정규직은 40을 넘지 못한다고 합니다. 그뿐만
아니라 직접 1차 자료를 만들어낼 수도 있습니다. 비정규직 청년 노동자

들을 대상으로 질문지법을 사용하여 비정규직에 대한 차별도 객관적으로 분석할 수 있습니다.

이 경험적 자료들을 여러 다양한 직종별로 분류하고 종합하여 분석할 수도 있을 것입니다. 비정규직 청년 노동자의 고충이 한 직종에서만 나타나는 게 아니라 다른 직종에서도 많이 있다는 것을 밝혀내면 연구 결과의 신뢰성을 높일 수 있습니다. 비정규직 청년 노동자의 고충이 다양한 직종에서 항상 거듭하여 나타나는 것을 확인하여 비정규직 청년 노동자의 고충이 심하다고 말할 수 있습니다.

하지만 고충이란 게 과연 무엇인지 가슴에 와닿지 않습니다. 임금이 적고 노동시간이 길면 고충이 많은 것으로 예측할 수는 있는데, 개인이 느끼는 고통의 무게는 그게 전부가 아닙니다. 진짜 고충은 다른 데 있을 수 있죠. 통계로만 측정하면 고충의 다양하고 깊은 의미를 이해하지 못하여 비정규직 청년 노동자의 고충에 관한 연구 결과의 타당성이 떨어질 수 있습니다.

그래서 연구자 자신이 비정규직 청년 노동자가 되어 작업장을 경험해 볼 필요가 있습니다. 그곳에서 사장의 갑질이나 고객의 횡포 등을 경험하고 관찰하여 기록하면 비정규직 청년 노동자의 고충에 대한 매우 타당한 자료를 얻게 됩니다. 직접적인 참여 관찰이 어려우면 비정규직 청년 노동자를 만나 면접을 시도할 수도 있습니다. 비정규직 청년 노동자를 대상으로 깊은 대화를 나누고 그들이 느끼는 고충을 심층적으로 파악할 수 있습니다. 비정규직 청년 노동자의 고충이 과연 어떠한지 그들 스스로 말한 내용을 구체적으로 드러냄으로써 타당성을 높일 수 있습니다.

그리하여 도출한 결론은 비정규직 청년 노동자가 일하고 있는 어느 사업장에서도 일반화시켜 말할 수 있어 신뢰도가 높아지고, 그들이 갖는 고충의 의미를 심층적으로 이해하여 연구에서 밝혀내려던 비정규직 청년 노동자의 사회적 고충이 실제 사실과 일치하면서 적절하고 타당한 것임을 확인할 수 있을 것입니다. 이처럼 두 연구 방법의 상호 보완적 탐구는 사회·문화 현상에 대한 일반화된 지식의 획득과 심층적 이해 모두를 이뤄낼 수 있습니다.

4장

슬기로운
사회·문화
현상
탐구생활

어떤 자세로 사회·문화 현상을
탐구해야 할까

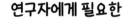

연구자에게 필요한
탐구 태도

사회·문화 현상 연구는 만만치 않습니다. 세상에 쉬운 일은 없겠으나 그냥 어려운 게 아니라 일반화된 진리를 밝히는 것 자체가 쉽지 않다는 것입니다. 사회·문화 현상은 가치 함축적이기 때문입니다.

　연구자 자신의 가치나 편견이 연구 과정에 개입되어 연구 결과를 왜곡할 가능성이 있고, 하나의 현상을 놓고 연구자마다 다르게 분석될 수 있으며, 어떤 현상에 대해 연구자와 연구 대상자의 가치가 달라 이해하기 어려울 수 있습니다. 따라서 이러한 어려움을 슬기롭게 극복하여 과학적으로 탐구하려면 객관적 태도, 개방적 태도, 상대주의적 태도가 필요합니다.

　먼저, 객관적 태도란 연구자가 자신의 주관적 가치관이나 편견, 주관적 가치, 이해관계 등을 배제하고, 관찰을 통해 경험적으로 얻은 자료에서 사실만을 파악하는 태도를 말합니다. 객관의 반대말은 주관입니다. 객관적 태도는 주관적 태도의 배제를 의미합니다. 객관적 태도를 갖추지 못하면 심한 경우 자의적인 연구가 될 수 있습니다. 자기 마음대로 해석하는 것이죠. 물론 이렇게 무식한 연구자는 거의 없을 것입니다. 그런데 자료를 해석할 때 연구자의 성(性), 연령, 종교, 인종, 사회적 지위 등과 관련된 특정 가치가 개입되는 경우는 적지 않게 나타납니다. 연구자는 자신이 속한 집단의 영향을 받아 자신도 모르게 그 집단의 지배적인 가치를 반영하여 해석할 수 있습니다.

객관적 태도는 과학적 탐구의 핵심 조건입니다. 만일 사회·문화 현상을 주관적 혹은 비과학적으로 탐구하게 되면 그 연구 결과의 폐해도 커질 수 있습니다. 예를 들어 인종에 대한 편견과 차별의식을 지닌 비과학적 연구는 나치의 유대인 학살처럼 부당한 행태를 정당화할 수 있습니다. 최소한의 객관성조차 갖추지 못한 연구는 최근에 빈번하게 등장하는 가짜뉴스만큼이나 해로운 것으로 연구 결과가 사회발전에 도움이 되기는커녕 근거 없는 갈등을 유발할 수도 있습니다. 따라서 사회·문화 현상 연구도 과학적 연구로 사회에 책임을 다할 수 있어야 합니다.

특히 질적 연구는 연구자의 주관적 가치가 개입될 여지가 많습니다. 그것이 불가피한 측면이 있더라도 최대한 배제될 수 있도록 각별한 주의를 기울이도록 노력해야 합니다. 먼저 질적 연구가 해석적 연구라 하더라도 사실 자료를 기록해야 합니다. 그리고 자료를 해석할 때 다른 사람이 봤을 때도 충분히 인정할 만한 객관성은 유지해야 합니다. 이것은 객관적 태도를 갖추려는 최소한의 노력일 것입니다.

이처럼 우리가 추구하는 연구는 항상 객관성을 지향합니다. 그런데 연구자도 사람인데, 주관을 완전히 배제하여 완전한 객관적 지식을 얻을 수 있을까요? 사물이나 현상 자체는 있는 그대로 존재하니까 객관일 수 있지만, 그 사물과 현상을 표현한 지식은 주관일 수 있습니다. 지식은 곧 사물이나 현상에 대해 사람이 하는 판단이며 해석이기 때문입니다. 그러면 객관인 사물이나 현상을 최대한 그 객관에 맞게 표현해야 할 텐데요. 그건 혼자 제멋대로 해석해서는 도달할 수 없죠. 다른 여러 사람의 도움을 받아 상호작용하며 조율되어야 최대한 그 객관에 도달할 수 있습니다. 이것을 두고 상호주관성이라고 말합니다. 상호주관적 지식이란 것은 많은 주관 사이에서 서로 공동으로 인정하는 지식을 가리키는 말입니다. 다시 말해 공동으로 인정될 만한 지식을 찾으면 현실적으로 어느 정도는 객관성에 이르렀다고 평가할 수 있다는 얘기입니다. 그것이 비록 완전하지는 못하더라도 현실적으로 최선일 수 있습니다. 따라서 사회·문화 현상에 대해 공통된 인식을 만들어내려고 계속 대화하며 상호작용을 해야 합니다. 그것이 객관적 태도이며 그래야 객관적 지식을 얻을 수 있습니다. 이러한 태도는 아래에서 살펴보게 될 개방적 태도와 이어질 수 있습니다.

연구자는 자신의 연구에 대한 비판을 허용하는 개방적 태도를 보여야 합니다. 개방의 반대말은 폐쇄입니다. 개방적 태도는 폐쇄적으로 갇히지 않는 태도를 의미합니다. 그런데 개방적 태도를 갖춘다고 해서, 자신의 연구와 다른 주장이나 연구 결론을 무조건 받아들이라는 것은 아닙니다. 무작정 다른 사람의 연구를 받아들일 것이라면 연구자 본인은 처음부터 어떤 것도 연구할 필요가 없었겠죠. 그럼 개방적 태도가 뭐냐면, 자신의 연구 결과를 밝히더라도 틀리거나 달라질 수 있는 가설일 수 있음을 염두에 두고, 다른 경험적인 증거가 본인의 연구 결과를 뒤집을 만큼 명백하게 나타나게 되면 그때는 수정할 수 있어야 한다는 것입니다. 나의 연구뿐만 아니라 나의 연구에 대해 비판적인 다른 연구자의 연구 결과도 경험적 증거로 확인되기 전까지는 모두 하나의 가설로 받아들여야 합니다. 사회·문화 현상이 복합적인 요인에 의해 발생하기 때문에 연구에 대한 반박은 언제든지 제기될 수 있습니다. 그 비판과 반박이 정확한 근거를 갖추고 이뤄졌다면 수용해야지요. 하지만 근거도 없는 여론에 따른 비방이라면 거부해야 합니다.

한편 사회·문화 현상에 관한 지식은 개방적 태도를 갖출 때 좀 더 진리에 한 걸음 더 다가갈 수 있을 것입니다. 어느 연구자라도 비판을 받으면 당장은 기분이 좋을 리 없습니다. 하지만 비판적 반증 또는 과학적 반증을 달게 받아야 합니다. 내가 보지 못한 점을 다른 사람이 볼 수 있어, 나의 연구에 대한 반박은 소중한 연구 자원입니다. 비판해준다는 것은 고마운 일입니다. 시간을 내어 내 연구논문을 읽어주고 잘못을 지적하니 고맙지요. 비판 덕분에 더 완전한 진리를 찾을 수 있어서 좋은 일입니다. 개방적 태도를 갖출 때, 연구의 허점은 줄어들고 연구 성과도 좋아집니다.

이와 함께 연구자는 상대주의적 태도를 지녀야 합니다. 상대주의의 반대말은 절대주의입니다. 상대주의적 태도는 절대적 잣대에 따라 연구하지 않는 태도입니다. 사회·문화 현상은 그것이 일어난 문화적 맥락이나 배경이 다를 수 있으므로 절대적인 게 아니라 그 문화적 맥락과 배경에 따라 상대적일 수 있음을 고려하여 연구해야 합니다. 상대주의적 태도를 지니려면 연구자는 연구 대상자가 살아 있는 사회 구성원의 시각으로 사회·문화 현상을 이해하려고 노력해야 합니다. 이는 내부자적 관점이라고 할 수 있습니다. 외부인의 시각으로는 이해할 수 없는 것도 내부자의 시각으로 보면 그 사회의 고유한 가치와 의미를 이해할 수 있습니다.

하지만 연구자의 자세는 객관적 태도, 개방적 태도, 상대주의적 태도를 갖추는 것으로 충분하진 않습니다. 그뿐만 아니라 연구자는 성찰적 태도를 지녀야 합니다. 사회·문화 현상을 보이는 그대로 받아들이면 사회·문화 현상의 의미를 제대로 파악하는 게 아닙니다. 사회·문화 현상의 발생 과정과 원인은 단순하지 않고 복잡하기 때문입니다. 겉으로 드러나는 현상만을 보는 게 아니라 사회·문화 현상의 이면에 담긴 숨은 의미와 인과관계 혹은 상관관계에 대하여 적극적이고 능동적으로 꿰뚫어 보려는 태도가 필요합니다. 이것이 성찰적 태도입니다. 성찰적 태도는 사회·문화 현상을 연구할 때 출발점이 됩니다. 눈앞에 드러난 현상을 이면까지 꼼꼼히 들여다보려는 자세이기 때문입니다. 그리고 연구가 시작된 이후에도 성찰적 태도를 여전히 유지해야 합니다. 연구절차나 방법은 적절한지, 연구 윤리를 제대로 지키며 탐구하고 있는지, 자료 분석이 사실에 근거하여 객관적으로 이뤄지고 있는지 되짚어 보는 태도로, 성찰적 태도는 모든 연구 단계, 모든 연구 과정에서도 필요합니다.

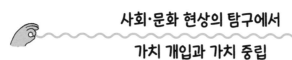

사회·문화 현상의 탐구에서 가치 개입과 가치 중립

우리는 계속 연구자의 주관적 가치 개입 문제를 고민하지 않을 수 없습니다. 자연과학의 영향을 받은 사회학자들은 사회·문화 현상을 객관적인 실제로 증명하고 싶어 했습니다. 이를 주도한 연구자들을 실증주의자라고 부릅니다. 실증주의자들은 사회·문화 현상을 연구할 때 자연과학의 연구 방법처럼 경험적 자료를 통해 실제로 증명해 보임으로써 연구자의 가치 개입을 완전히 배제할 수 있다고 생각했습니다.

하지만 그것은 이상적일 뿐 현실은 다릅니다. 사회·문화 현상 연구는 인간이 인간을 대상으로 연구합니다. 자연현상 탐구도 결국 인간이 합니다. 따라서 연구자가 주관적인 가치를 완전히 배제하기는 사실상 어렵습니다.

하지만 '사회·문화 현상은 객관적으로 연구할 수 없다'는 식으로 단정하는 것은 적절하지 않습니다. 사회·문화 현상에 대한 객관적인 연구를 시도할 수 있습니다. 하지만 그것이 쉽지 않을 뿐입니다. 객관적 연구가 쉽지 않더라도 우리는 끝까지 연구의 객관성을 유지하려고 노력해야 합니다. 이런 논란 속에서 사회·문화 현상의 탐구 과정에서도 객관성 유지가 가능하다고 주장하는 학자가 있습니다. 그 인물이 베버입니다.

베버는 사회학적 연구가 객관적이어야 한다고 주장하면서 가치 중립을 표현했습니다. 그가 말한 가치 중립은 연구자의 개인적 가치와 정치적, 경제적, 사회적 이해관계가 사회·문화 현상의 분석 과정에 영향을 미쳐서는 안 된다는 의미였습니다. 더 정확히 말하자면, 베버는 객관적인 연구를 위한 전략을 세운 것인데, 그 전략은 가치와 사실을 구분하여 가치 개입이 불가피한 부분과 사실 진술이 필요한 부분을 구분하려는 것이었습니다. 즉 가치 개입이 불가피한 부분에서는 가치 개입을 하고, 사실적 진술이 필요한 부분에서는 가치를 개입시키지 말자, 즉 가치 중립을 지키자는 것이었죠.

사회·문화 현상을 연구할 때 연구자는 제일 먼저 연구 주제를 선정하게 됩니다. 베버에 따르면, 사회 조사 과정 중 연구 주제를 선정하는 단계에서는 연구자의 가치 개입이 불가피하다고 봅니다. 예를 들면 계층별 소득 불평등 문제와 자유로운 시장 경제의 활성화 문제 가운데 어느 것을 연구해야 하는지 결정할 객관적 방법이 있을까요? 베버의 대답은 단순합니다. 없다는 것입니다.

사회에서 벌어지는 사회·문화 현상은 무수히 많습니다. 어느 연구자도 그 사회·문화 현상들을 한꺼번에 모두 다루기는 어려울 것입니다. 그 많은 현상 가운데 한 가지 현상을 선택하게 됩니다. 연구 주제 선택은 이미 가치가 개입된 것입니다. 자신이 중요하다고 생각하는 주제를 선택하게 되는 것이죠. 그런데 그 주제가 연구할 가치가 있는지는 연구자가 개인적 관심에 따라 판단하는 것입니다. 그뿐만 아니라 연구자의 정치적 입장, 경제적 이해관계, 종교적 신념 등이 관련되어 있습니다. 예를 들어 한국 기독교에 대해 비판적인 가치관을 지닌 사람은 한국 기독교와 정치적 보수주의의 결합을 비판적으로 연구하려고 연구 주제를 선택할 수 있다는 얘기입니다.

가설설정이나 연구 설계도 연구자의 연구 의도가 반영될 수밖에 없습니다. 가설설정에서 어느 변인을 주목하여 가설을 설정할 것인지부터 연구자의 연구 의도가 개입됩니다. 가설은 잠정적 결론이라고 하는데 '결론'이라는 용어 때문에 잘못 이해하는 경우가 종종 있습니다. 결론 도출에서는 가치 중립을 지켜야 하는데, '잠정적 결론 설정'은 '가설설정'과 같은 말이기 때문에 잠정적 결론 설정에서 가치 중립을 지켜야 한다고 오해해서는 안 됩니다. 잠정적 결론 설정, 즉 가설설정은 연구자의 가치가 개입된 판단입니다. 연구자의 예측이니까 얼마든지 개인적으로 설정해 볼 수 있는 거죠.

그리고 연구 설계를 할 때, 연구 대상, 연구 기간, 연구 방법의 선정 및 선택은 전적으로 연구자 개인이 판단하게 됩니다. 연구 설계는 연구를 구상하는 것입니다. 생각하는 것이죠. 그 생각은 연구자 개인의 생각이죠. 가치가 개입될 수밖에 없지요. 연구자는 자신에게 주어진 시간과 환경의 여건에 따라 연구 설계를 하게 됩니다. 예를 들어 외국의 문화를 연구하려는 연구자가 외국에 갈 여건이 안 되어 국내에 이주한 외국인을 대상으로 연구하려고 결정했으면, 그것은 연구자의 주관적 판단인 거죠. 그런데 여기까지의 가치 개입은 괜찮습니다. 아직은 본격적으로 연구가 진행된 것이 아니기 때문입니다.

그러나 일단 연구 주제와 연구 대상, 연구 방법이 정리되고 나면, 그 이후로는 객관적으로 연구하려는 자세를 보여야 합니다. 자료 수집 및 분석에서 가설검증, 결론 도출에 이르기까지 연구자는 경험적 자료에 근거하여 객관적으로 사실을 인식하고 논리적인 추론을 이끌어 나가야 합니다. 즉 이 과정에서 연구자는 자신의 가치가 개입되지 않도록 가치 중립을 지켜야 합니다.

질문지법, 면접법, 참여 관찰법 등 다양한 자료수집방법에서 어느 방법을 선택할지는 연구자의 가치가 개입되지만, 어느 방법을 사용하더라도 자료 수집 과정에서는 개인적인 가치 판단에 따라 조사한 자료를 왜곡하는 일이 없도록 해야 합니다. 다시 말해, 자료 수집 과정은 연구 결과에 직접적인 영향을 미치게 되기 때문에 연구자가 자신의 정치적 이념에 부합하는 자료만을 선택하거나 조사 대상자에 대해 편견이 있으면 연구 결과는 사실을 왜곡한 것이 됩니다. 따라서 연구자는 연구의 객관성을 위하여 자료를 수집하는 과정에서 자신의 편견이나 선입관이 개입되지 않도록 해야 합니다.

모든 자료에 대해 사실만을 진술해야 합니다. 연구자의 가치가 개입되어, 없는 사실을 있는 사실로 표현하는 일이 있어서는 안 됩니다. 지지하는 정치적 입장에 따라 연구 과정에서 밝혀진 사실을 누락하는 일도 없어야 합니다. 밝혀진 것을 과장해서 진술해서도 안 됩니다. 연구 과정에서는 가치 판단을 배제하고 철저히 사실 판단에만 입각해야 합니다. 분석 자료를 기술할 때에는, 사실이 이러하다는 방식으로 존재 진술을 해야 합니다. 그러한 존재 진술을 마땅히 이러해야 한다는 식의 당위 진술로 이끌어서는 안 됩니다.

수집된 자료를 엄밀하게 분석했으면, 결론 도출은 그 사실 자료에 근거하여 객관적으로 이뤄져야 합니다. 결론 도출은 분석한 자료를 있는 그대로 옮겨 담는 것입니다. 결론 도출은 깔때기와 비슷합니다. 거름망이 아닙니다. 결론은 가치가 개입된 거름망에 의해 걸러져서는 안 되고 오직 깔때기처럼 분석된 내용을 고스란히 한 방울도 흘리지 않고 모아야 합니다. 결론 진술도 '마땅히 이러해야 한다'는 식으로 주장해선 안 됩니다. '이러하다'는 존재 진술로 결론을 서술해야 합니다.

    자료 분석에서부터 결론 도출까지의 연구 과정에서 가치 중립은 사회학자로서 당연히 갖춰야 할 규범입니다. 요컨대, 베버는 연구자에게 한가지만 약속하라는 것입니다. 즉 자료 수집 및 분석에서 결론 도출에 이르는 연구 과정만큼은 객관적이어야 한다는 것입니다. 이때는 학문을 추구하는 학자로서 연구자는 학문 외의 압력, 즉 정치적, 경제적, 사회적 압력에서 자유로워야 한다는 것이죠.

    한편, 결론 도출 이후 연구자가 연구 결과를 토대로 정책 제안을 하거나 정책적으로 활용하려면, 연구자의 가치 개입은 다시 불가피해집니다. 정책에 관한 어떤 의사결정을 할 것인지 판단할 수 있는 객관적 방법은 없습니다. 물론 연구 분석은 분명 증거에 근거하여 객관적으로 수행할 수 있습니다. 그러나 연구 결과가 객관적으로 도출되었다고 하더라도 그것을 기초로 정책을 선택하는 과학적 방법이 존재하지는 않습니다. 궁극적으로 사람들의 정치적 가치, 그들의 경제적 이해관계 등에 따라 특정한 정책 목표를 선택하고 특정한 전략을 선택합니다. 연구를 통해 밝혀진 사실문제에 대한 처방전으로서 정책 목표와 추진은 사실상 학자의 몫은 아닙니다. 그것은 정치인의 몫입니다. 물론 정치인만 자신의 목소리를 내는 것은 아닙니다. 연구자도 자신의 주장을 제시할 수 있습니다. 하지만 그때는 연구자로서 목소리를 내는 게 아니라 정치에 참여하는 시민으로서 발언하는 것입니다. 연구자가 연구 결과를 통해 정책적 제언을 할 때의 모습은 마치 학자로서의 옷을 벗고 다시 시민으로 되돌아간 것으로 이해할 수 있습니다. 일반적으로 시민은 정치적 주권자로서 자신이 지지하거나 선호하는 정책을 말하거나 제안할 수 있습니다. 학자가 연구를 끝내고 결론을 내리면 다시 시민이 되기 때문에 정책 제언에서 가치 개입은 불가피합니다. 정책 제언은 학자가 연구를 끝내고 나서 하는 일인 셈이죠.

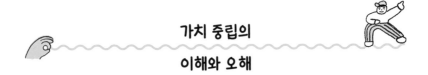

가치 중립의
이해와 오해

가치 중립은 가치가 개입되어서는 안 되는 특정한 연구 단계에서 연구자가 객관적 연구를 위해 지켜야 할 자세입니다. 다시 강조하건대, 베버는 특정 연구 단계에서만 요구되는 객관적 사실 기록을 가치 중립으로 표현했습니다. 가치 중립은 특정한 상황에서의 가치 배제를 의미합니다. 즉 가치 중립은 가치를 개입시키지 않는 것입니다. 그런데 특정한 상황이라는 조건이 중요합니다. 아무 때나 가치 중립을 적용할 수 있는 게 아닙니다.

여러 가지 다양한 가치가 놓여 있고 그래서 가치 개입을 해야 하는 상황에는 가치 중립이 선언될 수 없습니다. 가치가 개입되어야 하고 가치 개입이 불가피할 때, 그래서 어떤 가치 개입이 이뤄질지 많은 사람이 기다리고 있는데 가치 중립을 선언하면, 즉 가치를 개입시키지 않겠다고 하면 난감해집니다. 그런데 일반적인 사람들은 이런 난감한 일을 자주 벌입니다. 그것은 베버의 가치 중립을 제대로 알지 못하기 때문에 나타나는 현상입니다.

하나의 가치가 다른 가치와 대립할 때, 특히 그 대립이 극단적일 때, 가치 중립을 선언하는 사람들이 제법 많습니다. 베버가 사용한 가치 중립을 적용하여 이 상황을 이해하자면, 가치를 배제하겠다는 것이고, 가치 개입을 하지 않겠다는 것이며, 아무것도 생각하지 않고 있는 그대로 사실적 판단만 하겠다는 것이기도 합니다. 이것은 인간에게는 있을 수 없는 일입니다. 가치를 다투는 상황에서 가치 개입 및 판단은 생각하는 동물로서의 인간이 갖는 중요한 능력인데, 가치를 선택하지 않겠다고 하니, 마치 인간이기를 포기하는 말처럼 들립니다. 스스로 감정도 없고 뇌도 없고 심장도 없는 존재가 될 것을 선언하는 것과 같습니다.

물론 어떤 사람도 스스로 인간이기를 포기하지는 않았을 겁니다. 그럼 무엇이 문제였을까요? 아주 간단합니다. 사실 사람들은 가치 중립을 선언한 게 아니라, '중립(중도) 가치'를 선언했던 것입니다. 가치 중립과 중립 가치를 혼동했던 것이죠. 사람들이 오해한 가치 중립, 즉 정확하게 말해 중립 가치는 하나의 가치가 다른 가치와 대립할 때, 어느 한쪽에 치우치지 않는 중도를 선택한 것을 의미합니다. 이것을 베버의 가치 중립으로 오해했던 것이죠.

중립 가치에 대해 굳이 사례를 들자면, 진보적 관점과 보수적 관점 가운데 어디에도 치우치지 않고, 중도파가 되겠다는 게 중립 가치일 수 있습니다. 민주정치를 지지하는 입장과 독재 정치를 옹호하는 주장이 있을 때, 거기서 중도적 입장이라는 애매한 자세를 보이는 것도 중립 가치일 수 있습니다.

하지만 중도적 입장도 중도라는 가치가 개입된 것입니다. 여러 가치를 놓고 벌이는 모든 논쟁에서 어떤 선택적 행위를 하더라도 그것은 모두 가치 개입입니다. 따라서 가치를 선택해야 하는 모든 상황에서는 가치 중립이 있을 수 없습니다. 다시 말해 가치를 논할 때 중간 혹은 중도라고 표현하는 가치 개입, 소위 '중립 가치'는 베버가 주장한 가치 중립과 아무 관련이 없습니다.

한편 중도라는 가치의 선택은 뭔가 균형 잡힌 시각을 갖추려는 의도에서 나온 가치 개입이기는 한데, 그렇더라고 이게 바람직한 것만은 아닙니다. 보수적 견해나 지배집단의 주장이 진보적 견해나 피지배집단의 주장보다 압도적으로 강력하게 영향력을 행사하는 사회에서, 균형 있는 견해 표명은 오히려 적절하지 않습니다. 이렇게 정보와 지식의 무게가 기울어진 사회에서 기계적으로 중간을 말하는 것은 이미 기존의 기울어진 지식 체계를 수용하는 것과 다르지 않기 때문입니다.

온갖 보수적 관점이 넘치고, 그것이 수백 년 계속된 사회에서는 누군가 진보적 관점만을 말한다고 할 때 그 사람을 두고 균형을 잃었다고 비판해서는 안 됩니다. 사회 전체의 균형을 볼 때 여전히 진보적 관점이 부족한 사회이기 때문입니다. 진보적 관점에 기울어져 말하는 한 사람의 입을 보지 말고 사회 전체를 봐야 합니다. 오히려 더 노골적으로 진보적 관점을 말할 수 있고, 그것이 널리 퍼질 수 있어야 조금이라도 사회 전체의 균형을 찾을 수 있을 것입니다.

예를 들어 남성 중심적인 사회구조에서 어떤 선구적인 여성 운동가가 세차게 여성 중심의 발언을 했다고 생각해보죠. 그 여성 운동가에게 중립성을 지키지 않는 편향된 사람으로 몰아세우는 게 적절한가요? 역사를 통틀어 사회적 발언의 총량을 살펴봤을 때, 여성 운동가의 주장은 매우 적었기 때문에 그 여성 운동가의 발언은 더 많이 나와줘야 합니다. 그래서 여성주의적 시각에서 쓰인 연구가 많이 나올 수 있도록 사회적 격려와 지원이 필요합니다.

그뿐만이 아닙니다. 오늘날 우리 사회의 지식을 지배하는 연구는 기업의 대규모 연구자금을 지원받는 '협찬 연구'가 대다수입니다. 그런 연구의 성향은 친기업적, 친자본주의적이라고 합니다. 이럴 때 노동자나 사회적 약자의 목소리를 담아낸 연구는 중립 가치를 지향하지 않아 문제가 많다고 지적할 수 있을까요? 정치적으로 혹은 계급적으로 편향된 연구라고 비판할 수 있을까요? 어떤 연구를 선정할지 가치 개입의 갈림길에서 더 적극적으로 사회적 약자에 치우친 연구 주제를 선정하면, 옳지 않은 것일까요? 만약에 소위 균형적 중립을 지킨다며 어중간한 입장에서 연구하면, 결국 생산된 지식의 총량에서 지배적인 연구에 기울어진 결과를 초래하게 될 것입니다.

한국 사회에서 벌어지는 진보와 보수의 논쟁에서도 마찬가지입니다. 이것을 좌파와 우파의 논쟁으로 보는 사람도 있는데, 그렇게 보기에는 무리가 있습니다. 좌파와 우파라는 개념은 프랑스 대혁명 시기, 국민의회에서 왕정을 무너뜨리자고 주장한 세력은 왼쪽에, 왕정 유지 입장은 오른쪽에 앉은 데서 처음 등장했습니다. 유럽의 정치적 지형과 관련된 개념인 거죠. 그래서 유럽 정치 사회의 경쟁 정당 구도에 따르면, 한국의 주요 양대 정당의 대립은 좌파와 우파의 대립이 아닙니다. 모두 우파 정당이기 때문입니다. 다만 중도적 우파와 극단적 우파의 대립만 있을 뿐이죠. 이를 두고 한국 정치학의 권위자인 최장집 교수는 '보수 독점적 정치 체계'라고 했습니다. 보수주의 정당이 국회 대다수를 차지하고 있다는 것이죠. 보수 독점적 정치체계에서 중립을 지킨다는 것은 보수주의 입장에 동조하는 것과 같습니다. 어차피 그 정치 사회의 무대는 보수적인 우파의 마당이기 때문입니다. 그 정치 사회에서 적절한 위치를 찾으려고 아무리 뛰어봐야 어디에 있든, 우파입니다. 실제로 주요 정당은 연구소를 두어 정책 연구를 진행하는 경우가 많은데, 보수적 정당 구도에서 나오는 정책 연구 결과가 좌파적 관점을 드러내는 경우는 거의 없습니다.

우리 사회는 좌파적 진보주의의 견해가 유럽과 비교하여 거의 없거나 약한 사회입니다. 새에 비유하자면 오른쪽 날개가 너무 큰 사회입니다. 그러니 새가 앞으로 나가지 않습니다. 왼쪽 날개를 부러뜨린 채 오른쪽 날개만으로 날아오르려 하니 날갯짓을 할수록 제자리만 뱅글뱅글 돌고 있을 뿐입니다. 리영희 선생의 말처럼 "새는 좌우의 날개로 납니다". 우리 사회는 왼쪽의 날개를 키워야 앞으로 나아갈 수 있습니다. 진보적 관점의 연구가 더 필요한 사회인 것입니다.

이런 말을 들으니 어느 관점에서 연구해야 할지 더욱 혼란스럽나요? 혼란스러울 때에는 심장이 뛰는 방향으로 가기를 권유합니다. 그러면 크게 잘못된 길을 걷게 되지는 않을 겁니다. 심장은 왼쪽에서 뜁니다. 그런데 심장이 왼쪽에 치우친 것은 아니라고 하지요. 가운데에서 왼쪽으로 걸쳐 있다고 합니다. 이것에 의미를 담아보자면, 마치 극단적인 왼쪽이 가야 할 길은 아니라고 우리에게 알려주는 것 같지 않나요? 심장 뛰는 소리를 들으면 극좌파가 아닌 온건 좌파의 길을 가라는 것처럼 들립니다. 이런 의미 부여조차 모두 가치가 개입된 것입니다. 가치 개입의 상황에서 가치 중립은 있을 수 없는 것이랍니다.

연구 윤리

가치문제와 관련하여 우리는 끝으로 연구자의 윤리를 다루려 합니다. 연구 윤리란 연구자가 연구를 수행하면서 지켜야 할 원칙이나 행동 양식을 말합니다. 연구의 목적이 진리 탐구에 있다고 하지만 그 목적에 맹목적으로 집착하여 연구 윤리를 소홀히 하면 오히려 연구의 목적도 달성하지 못합니다. 연구 윤리를 확립해야 연구의 진실성을 확보할 수 있습니다. 진실성이 부족한 연구를 통해서는 진리에 도달할 수 없고, 인류 사회 발전에 이바지할 수도 없습니다.

무엇보다 모든 연구는 인간의 존엄성 보호와 정의의 원칙 아래에서 진행되어야 합니다. 이와 관련하여 인간 존엄성을 훼손하는 인체 실험은 결코 정당화될 수 없습니다.

제2차 세계대전 중 나치 독일에 충성하던 의사와 과학자들은 아우슈비츠 수용소에서 유대인을 대상으로 잔인한 인체 실험을 저지른 일이 있었습니다. 내과 의사이자 나치 독일 친위대 장교였던 멩겔레(Mengele, J.)가 대표적인 인물입니다. 그가 쌍둥이를 대상으로 한 실험은 인류 역사에서 가장 악명 높은 인체 실험이었습니다. 멩겔레가 행한 세균학 실험은 쌍둥이 가운데 한 명에게 세균을 주입해 죽으면 남은 쌍둥이를 죽여 두 시신의 장기를 비교하는 것이었습니다. 또 어떤 쌍둥이는 신체에서 죽을 때까지 혈액을 뽑아내어 그 양이 얼마나 되는지 측정하고 남은 쌍둥이도 같은 방법을 사용하여 그 혈액의 양이 같은지를 비교하는 실험을 하기도 했습니다. 멩겔레는 살아 있는 쌍둥이 아이들을 실험용 쥐처럼 사용했던 것입니다. 이런 끔찍한 실험을 자행한 멩겔레의 운명은 어떻게 되었을까요? 체포하여 그 죗값을 치러야 마땅했지만, 그는 패전 후 다른 나라로 도주하여 숨어 지내다가 처벌받지 않고 조용히 죽었습니다.

나치에 협력했던 다른 의사들은 2차 세계대전이 끝나고 뉘른베르크에서 열린 나치 전범 재판에서 법의 심판을 받았습니다. 이 재판을 계기로 인간을 대상으로 한 연구와 실험에서 지켜야 할 기본적인 윤리 원칙을 담은 뉘른베르크 강령이 1947년에 제정되었습니다.

뉘른베르크 강령 첫 번째 항목에서는 '인간을 대상으로 하는 실험에서 대상자의 자발적 동의는 절대적이다. 이는 법적 권한을 갖는 사람이 동의하는 것을 의미한다. 자유로운 선택이어야 하며, 이를 위해 어떠한 강권이나 사기, 기만, 폭력, 혹시 나중에라도 있을지 모르는 구속이나 압박 요인들로부터 자유로워야 한다'고 밝히고 있습니다.

뉘른베르크 강령은 비단 사람을 대상으로 한 실험연구에서만 고려해야 할 준칙은 아닙니다. 뉘른베르크 강령은 사회·문화 현상 연구의 연구 윤리 원칙을 정립하는 데에도 많은 영향을 주었습니다.

연구 대상자와 관련된 윤리 원칙으로 연구자가 연구 대상자에게 동의를 얻을 때에는 우선 연구 목적을 알리고, 연구에 참여했을 때 발생할 수 있는 문제에 대해서도 충분히 알려줘야 합니다. 물론 연구 대상자가 연구 목적을 사전에 알고 있었는지가 연구 결과에 영향을 줄 것으로 판단되면 불가피하게 연구 목적을 알리지 않을 수 있습니다. 하지만 조사가 끝난 후에는 연구 결과를 발표하기 전에 반드시 연구 대상자에게 연구 목적과 그동안의 연구 과정을 알리고, 연구 결과의 공표에 대한 동의를 얻어야 합니다. 그리고 예상과 달리 연구 과정에서 연구 대상자에게 위험한 일이 벌어지면 연구 성과를 위해 연구를 계속 강행할 것이 아니라 연구 대상자의 안전과 이익을 우선 고려해야 합니다.

연구 대상자의 자발적 참여는 아무리 강조해도 지나치지 않습니다. 연구 대상자에게 연구에 대한 자세한 정보를 제공하고, 연구 참여 여부를 연구 대상자가 결정해야 합니다. 강압적으로 연구에 참여시켜서는 안 됩니다. 그뿐만 아니라 연구에 참여할 때 얻게 될 이익과 불이익을 통해 간접적으로라도 압력을 행사하여 연구에 참여하도록 유도해서도 안 됩니다. 예를 들어 교수가 연구에 참여하는 학생에게 좋은 학점을 주겠다는 약속을 하는 방식으로 연구 참여를 유인하면, 자발적 참여와 거리가 먼 것으로 비윤리적인 연구에 해당합니다. 물론 자발적 참여 원칙을 절대시하면 연구에 관심 있거나 이해관계가 있는 사람만 연구에 응하는 결과를 초래할 수 있어, 자발적 참여 원칙을 철저히 지킨 연구일수록 연구 결과를 일반화시키기 어려워지는 상황이 발생할 수 있습니다. 하지만 이런 문제를 막으려면 많은 사람이 연구에 참여할 수 있도록 유도할 수 있는 다른 방법을 모색해야지 자발적 참여 원칙 자체를 훼손해서는 안 될 것입니다.

한편 연구자는 연구 대상자의 익명성을 보장해야 합니다. 연구 대상자의 신원이 노출되지 않도록 주의를 기울여 연구 대상자의 사생활을 보호해야 합니다. 개인정보는 한번 노출되면 당사자에게 지울 수 없는 큰 피해를 줄 수도 있어 철저한 보호가 필요합니다. 이를테면 특정 연구 대상자가 누구인지 확인하는 동시에 그가 제공한 특정 응답을 알 수 있는 일이 발생하지 않도록 자료를 관리해야 합니다. 그래서 연구자는 연구 대상자의 이름을 지우고 코드 번호를 부여하여 자료를 수집해야 합니다. 연구 대상자의 신상 정보와 그가 제공한 정보를 분리하여 자료를 수집해야 한다는 것입니다. 연구 목적상 연구 대상자의 특징을 언급하여 기록할 필요가 있을 때는 가명을 쓰는 것도 한 가지 방법입니다.

연구 과정은 정직해야 합니다. 연구 부정행위가 있어서는 안 됩니다. 연구 부정행위는 위조, 변조, 표절 행위를 말합니다. 위조는 존재하지 않는 내용을 허위로 만들거나 기록하는 행위이며, 변조는 연구자료나 과정 등을 인위적으로 조작하거나 변형 및 삭제하여 연구 내용 또는 결과를 왜곡하는 행위입니다. 이것은 개념의 조작적 정의와 전혀 관련이 없습니다. 위조와 변조의 대표적인 사례는 황우석 교수의 줄기세포 논문 조작 사건에서 찾아볼 수 있습니다. 그는 줄기세포의 복제에 관한 연구를 하면서 복제되지 않은 것을 복제된 것으로 위조하고, 포토샵 프로그램을 활용하여 줄기세포를 변조하여, 2004년과 2005년 미국 과학잡지 〈사이언스(Science)〉에 연구 결과를 게재했다가 위·변조 사실이 발각된 일이 있었습니다. 국제적 망신이었죠. 한편 표절은 저작권법상 보호되는 타인의 저작, 연구 착상 및 아이디어나 가설, 이론, 과정(방법), 연구 결과 등을 적절한 인용이나 정당한 승인 없이 도둑질하여 사용하는 행위입니다. 학생들도 인터넷 자료를 복사하여 출처를 밝히지 않고 마치 자신이 연구한 것처럼 꾸며 개인 보고서로 제출하는 경우가 매우 많은데 모두 비윤리적인 행동입니다. 다른 연구자의 연구물을 활용하는 경우 그 출처를 정확하게 밝혀야 합니다.

연구 결과의 활용과 관련해서도 연구 윤리가 지켜져야 합니다. 무엇보다 연구자는 수집된 연구 대상자의 개인정보를 연구 이외의 목적에 활용해서는 안 됩니다. 연구 이외의 목적으로 활용되는 가장 흔한 예는 연구를 상업적으로 이용하여 금전적 거래가 이뤄지는 경우입니다. 이를 부추기는 구조적인 환경을 개선할 필요가 있습니다. 이와 관련하여 기업의 용역 및 위탁을 받아 진행된 연구들이 특히 문제입니다.

2011년부터 한국에서 발생한 가습기 살균제 사건이 대표적인 사례입니다. 서울대 모 교수는 가습기 살균제 제조업체와 산학협력이라는 명분 아래 기업용역으로 가습기 살균제의 유해성을 측정하는 연구를 진행했습니다. 연구자는 가습기 살균제 유해성과 관련해 살균제 성분의 유해성이 드러나는 실험내용을 누락해, '가습기 살균제와 폐 손상 사이 인과관계가 명확하지 않다'는 취지의 보고서를 써줬습니다. 그러한 연구 윤리에 어긋난 행위가 사람에게 해로운 가습기 살균제를 생산하는 것을 정당화시켰고 결국 시중 판매가 허용되면서 수천 명의 희생자를 낳았습니다. 이처럼 연구비를 지원한 단체와 유착관계를 형성하면서 연구 결과를 은폐하거나 왜곡, 축소, 과장하는 경우가 많습니다.

심지어 연구진이 스스로 영리를 추구하는 기업 형태를 취하고 있는 경우에 문제는 더 심각합니다. 예를 들어 아동 상담 연구소에서 아동들에 대한 심리적 분석 연구를 하면서 특정 아동의 문제를 당사자와 부모에게 알려주고, 자신의 연구소에 유료 전문 상담 또는 유료 상담 치료를 받아볼 것을 제안하는 경우가 흔히 있습니다. 이런 전문 상담 기관의 연구는 궁극적으로 자신의 수익을 위해 연구를 진행한 것으로 연구 윤리에 어긋납니다.

나아가 연구의 왜곡이 없더라도 연구 성과가 사회적으로 악용되지 않도록 결과에 대해서도 책임 있는 자세를 보여야 합니다. 그런데 이 문제는 논란이 많습니다. 예를 들어 한 연구자가 핵융합 반응을 연구했는데, 이 연구 결과를 이용하여 핵무기를 개발하거나 그것을 실제로 사용하여 수많은 사람이 희생당하는 일이 벌어진다면, 핵융합 반응 연구 결과를 공표해야 할지, 하지 말아야 할지 논란이 일어날 수 있습니다.

한편으로는 연구 결과의 활용은 정치적 문제이며 연구에 임한 과학자의 소관이 아니라고 말할 수도 있을 것입니다. 핵융합 반응을 연구한 과학자는 과학적으로 진리를 밝혔을 뿐이고, 핵융합 반응을 핵무기 제조에 사용할 것인지 혹은 에너지 개발에 사용할 것인지의 문제는 별개의 문제라는 것입니다. 그리고 과학연구가 필연적으로 인간 사회의 파괴를 가져오는 것은 아니며, 과학기술 개발 연구를 막을 가능성도 현실적으로 없다고 주장하기도 합니다.

다른 한편으로는 과학기술의 개발과 같은 연구가 인간의 통제를 벗어나면 인간 사회에 커다란 재앙이 될 것이라고 우려하는 사람도 많습니다. 따라서 인간 존엄성을 보존하는 방향에서 과학기술 연구에 대한 사회의 통제는 항상 필요하다고 주장하기도 합니다. 그래서 연구 결과를 악용할 가능성이 있는 경우 공개하지 말아야 하며, 애초에 그런 연구는 시도조차 하지 말아야 한다고 주장하기도 합니다.

이러한 문제들은 판단하기 쉽지 않습니다. 앞으로 사회는 더 복잡해지고 과학기술이 발달하면서 이런 문제는 더욱 많은 논란을 일으킬 것입니다. 연구 윤리도 사회 변화를 반영하기 때문에 지금 확정된 연구 윤리가 영원히 변하지 않으리란 확신도 할 수 없습니다. 사회 구성원 모두가 연구 윤리 정립 과정에 참여하여 더욱 고민해야 합니다. 다만, 세계의 많은 석학이 현재의 사회뿐만 아니라 미래 사회에도 영향을 미칠 최종적 결과에 대해서도 책임지는, 무한한 사회적 책임을 강조해왔다는 점은 분명 주의 깊게 들을 필요는 있을 것입니다.

2부

초개인화 시대,
사회학은
어떤 의미가
있나요?

개인과
사회구조

밀당하는
개인과
사회

개인은 어떻게 사회 구성원이 될까

사회화 과정과 사회화 기관

사회화의
의미와 특성

정신없이 바쁘게 돌아가는 사회, 빠르게 쫓아가지 않으면 나만 뒤처지는 것 같아, 가던 길을 잠시 멈추고 숨 고르는 것조차 선택하기 쉽지 않은 세상입니다. 그렇게 허덕이며 살다가 문득 떠오르는 생각 하나, 모든 걸 팽개치고 홀쩍 떠나고 싶어집니다.

자연 속에서 유유자적하며 살아가는 삶은 현대인의 로망입니다. 팍팍한 도시에서 벗어나 자연으로 돌아가고 싶어 하죠. 야생 체험을 다루는 TV 방송 프로그램이 인기를 끄는 이유가 여기에 있지요. 자연인, 그것은 자유인의 삶과 같은 것이라 믿어봅니다. 와이파이가 터지지 않는 자연에 들어가면, 그때에는 수없이 복잡하게 얽힌 관계도 끊으리라. 사회를 떠나 누구로부터도 구속받지 않고 자연 속에서 새소리를 들으며 잠에서 깨고 물, 나무, 바람과 함께 살아가는 상상은 생각만 해도 흐뭇해집니다.

그런데 만일 처음부터 사회와 접촉하지 않고 자연 속에서 태어나 생활 해왔다면 어땠을까요? 원하는 대로 삶을 시작했으니 행복했을까요? 아닐 거예요. 아무도 살지 않는 곳에서 살아간다는 것은 즐겁지도, 낭만적 이지도 않을 겁니다. 다음의 프랑스 야생소년 이야기를 들으면 더욱 분명해질 겁니다.

때는 1799년이었습니다. 프랑스 아베롱 숲에서 농부들이 풀과 나무를 베고 있는데, 숲속에서 한 아이가 갑자기 튀어나왔어요. 모두 깜짝 놀랐 겠죠. 여러분 같으면 그 소년에게 집이 어디냐, 이름이 뭐냐고 물어봤겠 죠. 하지만 야생소년에게 그런 질문을 할 수 없었어요. 말을 이해하지도 못했고 모습 자체가 매우 충격적이었어요. 나이는 12세쯤으로 보였는데, 완전히 벌거벗은 채 네발걸음을 하고 도토리와 식물 뿌리를 먹는 모습이 마치 동물과 비슷했습니다. 짐승 소리를 내고 주변의 것을 물어뜯기도 하였습니다. 기이한 모습에 놀라 사람들은 야생소년을 가까이 하지 않으 려고 했습니다. 하지만 어디서나 마음씨 좋은 사람이 있게 마련이죠. 이 타르(Itard, J.M.G.)라는 의사가 그 야생소년을 거두었습니다. 그리고 정성 껏 돌보았습니다. 대단한 용기지요. 그는 야생소년에게 5년 동안 기본적 인 언어와 생활 습관을 가르쳤습니다. 그러면서 야생소년도 점차 달라지 기 시작했습니다. 인간처럼 두 발로 걷고, 옷을 갈아입고, 음식을 먹을 수 있게 되었던 것이지요.

야생소년 이야기는 우리에게 어떤 점을 알려줄까요? 사람으로 태어났더라도 주변 다른 사람들과 관계를 맺지 않고 홀로 고립되어 살아가면 사회생활에 필요한 태도를 배우지 못하여 야생동물과 다르지 않은 생활을 하게 된다는 것을 보여주었습니다. 그런데 이타르가 야생소년을 가르치면서 달라졌어요. 이를 보고 사람들은 말하죠. 교육을 받으면 사회에 적응할 수 있게 된다고요. 하지만 야생소년은 여전히 보통 사람들처럼 자연스럽게 말을 하지는 못했다고 합니다. 인간 생활을 하는 데 필요한 수련 과정을 놓침으로써 인간 생활에 대한 배움이 부족했고, 이후 교육과 학습이 이뤄졌으나 오랫동안 인간 생활과 단절된 탓에 부분적으로만 인간 생활에 적응할 수 있었던 것이지요. 아베롱의 야생소년 이야기는 인간이 인간다운 생활을 하려면 반드시 인간 사회가 요구하는 것을 제때에 충분히 갖춰야 한다는 교훈을 줍니다.

사회를 떠나 살고 싶다는 사람이 진정 원하는 것은 야생소년과 같은 삶이 아니었을 것 같습니다. 자연 속으로 가고 싶다는 말은 사회생활이 버거워 재충전을 위한 힐링의 시간이 필요하다는 의미였겠죠. 자연으로 들어가는 다리를 건너면 다시 돌아올 수 없다고 할 때, 그 다리를 건널 사람은 많지 않을 겁니다. 더욱이 태어날 때부터 사회가 없는 곳에서 살고 싶다는 의미는 확실히 아닐 것입니다. 야생소년을 삶의 모델로 여기고 싶은 사람은 많지 않을 거예요. 사회 안에 있던 자신의 공간을 잠시 비워 놨을 뿐, 아무리 먼 곳으로 떠났어도 다시 사회 품으로 돌아와 살 수밖에 없다는 것을 모르지 않습니다.

야생소년 이야기를 생각해볼 때 인간이 사회를 떠나서 인간다운 생활을 하기는 어렵습니다. 사회를 거부할 수 없다면 적응해야지요. 어쩌겠어요. 인간은 홀로 살아갈 힘이 없는데 말이죠. 주어진 사회 환경에 적응하며 살아갈 방법을 찾아야 합니다. 다른 사람과의 사회적 상호작용을 통해 사회생활에 필요한 언어, 지식, 기능을 습득하고, 한 사회의 가치와 규범을 내면화하여 사회 환경에 적응해가죠. 이렇게 사회에 적응해가는 과정을 사회화라고 합니다.

사회화 개념에는 좀 특별한 것이 있습니다. 한 사회의 가치와 규범은 머리로만 배우는 데 그치지 않고 내면화까지 닿을 수 있어야 한다는 것이죠. 내면화란 배운 것을 자기 것으로 만들어 인격에 포함하는 것을 의미합니다. 이를테면 더불어 사는 삶을 배웠는데, 외국인이나 여성, 장애인을 혐오하는 발언을 일삼는 태도를 보이는 건 사회적 가치를 내면화한 것이 아닐 것입니다. 즉 사회화가 덜 이루어진 것입니다. '덜 사회화된 사람'이라고 불러도 무방합니다.

이렇게 인간은 사회 속에서 사회적 가치를 받아들이며 자신의 정체성을 찾아갑니다. '너는 누구냐? 너의 정체는 무엇이냐?'고 물었을 때, 대답할 거리가 있어야 하는데, 그건 어디서 찾을 수 있냐면 사회 속에서 찾는다는 거죠. 그럼 왜 개인의 정체성을 사회 속에서만 찾게 되는지 궁금해지는데요, 그 이유도 간단합니다. 인간은 사회적 동물이기 때문입니다. 인간은 혼자 살 수 없어 다른 사람을 필요로 하는, 그래서 다른 사람과 관계를 맺을 수밖에 없는 존재입니다. 인간은 사회를 벗어나 살 수 없어 사회 속에서 정체성을 찾으려는 것이죠.

다시 말해 인간은 사회화를 통해 정체성을 찾게 됩니다. 인간은 자신의 정체성을 찾는 과정이 사회적으로 이뤄져요. 다른 사람과 접촉하면서 이뤄지는 것이죠. 그래서 정체성을 찾는 일은 사회에 적응하는 일과 엇비슷하게 이뤄집니다. 그리하여 사회에 잘 적응하면 사회는 그를 진정한 사회 구성원으로 받아들이게 됩니다. 그리고 개인은 그 사회에 소속되어 있다는 느낌을 받게 될 것입니다. 사회 속에서 자신의 존재를 깨닫게 됩니다.

사회가 잘 유지되는 이유도 개인의 정체성이 사회 속에서 사회화를 통해 이뤄지기 때문입니다. 만일 사회와 동떨어져 자신의 정체를 찾으려 하면, 사회는 그 사람을 밀어냅니다. 어울릴 수 없는 존재로 다루는 것이죠. 본인은 자신이 먼저 사회를 걷어찼다고 생각할 수 있겠지만 결과적으로 사회 속에서 머무르지 못하는 것은 같아요. 그렇게 사회와 동떨어진 사람은 사회에서 살 수 없어 밀려나기 때문에 사회 안에는 사회와 어울리는 존재만 남게 됩니다. 그래서 사회가 안정적으로 유지될 수 있는 거죠.

일반적으로 사회화는 언어적 상호작용, 모방과 동일시, 보상과 처벌 등의 방식으로 이뤄집니다. 가장 일반적인 것은 언어적 상호작용으로 이뤄지는 사회화입니다. 같은 언어로 소통하면서 서로 간의 말과 행동을 이해하며 어떻게 말과 행동을 보일지 결정하고 서로 비슷한 생활양식을 보여줍니다. 언어적 상호작용은 사회화의 기본적인 방식이 되지요.

한편 상호작용 속에서 모방과 동일시를 통해 사회화가 이뤄지기도 합니다. 일상생활을 하면서 어떻게 행동해야 할지 모를 때 다른 사람들이

하는 것을 보고 따라 하면 됩니다. 처음 태어나서 마주하게 된 엄마와 아빠를 비롯하여 또래 집단, 학교, 회사 등에서 만나는 사람들의 생각과 행동을 관찰하여 자신을 그것에 일치시켜보려고 노력하기도 합니다. 때로는 내가 닮고 싶은 사람과 자신을 동일시하기도 합니다. 롤 모델을 만들어 그와 비슷한 삶을 살아가려고 노력하기도 합니다. 모방과 동일시는 무질서하고 혼란스러운 개인들을 질서 정연하게 한 사회 안으로 모아줍니다.

때로는 사회화의 효과를 높이려고 좀 더 강한 자극을 주기도 합니다. 보상과 처벌이라는 방식이죠. 사회적으로 요구되는 역할을 잘 수행했을 때 사회가 나에게 주는 보상의 달콤함 때문에 사회에서 요구하는 것을 따르기도 하지만 사회에서 요구하는 것에 엇나갔다가 받게 될 처벌이 두려워 순응하기도 합니다.

이처럼 다양한 사회화 방식을 시대와 지역에 따라 다르게 경험하여, 개인은 그 사회의 구성원으로 존재하게 됩니다.

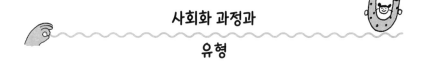

사회화 과정과 유형

사회 구성원이 된다는 건 계속 사회화가 이루어지는 끝없는 여행입니다. 사회화는 특정 시기에만 한시적으로 진행되는 게 아니기 때문입니다. 태어난 바로 그 순간부터 죽을 때까지 사회화가 이뤄집니다. 물론 태어나서 청소년기까지 집중적으로 사회화가 이루어집니다. 하지만 어른이 되더라도 사회화가 끝나진 않습니다. 학교에서 사회생활에 필요한 것을 다 배운 줄 아는 사람이 있는데, 그렇지 않습니다. 학교 밖에서 배워야 할 것은 그보다 더 많지요. 세상은 배워야 할 게 너무 많습니다. 그래서 사회화는 평생에 걸쳐 이루어집니다. 지금 여러분이 학교에 다니는 과정도 사회화 과정에 있습니다. 그런데 학교생활이 쉽지 않지요. 지금의 사회화를 경험하는 것도 힘든데 앞으로도 계속해야 한다니 눈앞이 캄캄하지요. 하지만 행여 사회 구성원이 되기에 자질이 부족하다고 스스로 책망할 필요는 없습니다. 그것은 개인 탓이 아닙니다. 사회의 속성 때문이랍니다.

우리가 습득해야 할 것을 사회는 끊임없이 만들고 있습니다. 우리가 사는 사회는 끊임없이 변하여 그 변화에 따라 습득해야 할 지식과 기능, 가치와 규범이 새로 생겨나게 마련이고 그래서 평생에 걸쳐 사회화해야 합니다. 이게 환장할 노릇이죠. 아무리 배워도 그 배움이 끝나지 않으니까 말입니다. 그래서 사회화를 부담으로 여기는 사람은 사회화를 평생의 짐처럼 여길 수도 있습니다.

그런데 사회화가 계속되는 또 다른 이유는 우리가 한 사회에서만 머물러 살아가지는 않기 때문이기도 합니다. 가족의 품을 벗어나 학교에 다니고 직장 생활을 하게 되며, 또 자신이 태어나고 자란 나라를 떠나 외국으로 이민 갈 때도 있습니다. 그런 선택은 내가 원해서 하는 것 아니겠어요? 그래서 태어나고 자란 한 사회를 벗어나 적극적으로 다른 삶을 찾아가려는 자기 의지로 계속 사회화가 이뤄진다고 생각하면 사회화를 조금 즐겁게 생각할 수도 있지 않을까요? 사회화를 수용해야 할 짐으로만 생각하지 말고 적극적으로 사회화를 쟁취한다고 생각하면 어깨가 한결 가

벼워질 수 있습니다.

사회가 변하고 새로운 환경에 놓일 수 있는 만큼 변하거나 달라진 사회에 적응하려면 이전과는 다른 지식과 기능, 가치와 규범을 배우고 내면화해야 합니다. 이 과정을 재사회화라고 합니다. 새로운 것을 다시 배우기 때문에 재사회화라고 부르는 것이죠.

예를 들어 과학기술이 급속히 발달하고, 인터넷이나 스마트폰 사용이 늘어난 오늘날, 과거에 이런 기술을 접해보지 못한 노인은 새로운 정보통신 기술 활용 능력을 배우지 않고서는 일상적인 생활이 어렵게 되었습니다. 그럼 배워야죠. 이런 과정을 재사회화라고 합니다.

시대의 변화뿐만 아니라 발 딛고 살아가는 사회 공간이 바뀔 때도 있습니다. 외국으로 이민 간 경우가 대표적입니다. 이민 간 나라에서 고국의 언어로 살 수는 없죠. 외국 사회에 적응하려면 그 나라의 언어와 문화를 새롭게 배워야 합니다. 직장을 옮기거나 귀농을 했을 때도 새롭게 접한 직장과 지역에서 요구되는 새로운 지식과 기능, 가치와 규범을 다시 배워야 합니다.

재사회화와 비교하여 언급되는 게 예기 사회화입니다. 예기 사회화(豫期 社會化)는 현재는 아니지만 앞으로 미래에 속하게 되거나 속하기를 원하는 사회에서 요구되는 지식이나 기능, 행동 양식을 미리 습득하는 과정입니다. 예기는 새로운 삶을 예상하고 기약하는 것으로, 앞으로 닥쳐올 일에 대하여 미리 기대하거나 예상한다는 뜻입니다. 예기 사회화는 미래를 준비하는 사회화라고 할 수 있지요.

예를 들어 미래 사회 전망과 관련하여 많은 청소년이 흥미를 느끼는 분야가 드론 조종인데요, 어느 물류 기업의 드론 조종사가 되기 위해 항공 전문 학교에서 드론 조종 면허 시험 공부를 하고 있으면 예기 사회화 과정을 거치고 있는 것이라고 볼 수도 있죠.

그리고 이민 갈 목적으로 이민국에서 사용되는 언어를 배우려고 외국어 공부를 하고 있다면 이것도 예기 사회화입니다. 앞으로 새롭게 경험하게 될 직종이나 직장 또는 학교생활에 대한 준비 차원에서 진행되는 예비 귀농인 학교에서의 교육이나 신입사원 연수, 또는 신입생 오리엔테이션도 예기 사회화입니다. 그리고 새로운 지위를 갖게 될 것에 대한 준비교육도 예기 사회화입니다. 예를 들면 결혼을 앞둔 예비부부의 요리 공부나, 출산을 앞둔 예비부모 교실에 참여하는 것도 예기 사회화입니다.

재사회화와 예기 사회화의 구분이 조금 어렵습니다. 이것을 구분하기 손쉬운 방법은 당사자가 지금 어디에 있는지를 파악하는 것입니다. 이주 노동자가 자신의 나라에서 한국에 취업하기 위한 준비 차원에서 한국어를 공부하고 있다면 예기 사회화이지만, 한국에 들어와서 이주 노동자 센터를 통해 한국 사회의 관습과 제도를 배워나간다면 재사회화에 해당합니다. 기자가 되려고 대학 시절, 언론사 시험을 준비하며 기자가 되기 위해 필요한 자질을 습득해나가면 예기 사회화이지만, 기자가 되어보니 외국어 능력이 부족하여 취재하는 데 어려움을 겪게 되어 외국어 학원에 다닌다면 이것은 재사회화입니다. 무엇이 되려고 필요한 지식 및 기능을 미리 습득하는 것은 예기 사회화이고 현재 지식으로는 부족함이 있어 보완하려고 이뤄지는 사회화는 재사회화란 얘기입니다.

한편 재사회화와 예기 사회화가 아예 구분이 안 될 수 있습니다. 재사회화이자 동시에 예기 사회화인 경우입니다. 예를 들어 선수 생활 은퇴를 앞두고 코치직을 이미 수락한 상황에서 코치 연수를 받는다고 가정해보죠. 이 경우는 선수 생활의 경험으로는 부족한 코치 능력을 추가로 습득하는 재사회화이자 코치직에 대비하여 지식과 기능을 습득하는 예기 사회화입니다. 회사원이 팀장으로 진급하는 것이 확정되고 난 뒤, 팀장 연수를 받는 것도 마찬가지죠. 자신이 속한 집단이 변화함에 따라 새롭게 요구되는 지식이나 기능을 습득하는 재사회화이자 앞으로 담당할 지위에 맞게 준비하는 예기 사회화입니다. 여기서 제시한 사례에서 해당 선수나 회사원은 기존 사회집단 내에 있으면서 지위 변화가 확정되고 동시에 그에 따른 새로운 역할이 요구되어 준비 단계에 들어간 상황입니다. 기존 사회화로는 부족함이 많으므로 재사회화가 필요하고 새로운 변화에 대비하는 것이니 예기 사회화도 함께 이뤄지고 있지요.

　하지만 재사회화나 예기 사회화, 그 무엇도 아닐 때가 있습니다. 선수 생활이나 직장 생활을 하다가 질병 치료를 위해 휴직하고 치료받는 경우는 어떨까요? 치료를 받고 다시 이전 생활로 되돌아갈 준비를 하고 있다고 가정해보세요. 그러면 어떤 사회화일까요? 예를 들어 재활 치료를 받는 운동선수라면 말이죠. 이 경우는 어떤 사회화와도 관련이 없습니다. 재사회화도 아니고 예기 사회화도 아닙니다. 사회화는 지식이나 기능, 가치와 규범 등을 '습득'하는 것이지요. 치료는 습득하는 게 아니므로 어떠한 사회화도 아닙니다.

　예상되지 않는 막연한 미래를 위해 단순히 정보를 알아내는 것도 마찬가지입니다. 예를 들어 대학 입시 설명회에서 원하는 대학에 합격하려고 정보를 제공받는 것은 예비대학생으로서 생활하는 데 필요한 지식이나 기능을 미리 학습하는 게 아닙니다. 해당 대학에 입학할 것이라는 예상을 지금은 할 수도 없습니다. 단순히 원하는 대학을 가려면 내신 점수가 어느 정도 나와야 하는지 정보를 파악할 뿐입니다. 대학입시설명회에서는 예기 사회화를 경험할 수 없습니다. 물론 재사회화도 당연히 아니지요.

지금까지 살펴본 바에 따르면, 재사회화는 현재의 삶을 다부지게 살아가는 방식이고 예기 사회화는 미래의 삶을 잘살려는 방식이라고 볼 수 있을 겁니다. 이 모두가 필요합니다.

그런데 한국 사회가 항상 서두르는 것을 좋아하니 미래 준비에 몰두해 현재를 제대로 살지 못하는 우를 범하기도 합니다. 미래에 대한 대비는 필요하지만, 그것은 어디까지나 현재에 기반을 둬야 합니다. 현재에 내딛는 발이 튼튼해야 더 높이 뛰어오를 수 있으니까요.

그래서 예기 사회화에 지나치게 신경을 써서 지금 하던 일을 냅다 던져버리지는 마세요. 예기 사회화 때문에 현재 발 딛고 있는 사회에서의 생활이 무너질 수도 있습니다. 현재를 충실히 살지 못하면서 어떻게 미래를 잘살 수 있겠어요?

현재의 삶도 소중합니다. 그것을 버려서는 곤란하지요. 지금의 순간을 흘려보내려 해서는 안 됩니다. 그리고 미래도 언젠가는 곧 현재가 됩니다. 현재를 벗어나려는 데 몰두하면 한순간도 현재에 있지 않고 몸과 마음이 붕 떠 살아갈 수도 있습니다.

재사회화와 예기 사회화는 적절하게 균형을 맞춰볼 필요가 있습니다. 그것이 정확하게 절반으로 나누는 것도 바람직하지는 않은 것 같아요. 사람마다 생각이 다르겠지만, 삶의 비중에서 재사회화를 3분의 2 비중으로 둔다면 예기 사회화는 3분의 1의 비중으로 다루면 좋을 것 같습니다. 삶의 무게 중심은 현재에 두고, 한 발 정도만 미래에 내미는 태도가 필요합니다.

사회화 내용과 사회화 기관

인간이 성장하는 과정에서 사회화가 얼렁뚱땅 진행되는 건 아닙니다. 사회화는 체계적으로 이뤄집니다. 사회화에 영향을 미치는 기관이 항상 우리 곁을 지키고 있어요. 이를 사회화 기관이라고 합니다. 사회화 기관에는 가족, 또래 집단, 학교, 직장, 대중매체 등이 있습니다. 개인은 이런 사회화 기관과 상호작용을 하면서 다양한 지식과 기능, 가치와 규범을 습득합니다.

구체적으로 무엇을 학습하는지 가족이라는 사회화 기관부터 살펴보죠. 유아기와 아동기에는 주로 가족을 중심으로 기초적인 사회화가 이루어집니다. 가족 구성원과의 상호작용을 통해서 언어를 배웁니다. 나아가 예절, 의식주 습관 등 기본적으로 사회 구성원으로서 갖춰야 할 것들을 배웁니다. 식구들과 밥을 먹을 때에는 밥만 먹지 않습니다. 밥상머리에서 숱하게 부모님이 말씀하시는 것을 듣고 익히게 됩니다. 기본예절은 이

자리에서부터 이루어집니다.

가족만큼은 아니지만, 또래 집단에서도 기초적인 생활 태도를 배웁니다. 친구들과 어울리며 해야 할 일과 해서는 안 되는 일, 말의 사용, 놀이 규칙 등을 배웁니다. 사회성을 익히게 되지요. 그래서 어렸을 때는 놀아야 합니다. 노는 게 배우는 것입니다. 이처럼 기초적 생활양식을 배우는 과정을 1차적 사회화라고 하고, 그것을 담당하는 기관을 1차적 사회화 기관이라고 합니다. 1차적이라 하면 초보적인 게 떠오르지요. 기초학년인 1학년처럼 1차적 사회화 기관은 기초적인 것을 배우는 것입니다.

지금까지 가족과 지내면서 혹은 친구들과 놀면서 배우는 사회화는 전혀 어렵지 않게 이룰 수 있었습니다. 특별한 부담도 없어요. 그런데 학교에 들어가면서부터 달라집니다. 이전처럼 널널하지 않아요. 학교에서는 행동의 절제를 많이 가르쳐요. 빡빡합니다. 그래서 자녀가 처음 초등학교에 입학하면 부모님의 걱정이 이만저만이 아니에요. 어리고 제멋대로인 아이가 엄격한 분위기가 감도는 학교에 잘 적응할지 걱정하는 것이지요. 걱정될 만도 합니다. 그런데 그뿐만이 아닙니다. 머리도 써야 하는데요, 전문적인 지식 학습이 학생들을 더욱 곤혹스럽게 합니다. 이것이 이전의 사회화 기관과 확연히 다른 점이에요.

예를 들어 피자 한 판을 나눠 먹으면서 배우는 사회화 내용도 달라집니다. 부모님이 퇴근하시면서 야식으로 먹자며 피자 한 판을 사오셨어요. 가족이 둘러앉아 나눠 먹을 때 부모님은 어른부터 먼저 드신 후에 "감사히 먹겠습니다"라고 감사의 말을 하라고 가르칩니다. 그것을 따라 하는 게 어렵지 않지요. 감사의 말, 한마디면 충분해요. 그러면 다음번에 또 사주세요. 그렇게 상호작용을 하며 예의를 배워갑니다. 참 쉽지요?

그런데 학교에서는 어때요? 피자는 구경도 못합니다. 피자가 있다고 상상하라면서 피자를 나눠 먹는 수업을 하자고 하네요. 이런 기만도 없어요. 그것도 모자라서 몇 명이 똑같이 나눠 먹으려 하는데, 그것은 몇 분의 몇 등분이라고 해야 하는지 숫자로 표현하라고 하네요. 정말 어렵습니다. 학교에 들어가면서부터 사회 구성원으로서 삶의 고난이 시작됩니다. 학교에서는 전문적인 지식과 기능을 가르치기 때문입니다. 이처럼 청소년기와 성년기에 들어선 후 1차적 사회화를 심화하거나 전문적인 지식과 기능, 가치와 규범을 사회화하는 것을 2차적 사회화라고 하고, 그것을 담당하는 기관을 2차적 사회화 기관이라고 합니다.

학교를 졸업한 이후에는 대다수 2차적 사회화 기관을 만납니다. 직장이나 대중매체도 2차적 사회화 기관에 해당합니다. 직장에서는 학교에서 배운 것보다 더 어려운 지식과 기능을 습득해야 합니다. 직장에서는 학교보다 더 엄한 규칙을 배워야 합니다. 어느 직장에서나 시간을 잘 지키는 성실함이 필요하여 출근 시간을 꼭 준수하려고 노력해야 합니다. 그리고 동료 및 상사와의 관계도 단순하지 않은데, 그 관계를 잘 유지할 수 있는 태도를 열심히 배워야 합니다. 직장에서의 사회화 실패는 구성원에게 매우 위협적일 수 있습니다. 직장에서 요구하는 지식과 기능, 가치와 규범을 익히지 않으면 직장에서 도태되어 해고될 수도 있기 때문입니다. 먹고살려면 마음에 안 들어도 직장에서 요구하는 사회화 내용을 익혀야 합니다.

신문, 방송, 인터넷과 같은 대중매체에서 쏟아내는 교양 지식은 또 얼마나 많고 다양한지 모릅니다. 개인이 습득해야 할 정보와 지식이 매일 매시간 그야말로 홍수처럼 쏟아집니다. 시대의 아이콘이 된 음악이나 영화를 알지 못하면 사람들끼리 대화가 통하지 않는다고 하니 관심이 없어도 열심히 알아둬야 합니다. 세상은 아는 만큼 보이는 것입니다.

사회화 기관의 설립 목적에 따른 분류

모든 사회 기관은 설립 목적이 있습니다. 사회화 기관은 기관의 설립 목적에 따라 공식적 사회화 기관과 비공식적 사회화 기관으로 구분할 수 있습니다. 사회화 자체를 목적으로 형성된 사회화 기관을 공식적 사회화 기관이라고 합니다. 학교가 대표적인 사례이죠.

　학교를 설립한 목적은 분명합니다. 여러분을 가두어놓으려고 세운 게 아닙니다. 학교는 수용소가 아닙니다. 한 인간을 사회 구성원으로 적합하게 만들려고 세운 것입니다. 그것은 학교의 공식적인 목표이지요. 학교가 존재하는 이유이기도 하고요. 직업전문학교, 직업훈련소, 연수원, 청소년 수련원도 모두 사회 구성원의 지식과 기능, 가치와 규범을 전문적으로 가르치려고 설립되었으니 공식적 사회화 기관입니다. 학원도 공식적 사회화 기관일 수 있습니다. 요리사가 될 꿈을 안고 찾아간 요리학원은 요리에 관한 지식과 기능을 가르치려고 설립된 사회화 기관이므로 공식적 사회화 기관입니다.

　한편 가족, 또래 집단, 직장처럼 사회화를 목적으로 결성된 집단은 아니지만, 사회화에 영향을 미치는 집단을 비공식적 사회화 기관이라고 합니다. 대중매체를 집단으로 보지는 않지만 역시 사회화를 목적으로 하지는 않는 비공식적 사회화 기관이라고 할 수 있습니다. 이들 기관은 왜 만들어졌을까요? 한 사람을 사회화시키려고 만든 것이던가요? 아니지요. 이들 기관은 사회화를 위해 설립한 것이라고 공식적으로 인정해주기 어려워요. 이들 기관은 한 개인을 사회 구성원으로 훈련하려는 공식적 목표를 가지고 이 땅에 태어난 게 아니란 것입니다.

예를 들어 가족의 구성 목적은 무엇이겠어요? 가족은 한 아이의 양육을 위해 결성된 게 아닙니다. 일반적으로 사랑하여 혼인하고 그래서 가족이라는 집단이 만들어지지요. 아이를 낳거나 입양하여 사회 구성원으로 키우려고 가족을 구성한 게 아닙니다. 한 가족이 된 이상, 그 아이를 어떻게 하겠어요? 한 사회에 어울리는 구성원으로 키우게 되는 것이지요. 내팽개칠 수 없잖아요. 얼떨결에 사회화 기능을 하게 되는 것이지요.

또래 집단도 마찬가지죠. 친구들 간의 모임 결성이 특정 친구의 사회화를 위해 마음을 모아 결성된 것은 아니죠. 그냥 놀려고 모인 것입니다. 그런데 그 과정에서 사회화를 이뤄내고 있는 것입니다. 그 밖의 직장, 대중매체도 개인의 사회화를 위해 설립되지는 않았습니다. 항상 집단의 목적이 어디에 있는가를 생각해보세요. 사회화 자체가 목적인 경우가 아니면 모두 비공식적 사회화 기관입니다.

그런데 공식적 사회화 기관의 대표적 사례인 학교는 누구의 사회화 기관이냐에 따라 다를 수 있습니다. 학생들에게 학교란 공식적 사회화 기관이지만 교사에게 학교는 직장으로서 비공식적 사회화 기관이 될 수 있습니다. 공식적 사회화 기관이든 비공식적 사회화 기관이든 저마다 자기 위치에서 개인을 사회 구성원으로 만드는 데 직간접적으로 이바지하고 있는 것이죠.

사회화를 보는 다양한 관점 ②

기능론적 관점에서 본 사회화

개인은 제멋대로의 본능이 있어요. 이 책을 읽는 청소년은 더 잘 알 텐데, 청소년 시기에는 그게 막 분출되나 봐요. 부모님이 뭘 좀 하라고 하면 말 꺼내기가 무섭게 그냥 내버려달라며 성질부터 부려요. 인간은 사회적 동물이라지만 사회가 형성되기 전, 태초의 인간 모습이 어떠했을지 궁금했는데, 아마도 사춘기 청소년에게서 찾을 수 있지 않을까 싶어요. 제멋대로 사고하고 행동하죠. 속수무책이에요.

그런데 곰곰이 생각해보면 개인의 자율성을 인정하여 그냥 내버려둬도 나쁠 것 같지는 않은데, 주변 사람들은 그것을 못 참아요. 우선 부모님부터 가만히 내버려두질 않지요. 선생님들도 마찬가지고요. 온 사회가 날뛰는 개인을 가만히 놔두질 않아요. 왜 그럴까요? 귀띔하면, 사실은 인간 야생마를 인간이 되게 하려는 것이었어요. 알량한 사랑 때문이 아니에요. 사회적 동물이 되라고 그러는 거예요. 부모님과 선생님은 인간 야생마를 사회화시키고 있는 겁니다.

개인을 있는 그대로 내버려두면 사회 질서가 유지되지 않아요. 그렇게 했더라면 오늘날까지 인간 사회가 유지될 수 없었겠죠. 어떻게 야생마 같은 개인들이 사회 속으로 들어와 인류 역사 전체를 통틀어 이렇게 오랫동안 사회를 유지하게 되었는지, 그 이유가 궁금했는데요, 기능론은 그에 대해 뭐라고 답하냐 하면 사회화가 그 기능을 했다는 거예요. 사회화를 통해 사회에서 요구하는 지식과 기능, 가치와 규범을 습득시키니까 제멋대로였던 개인들이 사회 울타리 안에서 조화롭게 살게 되었더란 말이죠.

그럼 인간 야생마에게 어떻게 사회적 가치를 습득시켰는지, 그 비법이 궁금해져요. 초기 사회에서는 아마도 개인과 사회가 서로 밀당을 했을 거예요. 이 밀당의 주도권은 개인보다는 사회 쪽에 기울어져 있어요. 아무래도 개인보다 집단의 몸집이 좀 더 클 수 있으니까요. 사회가 리드하면서 밀당이 벌어지는데, 사회적 목표를 개인에게 강제적으로만 부과하면 개인은 겉으로는 따르는 것 같아도 속으로는 밀쳐낼 수 있어요. 내면화에 이르기 어려운 거죠. 그럼 제대로 된 사회화가 아니에요. 앗, 요놈 봐라. 이놈을 어떻게 마음 깊은 곳에서부터 사회적 목표를 받아들이게 하지? 사회는 개인이 원하는 것을 살살 끌어내어 달래봅니다. 네가 원하는 게 뭐야? 잘 먹고 잘 입고 잘 자고 하는 거요. 또 뭐야? 부자가 되고 싶고, 권력도 갖고 싶죠. 그래, 그럼 내가 그것을 가질 방법을 알려줄게. 그것은 우리 사회가 목표로 세운 것과 다르지 않은데, 네가 원하는 것을 갖고 자아실현을 하려면 학교와 기업 등에서 지식과 기능, 가치와 규범을 습득해야 된단다. 그렇게 속삭이고 나서, 실제로 그렇게 해서 성공한 사례를 자꾸 보여줘요. 그러면 어떻게 되겠어요? 망나니처럼 날뛰던 인간 야생마들이 자기가 원하는 것을 얻으려고 공부도 열심히 하고 졸업장이나 자격증도 취득하려고 애쓰면서 조금씩 사회가 요구하는 것에 따라가는 거죠. 사회집단의 집합적 목표를 개인의 목표처럼 받아들이는 내면화에 도달하게 되는 겁니다.

다시 말해 이런 내면화에 결정적인 영향을 준 요인이 뭐냐면, 사회적 요구가 개인이 원한 것과 일치하더란 얘기입니다. 합의하지 않고선 일치할 수 없죠. 이처럼 기능론에 따르면, 사회화의 내용과 방법은 개인과 사회가 서로의 필요에 의해 합의한 것으로 봅니다. 합의는 안정을 이끌죠. 그래서 사회화는 사회의 통합과 유지에 이바지할 수 있었던 것입니다.

마침내 사회가 발전하면서 주도권이 확실히 사회로 넘어왔어요. 기능론은 이 시점 이후를 특별히 강조합니다. 인간 야생마를 울타리에 넣어두는 데 성공했는데, 울타리 관리를 잘못해서 야생으로 다시 돌아가 날뛰게 만들 수는 없잖아요. 그래서 사회는 개인의 성장 과정에서 매우 촘촘히 체계적으로 사회화를 교육합니다. 개인의 사회화를 목적으로 하는 학교를 만들어 사회에 맞는 인간형의 기본 틀을 만들고, 가정에서 교육하고, 기업에서도 규칙을 요구하고, 대중매체에서 1년 365일 계속 사회에서 요구하는 가치를 강조하는 거예요. 쉼 없이 평생 압박하는 거죠. 그러니 배겨날 인간 야생마가 있겠어요? 사회에서는 인간 야생마를 찾아볼 수 없게 되었더란 말입니다. 드디어 야생마라는 이름표를 뗀, 사회적 동물로서 인간이 되었더란 것이죠. 사회화가 사회 통합에 이바지하게 된 것입니다.

그런데 문제가 생겼어요. 사회가 변하는 것이에요. 세월을 이기는 장사가 없어요. 사회 울타리도 시간이 지나면 낡아요. 울타리로 사용된 재목이 비바람을 맞아 약해지고 연결고리도 느슨해지죠. 이걸 어쩐담. 간신히 인간 야생마를 사회적 동물로 길들여놨는데, 다시 야생성이 살아나 울타리를 넘어 날뛰게 되면 어떡하지? 이런 고민을 뒤르켐도 하고 있었어요.

뒤르켐은 사회화가 서로 다른 개인들에게 보편적인 규범, 도덕적 가치관을 형성하도록 만든다고 굳게 믿고 있던 사람이었어요. 그런데 사회가 변하면서 기존의 사회화는 낡은 것이 될 수 있다는 것을 깨달아요. 그래서 사회라는 울타리를 만드는 재료가 달라져야 한다는 생각을 하지요.

그는 과거 전통사회에서 사용했던 사회 울타리부터 살펴봤어요. 과거 전통사회에서는 집단 규범을 강조하는 것만으로 인간 야생마를 길들일 수 있었어요. 예로부터 가족이나 마을 공동체와 같은 집단에 대한 강조는 개인의 집단에 대한 복종을 이끌 수 있었죠. "이 녀석아, 가족을 생각해야지, 마을을 생각해야지, 우리 사회, 이 나라를 생각해야지"라고 하면, 인간 야생마는 조금 누그러질 수 있었어요. 하지만 세상이 바뀌었어요. 이런 게 통할 리 없습니다. 그 이유는 근대 이후 개인주의적 성향이 점차 강해졌기 때문이에요.

그래서 뒤르켐은 묘책을 제시합니다. '도덕적 개인주의'를 새로운 규범으로 내세운 거예요. 이것이 참으로 절묘해 보여요. 먼저 시대 변화에 맞게 개인주의를 끌어안았어요. 그런데 개인주의로 사회화를 이룬다는 게 어색해 보이지요. 하지만 도덕 규범을 덧칠하여 교묘하게 결합했던 거죠. 그래서 새로운 규범이 필요한 시대에 뒤르켐은 도덕 교육을 통해 사회 통합을 추구해야 한다고 주장해요. 교육은 서로 다른 개인을 사회로 통합시키는 도덕적 가치의 촉진 기능을 하니 보수주의적 입장에 선 뒤르켐에게는 제법 어울리는 제안일 수 있었어요. '뒤르켐답다'고 할 수 있죠. 그런데 근대 이후의 새로운 사회화 방식을 고민하다가 기껏 제안한 것이 도덕 교육이라니 꼰대 같은 느낌을 주는 것 같아 요즘 청소년들은 뒤르켐이 마음에 안 들지도 모르겠습니다.

뒤르켐은 갈등을 해결하는 묘법도 도덕 교육에서 찾았어요. 사회를 들쑤시고 다니며 갈등을 일으키는 자들은 분명 질병을 앓는 것처럼 보였어요. 제가 좀 아프구나. 약 먹을 시간이 되었어. 그러면서 건강하고 안정적인 사회 질서와 통합을 위해 갈등을 부추기는 욕구와 욕망을 규제하는 약을 제시하게 되는데, 그게 뭐냐면 역시 도덕 교육, 도덕성 함양이었어요. 특히 경제 불황기에는 사회 갈등이 최고조에 이르는데, 이럴 때일수록 사회를 응집력 있는 통일체로 결속시켜줄 도덕 가치의 함양이 필요하다고 봤던 것이죠. 새로운 시대에는 새로운 도덕 규범이 필요하다는 것이죠.

그런데 도덕 교육이라는 약으로 뭐든 해결하려 하는 게, 좀 허약해 보이는 요소가 있어요. 그래서 등장한 인물이 파슨스예요. 파슨스는 뒤르켐을 이어받으면서 좀 더 구조의 기능을 강조하여 답을 찾으려 했어요. 그러면 좀 있어 보이는 것 같았죠.

파슨스에게 사회화는 개인이 사회의 공통적인 가치 기준을 내면화하여 사회 체계의 요구에 맞게 행동하게 하는 과정이며, 이를 통해 사회 통합이 이루어진다고 주장했습니다. 뒤르켐과 크게 다르지 않지요. 그러면서 사회에 갈등이나 문제가 발생하면 사회의 부분적인 기능이 고장 난 것으로 보고 그 제도의 기능을 회복하는 게 필요하다고 주장해요. 좀 더 사회구조의 힘을 강조했지요. 도덕 규범을 강조하는 것보다는 조금 더 과학적으로 보이네요.

갈등론적 관점에서 본 사회화

기능론적 관점에서 본 사회화는 사회 질서의 유지를 위해 개인을 통제하는 모양새로 나타납니다. 이게 개운치 않아 보여요. 사회는 항상 옳은 것이고 개인은 사회가 일러주는 대로 살아가라고 윽박지르는 것 같거든요. 그런데 의문이 들어요. 사회가 개인에게 요구하는 게 무언지 따지지 않고, 사회화에 무조건 수긍하는 게 옳은 것인지 의심스럽다는 말이죠. 사회에서 요구하는 것에 대해 의심해볼 필요가 있습니다. 일상적이고 익숙해진 생각에 새로운 상상력을 더하는 것이 사회학의 연구 자세라고 했지요. 그래서 이제 일반적으로 알려진 사회화를 완전히 비꼬고 뒤집어 생각해보려 합니다. 이것은 갈등론적 관점입니다.

개인에게 사회화를 요구하는 사회의 진짜 모습을 보세요. 우리 사회가 아름다운가요? 천국 같아 보여요? 아니잖아요. 왜 그러죠? 너무 불평등하거든요. 예를 들어 드넓은 바다를 보세요. 한쪽에서는 요트를 타고 망망대해를 누비고, 다른 한쪽에서는 원양어선에 올라 힘겨운 노동을 하지요. 어찌 평화롭다고 말할 수 있나요. 갈등론적 관점으로 사회를 보는 사람들도 현재의 사회가 매우 불평등하다고 봤어요. 지배 세력, 이른바 기득권 집단에 기울어진 사회라는 것입니다.

이렇게 불평등한 사회에서 사회화를 통한 사회 통합과 질서유지를 말하고 있다면, 그것은 누구 듣기 좋으라고 하는 소리인가요? 곧 사회화는 기득권 집단에게만 유리한 것이 됩니다. 사회화는 불평등한 사회구조를 그대로 유지하기 위한 것에 불과합니다. 기득권 집단에 유리한 가치를 학습시키고 피지배 집단은 열심히 그것을 따르도록 강요하고 있다는 것이죠. 현재의 불평등한 사회구조를 내버려둔 채 사회 질서는 아름답고 정당한 것처럼 말하고 있다는 겁니다. 여기서 사회화는 현재의 불평등한 사회구조를 정당화하려고 하는 것이라고 볼 수 있습니다.

사회는 사회화 기관을 통해 기득권을 옹호하는 사회화를 진행합니다. 가장 노골적으로 그런 사회화를 진행하는 기관은 기업입니다. 기업은 자본가가 소유했죠. 회사의 사장은 노동자들에게 항상 게으름을 피우지 말고 더 빨리 더 열심히 일하라고 요구합니다. 이렇게 기업에서 요구하는 가치를 습득하는 게 사회화입니다. 이런 사회화에 순응한다는 것은 결국 사장에게 이익을 안겨주는 것에 불과합니다. 물론 반박할 수 있어요. 노동자도 열심히 일하면 임금이 올라가니 모두에게 좋은 것이라고요. 하지만 그 사람은 순진하고 소박한 사람이네요. 노동자의 임금은 사장의 이익에 비하면 새 발의 피에 불과하거든요. 기업에서 사회화가 잘 이루어질수록 빈부 격차는 더욱 심해질 수도 있는 거죠.

그럼 국가가 직접 개입하는 공식적 사회화 기관으로서 학교는 다를까요? 학교는 좀 더 여러 사회 구성원의 입장을 골고루 반영하여 사회화를 추진할까요? 이에 답하기에 앞서 먼저 갈등론자들이 생각하는 국가의 성격부터 살펴봐야 합니다.

마르크스주의에 따르면, 자본주의 사회에서 국가는 자본가계급이 지배계급이 되어 탄생한 것입니다. 역사적으로 모든 국가에는 지배계급이 있는데, 자본주의 사회에서의 지배계급은 자본가계급입니다. 그래서 오늘날의 국가는 자본가계급의 도구인 셈이죠. 우리가 생각하는 공정한 국가는 아직 이뤄진 적이 없습니다. 자본가계급과 노동자계급이 균형을 이루면 그때 국가는 중재자로서 역할을 할 수 있을 것입니다. 하지만 자본주의 사회는 탄생할 때부터 이미 자본가계급에 기울어진 사회입니다. 귀족이나 왕족에 밀렸던 상공인들은 시민혁명을 통해 지배계급이 되었죠. 그래서 시민혁명을 부르주아 혁명이라고 부르기도 하지요. 그리고 그들이 지배계급이 된 이후에는 노동자들을 계속 자신의 발아래에 두려고 했지요. 이런 위계 관계가 있는 사회가 자본주의 사회입니다.

그럼, 이런 자본주의 사회에서의 국가는 학교를 통해 무엇을 가르칠까요? 학교는 국공립학교만 있는 게 아니라 사립학교도 있고, 학생들이 배우는 교과서도 모두 다르니까 국가가 일방적으로 지배계급의 이익을 유지하려는 의도가 관철될 수 없을까요? 아닙니다. 학교와 교과서가 달라도 교육과정만큼은 국가가 장악하고 있어요. 교육과정을 개인이 완전히 자유롭게 설계하도록 내버려두는 나라는 거의 없어요. 다시 말해 국가는 무엇을 배우고 가르쳐야 하는지 범위를 결정해놓았죠. 국가는 학교의 교육과정 속에서 자본주의의 효율성, 시장 경제의 우월성을 강조하지요. '기업하기 좋은 나라'는 국가의 지향이 되고 학교에서는 기업인을 존경하도록 가르치죠.

다른 사회화 기관도 살펴보죠. 오늘날 가장 영향력이 크다는 언론이나 대중매체와 같은 사회화 기관은 또 어떻게 사회화를 진행하나요? 자본주의 사회를 갈아엎으라고 하겠어요? 그럴 리가 없죠. 자본주의 사회에서는 이들 기관도 자본을 소유한 지배계급이 소유하고 있거나 자본의 논리에 따라 작동해요. 자본주의 사회에서 가장 큰 힘은 자본이죠. 언론, 대중매체 등은 자본을 바탕으로 만들어진 것입니다. 언론이나 대중매체는 그 자체로 거대한 기업이기도 합니다. 공공성을 생각하는 참된 언론이나 대중매체도 결국 자본의 힘으로 경영되는 것이지요. 언론이나 대중매체를 경영할 때 광고 수입에 크게 의존하는데, 광고는 기업이 주는 것입니다. 그러니 기업과 다른 입장을 보도할 수 없습니다. 그런 보도를 내면 어느 기업도 그 언론이나 대중매체에 돈을 주고 광고를 실어달라고 하지 않습니다. 기업이 광고를 내지 않으면 언론기관은 운영 자체가 어려워질 수 있어요. 최대의 광고주인 재벌에 대해서는 더 절절맵니다. 설사 재벌 총수가 불법 행위를 했더라도 기사로 내보내지 않거나 최소한 더 큰 사회적 이슈가 되지 않게 적당히 덮어두려고 애쓰지요. 반면 노동자가 노동조건과 환경을 개선하라며 파업을 벌이면 언론이나 대중매체는 그 파업을 공격하는 기사로 도배를 하고 국가는 경찰, 검찰, 법원 등 모든 공권력을 동원하여 노조의 힘을 끊어놓죠. 이처럼 자본주의 사회에서 언론이나 대중매체는 기업에 유리한 내용을 계속 생산하여 유포합니다.

자본주의 사회에서의 사회화 기관은 자본주의 사회에 순응하며 살아가라고 가르치죠. 이 체제에 항의하며 사회 질서를 어지럽히지 말라고 하지요. 지배계급과 국가는 이런 사회화 기관을 통해 지배계급에 유리한 입장을 생산하고 유포하여 피지배계급을 포섭함으로써 자신들에게 물질적 이익을 가져다주는 기존의 사회관계를 안정적으로 재생산될 수 있게 하는 것입니다.

갈등론에서 볼 때 사회화는 지배 세력이 자신들의 지배를 정당화하기 위한 수단에 불과한 것으로 봅니다. 그런데 지배 세력을 자본가계급에 국한하여 볼 필요는 없습니다. 그것은 인종이 될 수도 있습니다. 예를 들어 백인이 지배하는 서구 사회에서 백인은 백인을 흑인보다 더 우월한 인종으로 여기도록 사회화시킬 수 있습니다. 지배 세력은 성별 구분에서 남성이 될 수도 있습니다. 남성 지배적인 사회에서 남성은 여성을 남성보다 역량이 부족한 존재로 여기도록 사회화시킬 수 있습니다. 이처럼 차별적 사회화가 가능합니다.

이런 차별적 사회화를 갈등론은 날카롭게 지적하고 있습니다. 이러한 비판에 귀 기울이지 않으면 부당한 차별을 내면화하게 됩니다. 흑인이나 여성을 하등 시민으로 만든 백인이나 남성의 가치 체계를 내면화할 수 있는 거죠. 지금 우리 사회에서 진행되는 사회화에 대한 비판적 경계를 하지 않으면 사회화가 진행될수록 지배 세력이 지배하는 부당한 사회구조는 안정적으로 재생산될지 모를 일이지요.

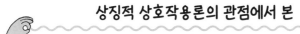 상징적 상호작용론의 관점에서 본 사회화

기능론과 갈등론이라는 두 가지 거대 이론은 사회화의 기능에 대해 서로 다른 입장에서 으르렁거렸어요. 그러면서 두 이론은 화해하기 어려울 정도로 벌어지고 말았죠. 하지만 이 둘을 싸잡아 비판하는 관점이 있어요. 사회화의 기능이 어떻든 사회화가 이뤄지는 '과정'에 대해서는 충분한 설명을 못해주고 있다는 것이죠. 그래서 사회화가 진행되는 과정을 아주 세밀하게 관찰하고 그 내용을 정리한 새로운 이론이 생겨납니다. 그것이 상징적 상호작용론이지요. 여기서는 양대 이론에 밀려 그동안 소홀히 다루었던 상징적 상호작용론에 좀 더 자세히 설명하려고 합니다.

상징적 상호작용론의 관점은 사회 구성원들 간의 상호작용을 통해 사회화가 이루어지는 과정에 초점을 맞춥니다. 개인의 사고와 행동은 일상의 다양한 상황에서 접하는 타인의 눈에 비추어 보고 다른 사람의 반응을 살펴보며 이루어집니다. 그 과정에서 어떻게 생각하고 행동하는 것이 바람직한지 학습하게 되는데, 그 과정이 사회화라는 것입니다.

상징적 상호작용론의 입장에서 사회화를 설명하려면 먼저 미국의 사회학자 쿨리의 주장부터 알아봐야겠어요. 앞에서 살짝 언급했듯이 쿨리는 개인과 사회의 관계에서 개인을 강조했는데요, 역시 자아 또는 자아의 형성을 강조해요. 자아의 형성은 생각과 행동의 판단 능력이 자리 잡는 것으로 볼 수 있어요. 그런데 한 아이를 키우는 데 온 마을이 필요하다고 하듯이 하나의 자아가 형성되는 데에도 여러 사람의 상호작용이 필요했지요.

쿨리는 상호작용 속에서 형성되는 자아를 설명하려고 특이하게도 거울을 활용했어요. 쿨리가 사용한 거울은 일반 거울과 비슷하면서도 조금은 다릅니다. 그 거울은 나의 외모를 비추듯 내 생각이 남의 마음에 어떻게 비추어 보일지 상상해보는 거울입니다. 일반적인 거울이라고 생각해도 되지만 외모뿐만 아니라 행동 그리고 생각까지 볼 수 있는 요술 거울 같은 것으로 생각하면 더 좋을 것 같아요. 쿨리는 개인의 자아를 '거울에 비친 자아(looking-glass self)'라는 개념으로 설명했습니다.

새 옷을 입고 거울을 보세요. 거울에 비친 자신의 모습을 보면서 스스로 멋있다고 생각합니다. 그런데 멋있어 보인다는 생각은 누구의 생각이죠? 다른 사람들의 생각과는 아무 관련 없이 순수하게 자신만의 생각이던가요? 남들이 뭐라 말하든 내가 멋있다고 생각하면 그만인가요? 아닙니다. 멋있다는 그 생각은 이 옷을 입고 나가면 사람들이 어떻게 말할지를 염두에 둔 것입니다.

물론 다른 사람의 반응을 잘못 판단할 수는 있어요. 새 옷을 입고 거리에 나가면 사람들이 멋있다고 얘기해주며, 나의 멋진 옷맵시에 놀라 다들 쓰러질 것이라고 예상했는데, 그게 아닐 때가 있지요. 망했죠.

그런데 분명한 게 있습니다. 다른 사람이 형편없다고 말해주기를 기대하며 옷을 입지는 않는다는 것이지요. 누구나 사람들의 좋은 평가를 기대합니다. 사람들이 새 옷을 입은 내 모습을 어떻게 볼지 상상하며 거울 앞에 자신을 비추어 봅니다. 사람들이 나를 멋있다고 말해줄 것이라고 상상하며, 멋진 나를 낳아준 부모님께 감사하고 자신도 참으로 기특하다고 생각하며 자부심이 생길 수 있습니다.

반면 새 옷을 입은 내 모습을 비추어 보고 실망할 때가 있죠. 그 생각의 실체는 뭐죠? 다른 사람들이 '그 패션, 참 구리다'라고 말할 것이라는 상상이죠. '이 옷을 괜히 샀네'라며 후회하고 '광고모델이 입었을 때는 멋진데, 왜 나는 안 어울리지? 내 몸이 받아주질 않는구나'라는 생각에 굴욕감을 느낄 수도 있어요. 그러면 그 구린 옷을 입고 나갈 수 있어요? 아니죠. 환불합니다.

자신을 거울에 비춰 보며 새 옷을 입어야 할지 말아야 할지 판단하는 경험처럼 다른 사람을 의식하여 내가 어떻게 생각하고 행동해야 할지 자아 감정을 발전시킵니다. 이처럼 다른 사람 눈에 비친 자신의 모습에 대한 상상, 자신의 모습에 대한 다른 사람들의 평가에 대한 상상, 그리하여 나타나는 자부심이나 창피함과 같은 감정으로 한 사람의 자아가 형성됩니다.

새 옷을 입고 거울 앞에 설 때처럼 행동할 때도 사회 구성원은 모두 이런 상상을 반복하는 상호작용을 합니다. 다른 사람과의 상호작용이라는 사회적 과정을 거쳐 개인은 생각하고 행동하게 됩니다. 용모뿐만 아니라 예법, 성격 등이 다른 사람의 마음에 어떻게 비추어지는지를 상상 속에서 파악하고 그것으로 영향을 받습니다. 내가 이런 말을 하면 다른 사람이 어떻게 생각할지, 내가 저런 생각을 하면 다른 사람들의 반응이 또 어떨지 상상하며 생각하고 행동하지요. 그러면서 개인은 어엿한 사회구성원으로 성장하는 것이지요. 이렇게 사회화가 이뤄지는 것입니다.

쿨리의 주장을 통해서 우리가 남을 매우 의식하며 살고 있다는 것을 알수 있습니다. 사회화의 과정도 흥미롭게 이해할 수 있었고요. 그런데 너무 상상에 의존하는 것은 아닐까요? 쿨리가 강조한 거울 앞에서의 상호작용은 상상의 상호작용이라는 얘기입니다. 그래서 쿨리는 사회학을 구체적 사실이 아닌 정신세계에 맡겨버린 것 같다는 비판도 들어야 했죠.

그래서 미드는 다른 차원에서 상호작용을 다뤄봤습니다. 미드는 사람들이 상상이 아닌, 타자*의 몸짓을 해석하고 습득하여 특정한 상황에서 어떻게 생각하고 행동을 할지 결정하게 된다는 점을 강조합니다. 처음에는 실제로 만난 사람에게서 어떻게 생각하고 행동할지를 배우겠지만, 나중에는 사람을 직접 만나 얘기를 듣지 않더라도 일반적으로 통용되는 사고와 행동을 하게 된다는 것입니다.

언어와 상징을 사용할 줄 알게 된 인간은 타자와 상호작용하면서 역할을 취득하고 사회적인 자아를 발달시킵니다. 자아는 세 단계를 거쳐 발전합니다. 먼저 어릴 적 '놀이단계'에서는 소꿉놀이하듯 엄마 또는 아빠와 같은 특정한 역할을 해봅니다. 한 번은 엄마를, 다음에는 아빠의 말투와 행동을 흉내 내는 것이죠. 이처럼 한 번에 하나씩 번갈아 역할을 취득해요. 그러니 그 아이가 취득한 역할은 엄마 역할 또는 아빠 역할로 나뉘어 있어요. 단절적이란 거죠. 이런 사회화 과정은 사회 전체에서 볼 때는 매우 부분적이고 분절된 인식을 발달시키게 됩니다. 사회적 관계를 전체적으로 이해할 수 없고, 그 관계 속에 어떤 규칙이 있는지 알 수 없지요.

타자(他者)

쉽게 말해 타자란 '타인'입니다. 내가 아닌 다른 사람, 즉 '남'입니다. 그럼 알기 쉽게 남이나 타인이라고 하면 될 것을, 왜 타자라고 하는 걸까요? 세상의 가치를 찾아 나선 철학자 탓입니다. 철학자는 평범한 단어에 특별한 의미를 부여하여 세상의 가치를 논하는데, 때로는 우리가 일상에서 사용하는 단어가 철학자가 의미하려는 것을 충분히 담아낼 그릇이 되기에 부족할 때가 있어요. 그럴 때 아예 새로운 용어를 만들어 사용하죠. 일상적인 단어인 남이나 타인을 버리고 타자를 새로 만들어 사용하는 게, 자신들이 드러내고자 하는 철학적 의미를 좀 더 잘 표현할 수 있다고 여겼던 거죠.

철학자가 '남'을 버린 이유가 있습니다. 단순히 남이라고 하면 어떤 생각이 드나요? 일상에서 남이라는 말이 어떻게 사용되는지 생각해보세요. 이런 말을 하죠. '남이야 뭐라 하든 어차피 남이니까 신경 쓸 거 없잖아.' 이처럼 단순히 남이라고 하면 '나와 관련이 없는 사람'으로 취급되거든요. 다른 사람은 나로부터 배제되는 것처럼 보일 수 있지요. 또 그런 남이라는 표현 탓에 나의 의미도 달라집니다. 나도 '남과 상관없는 사람'이 되지요. 그러면 나란 존재는 다른 사람과 단절되고 고립된 의미를 지니게 됩니다.

그런데 사회관계는 단절되지 않고 유기적으로 연결되어 있죠. 그래서 '나와 관련 없는 사람'이라는 의미의 남이나 타인이라는 개념 말고, '나와 다른 사람'을 지칭하면서도 '나와 관련된 존재'로 보여주려고 새로운 용어를 사용하는데, 그게 타자입니다. 그래서 타자라는 말을 사용하면 나를 규정할 때도 '남과 관련된 나'로 이해할 수 있게 됩니다. 나는 세상 사람과 단절된 순수한 나로 규정할 수 없어요. 다른 사람과의 관계 속에서 나를 규정할 수 있지요. 다른 사람과 관련된 나의 정체성을 설명하려고 타자라는 개념을 만들어 사용하고 있다고 보면 됩니다.

타자는 나와 밀접한 관련을 맺고 있어요. 때로는 '나의 또 다른 모습'이라 할 수 있죠. 예를 들어 내가 다른 사람처럼 옷을 입는 이유는 타인을 타자처럼 생각한 거예요. 다른 사람을 단지 남이나 타인이라고 하면, '남이 뭐라고 하든 내가 입고 싶은 옷을 입는데 무슨 상관이야'라고 하겠죠. 그리고 제멋대로 옷을 입겠죠. 해수욕장 갈 때 정장을 입고, 회사 갈 때 수영복을 입을 수 있지요. 하지만 누구도 그렇게 하지 않아요. 우리는 은근히 다른 사람의 시선을 신경 써요. 왜 남인데 신경 쓰죠? 남이라 생각하면 신경 안 씁니다. 남이 아니므로 신경 쓰는 거예요. 그때 남은 이미 남이 아닙니다. 타자인 거예요. 하지만 타자는 나를 복제한 것은 아니죠. '또 다른 나'라고 얘기할 수는 있지만 나와 완전히 같지는 않아요. 생각과 행동에서 나와 다른 면이 있지요. 밀접하게 연결되어 있을 뿐이죠. 즉 나와 너무도 밀접하여 '남이지만 남 같지 않은 남', 그게 타자입니다. 신경 쓰이는 남이죠.

놀이단계에서의 역할 취득으로는 사회화되었다고 말하기에 많이 부족합니다.

어린아이들은 '게임단계'로 성장해가야 합니다. 모든 게임에는 여러 명의 행위자가 참여하며 일정한 규칙, 즉 룰이 있죠. 야구 게임을 예로 들자면, 공격수와 수비수, 타자, 주자, 투수, 포수 등 다양한 포지션을 정해 배분하고, 각 포지션에서 어떻게 해야 하는지 배우게 되죠. 타자가 공을 치고 달리면 1루, 2루, 3루를 거쳐 홈으로 들어와야 점수를 얻는다는 규칙도 이해해야 하고요. 분절된 역할을 습득하던 놀이단계와 달리 게임단계에서는 분절된 역할이 어떻게 연결되어 운영되는지 알 수 있습니다. 그속에서 상황에 맞는 적절한 행동을 배우게 됩니다. 게임은 사회 구성원의 다양하고 종합적인 역할이 어우러지는 과정이자 단계이지요.

놀이단계를 넘어 게임단계를 거치면서 특정한 타자의 역할을 습득합니다. 타자의 시각에서 자아를 만들어가죠. 하지만 아직도 사회적 자아가 완성된 게 아닙니다. 설익었어요. 일정한 규칙을 포함하여 학습하더라도 주변에 특정한 사람이 있어 그 사람의 영향을 직접 받는 것으로는 완전한 사회적 자아가 될 수 없습니다. 완전한 사회적 자아가 되려면 직접적인 영향을 주는 사람이 주변에 없더라도 혹은 남이 보지 않더라도, 언제어디서나 일관되게 행동할 줄 아는 사람이 되어야 합니다. 완전한 사회적 자아가 되려면 마지막으로 '일반화된 타자(generalized others)'의 역할을 취득해야 합니다.

'일반화된 타자'란 개념이 조금은 어려운데요, 타자가 '또 다른 나', '남이지만 남 같지 않은 남'인데, 여기에 '일반화된'이라는 개념이 붙었습니다. '일반화'란 것은 일반적으로 통용되는 것을 의미합니다. '일반화된'이라고 표현하면 그것이 굳어진 것을 말하고요. 그런데 타자도 엄연히 사람인데 어떻게 사람이 굳어진다는 거죠? 사실 사람의 신체가 굳어지는 게 아니라 사람의 관점, 즉 사고와 행동이 굳어지는 겁니다. '일반화된 타자'를 풀어 쓰면, '또 다른 나', '남이지만 남 같지 않은 남'이 보는 관점이 널리 통용될 정도로 굳어졌다는 말이 되죠. 그것을 습득하는 게 완성된 사회화입니다.

사람의 관점이 어떻게 굳어졌냐면, 나와 타자가 상호작용하다보니 그리된 거예요. 상호작용하다가 공통으로 정리되는 게 있는데, 그게 사람의 관점이 굳어진 모습이에요. 그런 사례가 있냐고요? 쉽게 볼 수 있어요. 규범, 관습, 법률 같은 게 모두 그와 같은 사례죠. 굳어진 것은 체계화된 것이라고 표현할 수도 있어요. 규범, 관습, 법률의 관점은 결국 여러 다양한 개인, 그 개인에는 나, 그리고 타자도 포함되는데, 그 다양한 개인 간 상호작용의 관계가 체계화된 것입니다. 이 체계화된 관점이 일반화된 타자입니다.

그러니 일반화된 타자는 실제 사람을 지칭하는 게 아닌 거죠. 하나의 체계이니까요. 시스템인 거죠. 쉽게 생각해서, 눈에 보이는 사람이 아니라 언제라도 널리 통용되는 체계화된 규범이라고 보면 됩니다. 사회화 과정이 완전히 성숙해질 때에는, 개인은 일반화된 타자, 즉 일반적으로 통용되는 체계화된 관점을 인식하여 사고하고 행동해요.

예를 들어 여러분은 사회화 과정을 충실히 거쳤기 때문에 지하철, 공연장과 같은 공공장소에서 크게 떠들지 않고 바르게 행동합니다. 맞지요? 그런 바른 행동은 누가 그렇게 하라고 얘기해서 그런 것만은 아닙니다. 공공장소에서 지켜야 할 수칙을 홍보하는 게시물이 있기는 하지만 그런 게 없어도 바르게 행동합니다. 부모님이나 선생님, 여러분이 알고 있는 사람이 누구든, 그리고 그 사람이 많든 적든, 여러분 곁을 따라 다니면서 바르게 행동하라고 해서 그리한 게 아닙니다. 그런 얘기를 듣지 않아도 그리합니다. 그렇다면 정말 어떻게 바르게 행동하게 된 거죠? 일반적으로 그러니까요. 매너 또는 규범이라고 스스로 여기니까요. 부모님이나 선생님, 공공기관 관리자가 직접 말하지 않아도, 일반적으로 통용되는 관점이란 게 유령처럼 떠다니고, 그에 따라 바르게 행동하게 된 것입니다.

일반화된 타자를 인식하여 행동하는 건, 너와 내가 서로 알고 있는 바대로 알아서 행동하는 것이기도 해요. 우리는 이제 말하지 않아도 알아요. 실제로 내게 행동을 지시하는 사람을 만나지 않아도 알아요. 어떻게 행동해야 하는지를요. 개인은 사회 공동체에서 사회 구성원들, 즉 타자의 일반적인 관점에 대해 반응하면서 사회 구성원이 되어갑니다. 타자의 일반적인 사고와 태도를 내면화할 때 진정 사회화되었다고 할 수 있는 것입니다.

상징적 상호작용론에 따르면, 사회화는 개인 간 상호작용에서 항상 타자를 염두에 두고 일어난다는 걸 알 수 있습니다. 내 생각과 행동을 타자의 관점에 맞출 것인지, 맞춘다면 어떻게 맞출 것인지 결정합니다. 타자의 관점을 상상하고 취득해보기도 합니다. 구체적으로 언어에 바탕을 둔 유의미한 몸짓으로 다른 개인에 반응하며 역할을 취득하고, 타인의 태도와 일치시켜 다른 사람이 하는 것처럼 행위하는 겁니다. 사회화는 개인이 상상 속에서 또는 상징적 형식으로 타인의 태도를 생각하는 능력을 발전시키는 것입니다.

하지만 사회화는 개인이 타자나 사회제도의 노예가 되는 과정은 아닙니다. 능동적인 과정이죠. 인간은 누구라도 생각하며 행동하기 때문입니다. 내가 말하고 행동하는 것이 무엇을 의미하는지 깨달을 수 있는 능력과 이 깨달음에 근거해서 다음 순간에 해야 할 것을 결정할 수 있는 능력이 사회화에서 중요한데요, 인간은 이러한 능력을 갖춰 자신 앞에 놓인 상황에 대하여 언제나 적극적인 반응을 보입니다. 자아는 항상 사회에 적극적으로 참여하며 반응합니다. 타인의 태도를 따르기만 하진 않는다는 게 중요합니다. 개인의 적극적인 반응이 포함된 상호작용을 말하고 있으므로 상징적 상호작용론은 개인의 수동성 혹은 사회의 강제성만 강조하는 것과는 차이가 있습니다.

요컨대 상징적 상호작용론에서 사회화는 인간이 사고 능력을 발전시키고, 인간다운 독특한 길을 발전시키는 역동적인 과정입니다. 자아는 사회적으로 유형화된 방식으로 반응하면서도 사회를 변형시키고 있습니다. 인간행위자들은 굳어진 사회 속에 살아가는 부속품이 아니라 끊임없이 상호작용을 합니다. 사회에 대해 끊임없이 반응하고 참여합니다. 이런 성숙한 자아가 있는 한 사회 공동체를 더 나은 세계로 만들어갈 수 있다고 미드는 굳게 믿었습니다. 자율적인 인간 이성에 대한 그의 믿음은 오늘날에도 흔들릴 수 없으리라, 이 또한 믿어봅니다.

사회적 지위와 역할

3

지위의 의미와 종류

사회화가 이뤄지면 개인과 사회의 밀당은 사실상 사회 쪽으로 기운 것으로 봐도 됩니다. 그런데 개인도 그게 싫지는 않은 모양이에요.사회화 덕분에 개인은 사회에 보금자리를 찾을 수 있었으니까요. 사회화를 통해 개인 간의 상호관계, 그리고 개인과 사회 간의 상호관계는 사회 체계 안에 자리를 잡습니다. 개인은 사회 속 어딘가에 위치하게 되었으며, 그 위치에서 무엇을 해야 할지 알고, 그에 맞추어 행동하게 됩니다. 이제 사회 속에서 차지하는 개인의 위치와 역할을 보려 합니다.

개인은 홀로 존재하지 않습니다. 나는 누군가의 무엇입니다. 다른 사람과의 관계 속에서 내가 있지요. 이처럼 나는 집단 혹은 사회 속에서 일정한 자리를 차지하며 존재합니다. 이렇게 한 개인이 집단 혹은 사회 속에서 차지하고 있는 위치를 지위라고 합니다.

　지위는 나의 또 다른 이름이 됩니다. 이름 자체보다도 지위가 나를 규정하는 경우가 많고 지위를 통해 나를 소개하는 게 다른 사람에게 나를 이해시키는 데에도 도움이 됩니다.

　여러분은 대다수 학생일 겁니다. 여러분이 길을 걷는데, 뒤에서 누군가 "거기, 학생!"이라고 말하면 자연스럽게 뒤를 돌아봅니다. 이름을 부르지 않았는데, 여러분은 그 학생이라는 부름에 호응합니다. 부모님이 만들어 준 이름이 있지만, 사회에서 여러분은 학생이라는 이름으로 불리기도 합니다. 학생이란 것, 그것이 지위입니다. 그 지위로 불릴 수 있습니다. 여러분은 학생이라는 이름으로 사회 안에서 자리를 차지하고 있지요.

　지위를 통해 내가 불리는 게 탐탁지 않은가요? 물론 나를 다른 무엇으로 부르지 말고, 나 그 자체로 봐달라고 말하는 사람도 있을 거예요. 하지만 나 자체로만 불리려면 나와 맺은 다른 사람과의 관계가 끊어지게 돼요. 모든 관계를 끊고 그 사람 자체만을 고려하기란 쉽지 않습니다. 어차피 사회 속에서 존재하니까요. 이처럼 한 사람의 지위라는 이름을 보면 사회적 관계의 복잡한 모습을 알게 됩니다. 그리고 개인의 지위를 보면 개인의 사회적 삶이 매우 역동적인 것도 알 수 있습니다. 이름은 바뀌지 않았고, 나는 나 그대로 있지만, 지위는 자주 바뀌어 나를 규정하기 때문입니다.

처음 태어날 때부터 이미 여러분은 여러분 그 자체가 아니었습니다. 사람은 태어난 순간부터 사회적 관계 속에서 지위를 갖고 태어납니다. 이처럼 선천적으로 주어진 지위를 귀속 지위라고 합니다.

남자와 여자, 아들과 딸, 손자와 손녀는 귀속 지위입니다. 성별이나 성별에 따라 달리 불리는 호칭은 자신의 바람과는 상관없이 주어진 것이기 때문입니다. 장남, 차남 혹은 장녀, 차녀도 귀속 지위입니다. 첫째로 태어날지, 둘째로 태어날지는 자신의 의지와 상관이 없습니다. 운명입니다. 피할 수 없으니 받아들여야 하는 거지요. 국적도 인위적으로 바꾸지 않는 한 귀속 지위입니다. 여러분은 한국에 태어나 한국 국민이 되기를 원해서 된 것이 아닙니다. 여러분의 바람과는 상관없이 한국 국민이 된 것이죠.

그런데 귀속 지위라고 해서 꼭 태어나면서부터 갖는 것만은 아닙니다. 청소년, 성인, 노인은 태어날 때부터 갖게 되는 지위는 아닙니다. 하지만 시간이 흘러 나이가 늘면서 자연스럽게 얻게 되는 지위이므로 귀속 지위입니다. 이처럼 태어나면서부터 갖지는 않더라도 어떤 인위적인 노력 없이 자연스럽게 갖게 되는 것도 귀속 지위입니다.

하지만 사람은 자연스럽게 얻게 된 지위만 가지고 살아가지는 않습니다. 사회적 관계를 맺어가면서 다른 지위를 얻어나가게 마련입니다. 이처럼 개인의 의지나 노력으로 후천적으로 얻게 되는 지위를 성취 지위라고 합니다.

아내와 남편은 결혼하여 얻게 된 성취 지위입니다. 결혼하려면 독신이 아닌 결혼을 선택해야 하고, 마음에 드는 결혼 상대자에게 결혼을 허락

받도록 온갖 노력을 해야 합니다. 그 노력으로 성취하는 게 결혼입니다. 결혼하게 되면 누군가의 며느리 혹은 사위가 됩니다. 이 역시 결혼 이후에 뒤따르는 성취 지위입니다. 맏며느리, 맏사위 혹은 막내며느리, 막내사위도 그것이 되려면 결혼해야 하므로 성취 지위입니다. 며느리가 되려고 했지만, 장남의 아내로서 맏며느리가 되는 것은 원하지 않았다고 해서 귀속 지위가 될 수 없습니다. 어쨌든지 며느리입니다. 장녀 혹은 장남과의 결혼을 선택하지 않았으면 맏사위 혹은 맏며느리라는 지위는 얻을수 없었죠. 그것을 선택하지 않을 수 있었지만, 결과적으로 본인이 최종선택하여 얻은 지위이므로 성취 지위입니다.

　엄마와 아빠 역시 성취 지위입니다. 엄마와 아빠라는 지위는 결혼하더라도 아이를 출산하거나 입양해야만 성취할 수 있습니다. 자녀를 얻는노력을 하여 얻게 된 지위이기 때문입니다. 할머니와 할아버지는 어떤가요? 단순히 여성 노인과 남성 노인을 지칭하는 게 아니라 가족 관계에서 손주를 둔 의미로 지칭되는 할머니와 할아버지는 자신의 노력과 상관없이 자녀가 다시 자식을 낳거나 입양해야만 갖게 되니 개인의 직접적인의지와 무관해 보일 수 있습니다. 하지만 귀속 지위라고 보기는 어렵습니다. 자녀가 자식을 낳도록 '거듭된 노력'을 해야만 갖게 되는 지위이므로 성취 지위입니다. 노인이 되었을 때 "손주 한번 품에 안아보는 게 소원이다"라고 결혼한 자녀에게 계속 언질을 주십시오. 그러면 할머니 혹은할아버지라는 지위를 성취하게 될 것입니다.

　인위적인 노력으로 얻은 지위는 성취 지위입니다. 직업으로 얻게 되는 대다수의 지위는 성취 지위입니다. 자연스럽지 않은, 즉 인위적인 것에 의한 것은 모두 성취 지위입니다. 그래서 초등학생도 성취 지위입니다. 학교에 입학해야만 학생이 됩니다. 학교에 입학하지 않으면 학생일 수 없으니 성취 지위입니다. 그런데 의무교육제도 때문에 학교에 입학하고 싶지 않더라도 의무적으로 학생이 되기 때문에 약간 혼란스러울 수 있을 것입니다. 하지만 이는 자연적인 것과 다릅니다. 의무교육제도라는 인위적인 제도적 강제로 학생이 되는 것이므로 성취 지위입니다. 의무교육이라는 사회제도의 형성은 자연스럽게 만들어지는 자연현상이 아니니까요.

나이를 먹으면서 얻게 되는 지위는 일반적으로 귀속 지위지만 나이와 관련된 성취 지위도 있습니다. 예를 들어 최고령 운동선수라 불릴 때 이것은 성취 지위입니다. 특별히 나이를 먹는 게 자신의 의지와 무관하더라도 나이를 먹어서라도 운동선수로 계속 생활하기를 선택했으므로 성취 지위입니다. 선수 생활을 하고 있다는 것이 중요합니다. 한편 성별은 귀속 지위지만 성별과 관련된 성취 지위도 있습니다. 여교사나 남교사 모두 성별의 차이는 개인 의지와 무관하지만 역시 어쨌든 교사 생활을 유지하고 있으므로 성취 지위입니다. 교사라는 지위를 갖지 않으면 단지 여자 혹은 남자에 불과하지만, 교사라는 지위를 갖고 있어야만 여교사 혹은 남교사가 될 수 있는 것입니다. 한 교사를 지칭할 때 교사라는 지위가 성별보다 더 핵심적인 규정이 됩니다. 그래서 여교사 혹은 남교사는 성취 지위입니다.

사람들은 귀속 지위와 성취 지위를 모두 갖고 있습니다. 사회의 변화에 따라 그것이 개인에게 주는 영향력도 변하게 됩니다. 근대 이후의 사회에서 귀속 지위의 영향력은 점차 약해졌습니다. 과거 신분제 사회에서 귀속 지위가 누렸던 영향력이 오늘날에도 똑같을 수는 없습니다. 조선 시대에 왕이라는 지위는 세습의 원칙에 따라 대물림되었습니다. 왕은 귀속 지위입니다. 양반제 사회에서 양반이나 노비도 귀속 지위입니다. 양반의 자녀는 양반으로, 노비의 자녀는 노비로 살아야 했습니다. 이런 귀속 지위는 한 사람의 운명을 자식 세대까지 영원히 이어지게 할 수 있었습니다. 개인이 아무리 노력해도 지위는 변할 수 없었지요. 태어날 때부터 얻게 된 지위는 어쩔 수 없이 받아들이고 적응해야 했습니다. 그에 비하면 근대 이후 사회에서는 훨씬 민주화되고 합리적인 사회라고 할 수 있습니다. 개인의 노력과 성취를 인정하는 성취 지위가 큰 영향을 미치게 되었기 때문이죠.

하지만 오늘날에도 지위의 세습은 여전히 문제로 남아 있습니다. 근대의 완성은 아직 먼 것일까요? 인도의 카스트 제도의 경우 법적으로는 신분 세습을 폐지했지만, 여전히 사회적으로 강력한 영향력을 행사하고 있습니다. 이것은 한국 사회에도 비슷한 사례가 있습니다. 재벌의 세습 문제입니다.

재벌 세습이 문제가 되고 있는데 재벌 2세, 3세는 어떤 지위일까요? 재벌 2세와 3세라는 말은 기업을 창립한 재벌 총수의 자녀와 손주를 의미합니다. 재벌의 집안에서 자녀 혹은 손주로 태어난 것은 자신이 그렇게 태어나고 싶다고 해서 태어날 수 있는 게 아닙니다. 자연스럽게 그렇게 태어난 것입니다. 따라서 재벌 2세, 3세는 귀속 지위입니다.

하지만 재벌 총수의 자녀와 손주로 태어났더라도 본인이 경영권을 물려받아 재벌 그룹의 회장이 되는 것은 별개입니다. 기업의 정상적인 속성에 따르면 직원이 승진하여 대기업의 회장이 됩니다. 재벌 총수의 자녀 혹은 손주라 하더라도 이런 승진 절차를 따르게 됩니다. 그것이 짜고 치는 고스톱처럼 이뤄지더라도 형식적인 승진 절차를 거치게 마련입니다. 따라서 재벌 2세, 3세가 그룹 회장이 되었다면 그 그룹 회장이라는 지위는 성취 지위입니다.

그런데 성취 지위는 개인의 의지와 노력으로 얻게 된 지위라고 했습니다. 그러면 도대체 재벌 2세, 3세는 어떤 노력을 했기에 그룹 회장을 차지하게 된 것인지 궁금해집니다. 아버지 혹은 할아버지를 잘 만나 그리된 게 아니냐는 것이죠. 그런 유리한 점이 있기는 하지만 그것만으로 재벌 그룹의 총수가 자연스럽게 되는 것은 아닙니다. 한국의 재벌 2, 3세는 거의 대다수 각종 불법, 탈법 행위로 그룹 회장이라는 지위를 얻게 됩니다. 불법, 탈법의 노력을 보여준 덕분이라는 얘기입니다. 이 같은 것도 노력이라면 노력일 수 있을 것입니다. 그런데 몹시 씁쓸하고 불편한 생각이 들 것입니다. 그래서 이 같은 재벌 총수 일가의 경영권 세습은 부당한 것입니다.

재벌 총수의 자녀로 태어난 것과 그룹의 총수가 되는 것은 분리해야지요. 이것을 분리하지 않고 연결하면 귀속 지위를 통해 성취 지위를 확보하는 길을 정당화시켜주는 셈이 됩니다. 부당하죠. 많은 부와 권력이 걸려 있는 성취 지위일수록 누구에게나 공정한 기회가 보장되었을 때 사회적으로 인정받을 수 있을 것입니다.

역할과
역할 행동

사회는 개인에게 각 지위에 어울리는 역할을 요구합니다. 개인이 차지한 지위에 대하여 사회에서 기대하는 행동 양식을 역할이라고 합니다. 역할은 우리가 흔히 쓰는 말이지만 이렇게 정의를 내리고 학문적으로 접근하려니 어렵게 느껴집니다. 역할은 지위에 맞는 사회적 바람이라고 할 수 있습니다. 좀 더 쉽게 설명하면 어떤 지위에 있을 때 그 지위에 있는 사람이 마땅히 해야 할 임무나 할 일을 말합니다.

특정 지위에 대한 역할은 사회에서 그 개인에게 기대하는 것을 반영합니다. 앞에서 사회화를 말했는데, 사회화는 개인이 각 지위에 상응하는 임무를 습득하는 것으로 그것은 사회가 요구한 것입니다. 그래서 역할에 대한 습득이 원활하게 진행되면 사회 구성원으로서 무리 없이 살아갈 수 있지요.

하지만 같은 지위라도 시대와 장소의 변화에 따라 기대되는 역할은 달라질 수 있습니다. 게다가 한 시대, 한 장소에서 특정한 지위에 따른 역할을 똑같이 요구받더라도 실제로 역할을 수행하는 방식은 개인마다 다릅니다. 개인이 자신의 역할을 수행하는 구체적인 행동을 역할 행동이라고 합니다.

예를 들어 예나 지금이나, 한국이나 외국이나 학생이라는 지위에는 배움이라는 역할이 요구됩니다. 물론 배우는 내용은 다릅니다. 하지만 학교에서 학생이 해야 할 일은 배우는 일이라는 데에는 모두 동의할 겁니다.

그런 임무는 사회가 부여했습니다. 하지만 모든 학생이 그 역할을 잘 수행하는 건 아닙니다. 어떤 학생은 그 역할에 충실하여 열심히 공부하는 반면 매일 매시간 열심히 잠만 자는 학생도 있습니다. 이런 상반된 행동이 모두 역할 행동입니다.

역할 행동은 개인의 모습을 고스란히 드러내게 마련입니다. 누구나 제 나름대로 역할 행동을 할 수 있습니다. 그것으로 그 사람의 개성을 알게 되지요. 역할 행동을 통해 개인의 가치관이나 목표 등을 알 수 있습니다. 개인이 드러낸 역할 행동을 보고 그 개인이 어떤 생각을 하고 있는지 알 수 있습니다.

하지만 사회는 개인의 개성에 따라 제멋대로 수행하는 역할 행동을 내 버려두지는 않습니다. 개인의 역할 행동에 대해 평가를 합니다. 역할 행동은 개인의 행동에 대한 평가의 기준이 됩니다. 사회화 기관에서는 역할 행동에 보상이나 제재를 하여 사회적 기대에 부응하는 역할 행동을 하도록 유도하고 있습니다.

보상은 금전적 보상만 있는 게 아닙니다. 승진, 자격증 획득, 명예로운 수상 그리고 칭찬과 격려도 보상에 해당합니다. 제재 역시 금전적 혹은 신체적 제재만 있는 게 아닙니다. 벌금과 징역만 제재가 아닙니다. 면허 취소, 지위 박탈도 있고 사회적 비난과 같은 도덕적 제재도 있습니다.

보상과 제재는 역할 자체가 아닌 역할 행동에 대한 것입니다. 주어진 임무만으로 보상과 제재를 할 수는 없습니다. 역할에 대한 보상과 제재는 있을 수 없습니다.

학생은 학교 규칙을 따라야 하는 역할을 요구받습니다. 학생이라는 역할만으로 모든 학생에게 상장을 주지 않습니다. 성적이 우수하거나 선행 및 봉사활동이 우수한 경우처럼 학생이라는 지위에 걸맞는 역할을 잘 수행할 때에만 상장이나 장학금을 받습니다. 하지만 규칙에 어긋난 행동을 하여 다른 학생에게 피해를 주는 행동을 했을 때에는 징계를 받습니다. 모두 역할 행동에 따른 보상과 제재입니다.

의사는 환자를 치료하는 역할이 있습니다. 그것만으로 보상해줄 수는 없습니다. 역할은 사회적으로 요구된 임무입니다. 의사가 환자를 잘 치료해야 '명의'라는 존칭을 붙여주는 보상을 합니다. 만일 의사가 의료사고를 일으킨다면 이때는 의사의 역할을 충실히 수행한 게 아니므로 제재를 받습니다. 현실적으로 의사들의 집단적 힘이 강하여 의료사고에 대한 책임을 묻기 어렵지만, 원칙상으로는 책임을 져야 합니다. 역할에 대한 제재가 아닌 역할 행동에 대한 제재가 가해지는 것입니다.

대통령도 마찬가지입니다. 대통령에게 기대하는 행동 양식이 있습니다. 그 역할은 헌법과 법률로 규정된 임무입니다. 대통령이라는 지위에 따르는 임무만으로 보상과 제재가 일어날 수 없습니다. 실제로 그 임무를 어떻게 수행했느냐가 중요합니다. 그 임무를 어겼을 경우 제재가 가해집니다. 예를 들어 박근혜 대통령은 국민이 부여한 대통령의 지위와 권한을 최순실과 같은 개인 측근의 이익을 위해 남용했습니다. 재벌과 결탁한 대규모 부정부패를 저지르고, 국정농단에 대해 국회와 언론이 지적했으나 오히려 사실을 은폐하고 관련자들을 단속했습니다. 헌법과 법률에 규정된 임무를 어긴 것이었습니다. 박근혜 대통령의 경우 대통령 임무를 어기는 행동을 하여 국회의 탄핵을 받고 끝내 파면되었습니다. 그리고 권력 남용, 뇌물수수, 강요행위 등의 혐의가 유죄로 인정되어 징역형이라는 제재를 받았던 것입니다. 이것도 역할 행동에 따른 제재입니다.

역할 갈등과 해결 방안

현대사회는 전통사회보다 복잡합니다. 그만큼 개인이 가진 지위가 늘었고, 그 지위에 따른 역할도 증가합니다. 몸은 하나인데 수행해야 할 역할은 늘어납니다. 동시에 여러 가지 역할을 수행해야 하는 상황도 발생합니다. 그럴 때에는 무엇부터 해야 할지 당황하게 됩니다. 몸이 열 개라도 모자라겠어요. 몸을 쪼개어 여기서 이런 역할 행동을 하고, 저기서 저런 역할 행동을 할 수도 없으니 환장할 노릇입니다.

이처럼 한 개인이 동시에 여러 가지 역할을 수행해야 하는 상황에서 역할 간에 충돌이 발생하는 것을 역할 갈등이라고 합니다. 역할 갈등은 '동일한 하나의 지위'에서 또는 '두 가지 이상의 지위'에서 서로 다른 역할이 요구되고 이를 동시에 수행해야 할 때 발생합니다. '동일한 하나의 지위'에서 두 가지 이상의 상반된 역할이 요구될 때 발생하는 긴장 상태를 역할 긴장이라고 부르기도 하는데, 넓은 의미에서는 이것도 역할 갈등입니다.

역할 갈등은 역할 행동과 관련된 것입니다. 단순한 고민이 역할 행동이 아니듯이, 단순한 내적 갈등 혹은 심리적 갈등은 역할 갈등이 아닙니다. 예를 들어 여러 대학 가운데 어느 대학에 원서를 넣을지, 어떤 직업을 선택할지 등의 고민은 내적 고민에 불과합니다. 실제로 드러난 역할 행동이 아니며, 지위에 따른 역할이 상충하여 발생하는 것도 아닙니다.

역할 갈등의 예를 들어보겠습니다. 먼저 회사에서 중간 관리자일 경우를 생각해보죠. 회사에서 직책은 부장입니다. 위로는 전무, 상무, 사장 등 임원이 있고, 아래는 과장, 대리 등 직원이 있으며 그 사이에 긴 직책이 부장입니다. 어느 날 전무가 부장에게 회사 경영이 어려워졌다며 부서에서 정리해고할 인원 두 명을 선정하여 보고하라고 지시했습니다. 하지만 부원들은 정리해고에 반발하고 있습니다. 부원들의 뜻을 상부에 정확하게 전달해달라는 요구도 받고 있습니다. 이럴 때 부장은 누구의 말을 들어 행동해야 할지 역할 갈등을 겪고 있는 것입니다

또 다른 사례로 자녀를 둔 회사원을 가정해보죠. 어느 날이었습니다. 그날은 회사에서 지방으로 출장을 가야 했습니다. 회사에서 오전 근무를 마치고 출장 결재를 받아 떠나려는데 집에서 갑자기 연락이 왔습니다. 자녀가 다쳐서 병원에 실려 갔다는 것입니다. 이날 그 사람은 출장을 가야 할까요, 아니면 아이가 입원한 병원에 가야 할까요? 회사원과 부모라는 두 가지 지위에서 요구하는 각각의 역할이 상충하고 있는 것입니다. 역할 갈등을 겪고 있는 것이죠. 이 상황에서는 회사원으로서 역할과 부모로서 역할이 함께 공존할 수 없습니다. 둘 중 하나를 선택해서 행동해야 하는 거죠. 조금씩 나누어 각각의 역할을 수행할 수도 없습니다. 그야말로 진퇴양난입니다.

지금 제시한 상황은 어느 날 하루 동안에 일어난 일입니다. 역할 갈등

상황이 한 번 일어나고 끝날 일이라면 큰 문제가 되지는 않을 것입니다. 하지만 이런 일이 거듭하여 일어난다면 그 사람은 무척 괴로울 수 있습니다. 역할 갈등이 계속 빈번하게 나타나면 당사자뿐만 아니라 사회적으로도 특별한 대책을 세워야 합니다. 그 이유는 사회 구성원들이 지위에 맞는 역할을 제대로 수행하지 못하여 개인과 사회가 혼란에 빠질 수 있기 때문입니다.

개인적으로는 우선순위를 정하여 더 가치 있는 것을 먼저 처리해나가거나 갈등을 일으키는 하나의 역할을 포기하는 것도 역할 갈등을 해소하는 방법이 될 수 있습니다. 하지만 개인에게만 이 문제를 맡기고 개인 책임으로 돌려놓는 것은 개인에게 너무나 가혹한 일입니다.

개인이 역할 갈등을 덜 겪을 수 있도록 사회는 제도적 뒷받침을 마련해야 합니다. 사회적으로 우선시해야 할 가치에 대한 합의가 이뤄지고 그 합의에 따라 역할 갈등을 줄일 수 있는 다양한 방법을 모색하여 해결해야 합니다. 예전에는 '공과 사'를 구분하라며 개인보다 집단에 중요한 가치를 두었습니다. 그것은 사회적 합의라기보다는 사회가 강제한 가치였죠. 그래서 어떤 결과를 낳았나요? 결혼을 안 하고 결혼을 하더라도 아이를 낳지 않게 된 것입니다. 이제는 직장 일을 가족 일보다 우선시하던 시각을 바꾸어야 한다는 데 공감대가 형성되고 있습니다. 그래서 새로운 제도적 장치를 만들어, 예를 들어 육아 문제 해결을 위해 직장의 탁아 시설을 확충하여 자녀 양육과 직장 생활을 둘러싼 역할 갈등을 제도적으로 줄일 필요가 있을 것입니다.

이처럼 개인이 겪는 역할 갈등에 대해 사회적 해결책을 찾는 건 중요합니다. 개인 각자가 알아서 역할 갈등을 해결하고, 알아서 살아남으라고 하면 사회가 너무 무책임한 겁니다. 사회의 공동 책임은 개인 각자가 짊어질 삶의 무게도 덜어줄 수 있을 겁니다.

2장

사회를
이끄는
쌍두마차,
사회집단과
사회조직

사회집단과 사회조직은 사회를
어떻게 이끌어갈까

사회집단의 유형과 특징

1

사회는 사회집단이 이끕니다. 개인도 사회집단을 통해 정체성을 형성합니다. 사회집단에서 다양한 지위와 역할을 맡으며 사회화 과정을 거쳐왔죠. 개인과 개인 혹은 개인과 사회집단 간의 상호작용 속에서 우리 각자는 자신이 누구인지 그리고 무엇을 해야 하는지 깨달았습니다. 성격이나 가치관을 이해하고 능력을 개발하며 자아 정체성을 형성했고, 삶을 의미 있게 만들어가며 사회적 인간으로 성장했습니다. 사회집단을 통한 개인의 사회화 과정은 결국 오늘날까지 사회가 유지될 수 있도록 이끄는 힘이 되고 있습니다.

이토록 중요한 사회집단은 정확히 무엇일까요? 사회집단이라고 부르려면 몇 가지 조건이 필요합니다. 두 사람 이상의 사람들이 지속적이고 반복적인 상호작용을 하며, 그 집단에 대한 소속감 혹은 공동체 의식이 있을 때 그 공동체를 사회집단이라고 합니다.

사회집단을 구성하는 인원수는 두 사람 이상이면 충분합니다. 부부는 단 두 명으로 구성되어 있지만, 사회집단이 될 수 있습니다. 부부라는 가족 구성원 간에 지속적인 상호작용이 이루어지며 같은 가족이라는 소속감과 공동체 의식이 있기 때문입니다. 하지만 여러 명이 있더라도 사회집단이 아닐 수 있습니다. 축구경기를 응원하려고 축구장에 모인 관중은 사회집단이 아닙니다. 아이돌 그룹 공연을 보려고 공연장에 모인 관객도 사회집단은 아닙니다. 이 두 사례에서의 관중들이 함께 응원하고 공연을 즐기면서 소속감이나 공동체 의식을 가져도 축구경기 혹은 공연이 끝나면 모두 흩어져 지속적인 상호작용이 이루어지지 않기 때문입니다. 하지만 프로축구팀 서포터즈나 연예인 팬클럽은 지속적인 상호작용까지 이루어지기 때문에 사회집단이지요.

한편 여성과 남성, 청소년, 노인도 사회집단이라고 하지 않습니다. 이런 인구 부류는 집단을 구성하는 요소, 즉 지속적인 상호작용, 소속감, 공동체 의식을 지니고 있지 않기 때문입니다. 사회집단을 말하려면 항상 사회집단을 규정하는 세 가지 요소를 고려하여 판단해야 합니다.

단순히 개인이 모인 인구 부류가 아닌, 사회집단을 형성하면서 인간은 서로의 결속을 다졌습니다. 지속적인 상호작용, 소속감, 공동체 의식은 사회집단을 구성하는 요소인 동시에 그것 덕분에 사회가 견고하게 유지되었습니다. 하지만 이것들은 사회집단을 단순한 인구 부류와 구분하는 기본적인 요소에 불과합니다.

사회가 인류의 역사를 통틀어 오랫동안 유지하고 있는 데에는 뭔가 특별한 것이 있었던 것은 아닌지 궁금해집니다. 또는 사회집단의 구성요소 중에서 특별히 더 중요한 요소가 있어 인류 사회를 이토록 단단히, 그리고 오랫동안 유지하고 있는지도 모르지요.

이런 궁금증은 사회학자들에게서도 발견됩니다. 사회학자들도 사회집단의 여러 유형과 특성을 살펴보면서 어떤 요소가 특별히 사회의 결속력을 높이는지 알아내고자 했습니다. 그 연구를 통해 앞으로 우리 인간 사회가 나아가야 할 방향성도 찾으려 했습니다. 사회학자들의 앞선 연구를 따라가며 우리도 사회의 올바른 방향성을 찾아봤으면 좋겠습니다. 사회집단의 분류 기준과 분류된 유형 및 특성을 무턱대고 암기하는 데 몰두하는 일은 이젠 그만두었으면 좋겠습니다. 그것은 사회학을 바르게 공부하는 방식이 아니기 때문입니다.

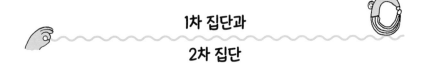

1차 집단과 2차 집단

많은 사회학자가 사회의 끈끈한 유지에 관심을 가졌습니다. 개인의 자아에 관심을 두던 쿨리도 예외가 아니었습니다. 개인 자아에 관심이 있다고 해서 사회에서 벗어나려는 사람으로 오해해서는 안 됩니다. 자아를 강조하면서 사회의 유지를 분석한다는 게 여전히 의아할 텐데요, 사회를 달리 보면 조금은 이해하기 편합니다.

쿨리는 사회를 개인 간의 상호작용으로 짜인 거대한 직물이라고 보았습니다. 그래서 한 사람의 자아가 다른 사람의 자아와 끈끈하게 접촉하여 사회가 유지되는 연대성이 나타난다고 생각했습니다. 다시 말해 개인 간의 끈끈한 접촉 방식이 사회를 끈끈하게 유지하는 데 가장 중요한 힘이 된다고 믿었던 것이죠.

우리는 다른 사람과 접촉을 합니다. 다양한 접촉 가운데 친밀하고 기본적인 접촉은 개인 자아에 오랫동안 강하게 남습니다. 여기서 학습된 친밀한 개인감정은 사회 공통의 정신으로 이어지는 경향이 있습니다. 친밀하여 끈끈한 감정이 사회를 무너뜨리지 않고 살아 있게 만드는 힘이 됩니다. 친밀한 접촉이 개인의 인성과 정체성 그리고 사회성을 형성하는 데 바탕이 됩니다. 이처럼 쿨리는 친밀한 접촉에 관심이 많았습니다.

친밀한 접촉이 있는 사회집단을 탐구하려던 쿨리는 가장 기본적인 집단에 주목했습니다. 기본적인 사회집단이 개인을 사회적 틀 속에서 통합시키는 데 중요한 역할을 한다고 보았던 것이지요. 그리고 그 사회집단을 1차 집단이라고 불렀습니다. 다시 말해 쿨리가 1차적이라는 용어를 사용한 이유는 개개인의 사회적 성격을 형성하는 데 그 집단이 기본적이라고 보았기 때문입니다. 기초학년인 1학년처럼 사회적 관계 맺음에도 1차 집단은 기초적인 관계를 맺는 집단입니다. 그래서 원초적 집단이라고 부를 수 있습니다.

1차 집단은 친밀한 대면접촉과 구성원 간의 전인격적인 관계를 바탕으로 협동하는 집단을 의미합니다. 대면접촉은 그야말로 인격과 인격이 만나는 접촉이죠. 이 접촉은 인간이 특정한 능력처럼 한정된 부분이 아닌, 인간 그 자체로 모든 부분을 인정해주는, 전인격적 관계를 맺게 합니다. 1차 집단 구성원의 관계가 친밀한 접촉으로 개인의 모든 부분을 존중하기 때문에 1차 집단에서는 개인의 인격이 그대로 살아 있습니다. 서로 믿지 못할 때에는 명령이나 통제가 마구 나타날 수 있습니다. 하지만 1차 집단은 개인과 집단의 신뢰 덕분에 그런 억압 없이 개인이 곧 집단이고, 집단이 곧 개인으로, 개인과 집단은 하나가 됩니다. 그래서 자아와 집단이 뗄 수 없는 관계를 맺습니다.

현실에서 발견할 수 있는 1차 집단으로는 사회화 초기에 영향을 미치는 가족, 놀이집단, 그리고 이웃 등이 있습니다. 쿨리는 이 집단들이 인간적 협동이나 친교를 생성시키는 보편적인 기반이라고 믿었습니다. 이들 집단은 사랑으로 다른 구성원들과 밀착된 결속을 맺게 됩니다. 집단의 목적은 인간관게 그 자체에 있습니다. 다른 사람을 자신의 이익을 위한 수단으로 여기지 않는 것이지요. 이렇게 존중받으니 개인은 그 집단을 마음 깊이 받아들일 수밖에 없지요.

1차 집단은 개인에게 다정다감하게 대해줍니다. 그래서 1차 집단에 있으면 개인은 따뜻함과 인간적 감정을 갖게 됩니다. 1차 집단에서는 서로에 대한 도덕적 헌신이 지배합니다. 도덕성이 살아 있습니다. 그것은 관습처럼 지배합니다. 사람들은 1차 집단에서 습관적으로 참 좋은 것을 배웁니다. 이기적 고립이 아닌 헌신을 배우며 인격이 형성됩니다. 그래서 1차 집단은 완전한 인간의 영역이라고 할 수 있습니다. 인간성이 고스란히 담겨 있기 때문이죠. 쿨리는 1차 집단을 자신이 생각할 수 있는 범위 안에서 가장 완전하다고 여겼습니다.

그런데 사회에는 이런 1차 집단만 있는 게 아닙니다. 사회가 점차 복잡하게 분화되어가면서 새로운 형태의 집단이 많이 등장했습니다. 그 새로운 집단을 2차 집단이라고 부릅니다. 하지만 쿨리는 이러한 집단에 대해 2차 집단이라는 이름조차 붙여주지 않았습니다. 냉대했죠. 나중에 다른 사회학자들이 2차 집단이라는 용어를 만들어 불렀을 뿐입니다.

회사, 정당과 같은 2차 집단이라고 부르는 집단에서는 집단의 구성원이 접촉하는 방식이 1차 집단과 달랐습니다. 2차 집단에서는 사람들이 간접적인 접촉과 부분적인 관계를 바탕으로 특정한 목적, 즉 이해관계에 따라 결합하려고 합니다. 여기서는 개인의 이익을 극대화하려는 개인주의적 성향을 보여줍니다. 나에게 이익이 되느냐에 따라 다른 사람을 평가합니다. 이해관계에 따라 관계를 형성하기 때문에 사람은 목적이 아니라 수단으로 취급됩니다. 계약적 관계입니다. 사람의 내면이 아니라 표면적인 것만 봅니다. 겉으로 드러난 능력과 그 능력이 자신에게 어떤 이익을 줄지를 따져 관계를 맺는 것이지요.

1차 집단보다 2차 집단은 집단의 규모가 큽니다. 그러니 애매한 도덕규범만으로 운영하기가 어려울 수 있습니다. 명확한 규범이 있어야 그 많은 사람을 관리할 수 있습니다. 규칙과 법률 등에 의한 공식적 통제가 지배적으로 나타납니다. 지배적으로 나타난다는 말은 도덕이나 관습 등 비공식적 통제도 있지만, 규칙과 법률과 같은 공식적 통제가 훨씬 더 많다는 것입니다. 정말 인정머리라고는 찾아볼 수 없는 집단입니다. 냉혹합니다. 잘못을 저지르면 따뜻하게 타이르며 끌어안으려 하지 않습니다. 확실한 응징이 집단 운영에 더 효과적이라고 판단했을 겁니다. 그러면 이런 집단에서 인간은 어떤 감정을 가지게 될까요? 친밀함보다는 냉혹함 혹은 엄격함일 것입니다. 가뜩이나 사회가 전문화되고 복잡화되면서 2차 집단의 수가 증가하고 있습니다. 이 집단만으로 움직이는 사회라면 인간의 온기를 전혀 느낄 수 없을 것입니다.

이러한 2차 집단이 현대사회에서 많이 늘었지만 쿨리는 사회가 생명을 얻고 성장하는 데에는 1차 집단의 힘이 크다고 보았습니다. 1차 집단에 거는 기대가 컸고 낙관적이었습니다. 이런 기대는 쿨리의 성격이 연구에도 영향을 미친 덕분이었습니다. 그는 사회를 설명하고 분석할 때도 푸근하고 다정다감했습니다. 2차 집단에서 쏟아내는 사회 갈등과 오점들은 일시적이라고 생각하며 끌어안으려고 했습니다. 오히려 전 세계가 1차 집단을 닮아가면서 2차 집단은 소멸할 운명에 있는 것으로 여겼습니다. 1차 집단의 친밀한 따스함이 2차 집단의 냉혹한 감정을 녹일 수 있다고 생각했습니다. 그리하여 1차 집단의 속성이 가족에서 지역 공동체, 국가 그리고 세계 공동체로 확대되는 것이 필요하고, 또 그것이 가능하다고 생각했습니다.

쿨리는 인간과 사회, 자아와 타자는 서로 떨어지지 않고 하나의 사회에 통합적으로 연결되어 있다고 보았습니다. 우리 사회가 유지되는 것은 공동의 유대 때문이라는 것입니다. 그것은 분명히 사실로서 존재하는 것입니다. 다만 그 유대감이 파괴되지 않기를 우리가 얼마나 원하고 있는지, 그것을 위해 우리가 얼마나 노력할 수 있는지가 관건입니다. 친밀한 애정과 관심을 부담스러운 속박으로 느끼고, 이해타산적이고 계약적인 게 더 편하다고 생각하는 사람이 많으면 쿨리의 전망은 그다지 밝지 않을 겁니다. 하지만 인격적 대우를 받는 공동체 속에서 살아가야 인간은 인간으로서 행복해질 수 있다는 데에 많은 사람이 동의합니다. 우리가 개인의 개성과 인격은 존중하며 친밀한 상호작용의 경험을 계속 늘려갈 수 있다면 쿨리의 기대가 현실에 자리 잡는 게 어려운 일은 아닐 것입니다. 우리 사회에서 벌어지는 일들에 관심을 가지고 기쁠 때에는 같이 웃고, 슬픔은 나누며 살아가는 일들이 많아질수록 서로가 서로에게 힘이 되어줄 것은 분명해 보입니다. 그 끈끈한 줄이 약할 것 같으면 우리의 노력을 곱들여야겠습니다.

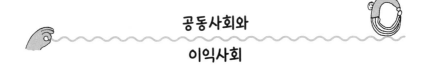

공동사회와 이익사회

사회가 오랫동안 형성 및 유지하고 있는 원인을 깊이 있게 파고들다보면 사회 안에서 인간으로, 그리고 그 인간의 내면까지 들어갈 수도 있습니다. 이렇게 인간의 심리적인 면에서 사회의 힘을 찾으려는 독일의 사회학자가 있었습니다. 퇴니스(Tönnies, F.)입니다.

퇴니스는 모든 사회적 실재의 현상은 인간의 의지를 표현한 것으로 이해했습니다. 인간이 사회적 동물이라는 말을 퇴니스에 따라 다시 말할 수 있다면, 인간은 사회 혹은 집단을 형성하려는 의지를 가지고 태어났다고 할 수 있을 것입니다. 의지에 따라 사회관계를 확립하는 방법이 달라지고, 결국 실재하는 사회집단도 달라질 수 있습니다. 그렇다면 인간에게 어떤 의지가 있을까요?

퇴니스는 인간에게는 본질의지와 선택의지가 있다고 봅니다. 본질의지는 자연스러운 것으로 인간의 깊은 곳에 내재해 있는 심층적인 의지입니다. 그것은 자발적인 삶의 운영과 역동성을 표현하는 것으로 모든 창조와 창의성의 근원이 됩니다. 인간의 삶은 본질의지에서 비롯되는 것이지요.

반면 선택의지는 인간이 살아가면서 때에 따라 선택하는 의지입니다. 사람들은 여러 가지 목표를 두게 마련입니다. 목표하는 바가 대학 입학일 수 있고, 부자가 되거나 행복해지는 것일 수 있을 텐데요, 그 목표를 실현하는 수단이 되는 의지가 선택의지입니다. 선택의지는 자발적인 충동으로 작용하지 않습니다. 인위적이고 계획적입니다. 충분히 계획하고 준비해서 자신이 원하는 바를 얻으려 합니다. 선택의지는 자신의 삶을 원하는 방향으로 바꾸는 동력이 될 수 있지요.

이러한 의지가 각기 다른 사회집단을 형성합니다. 본질의지에 의해 공동사회(공동체)를 형성하고, 선택의지에 의해 이익사회(결사체)를 형성한다는 것입니다. 인간의 의지에 따라 서로 다른 사회의 모습을 보여주는 것입니다.

공동사회는 본질의지에 바탕을 두고 자연적으로 형성된 집단입니다. 공동사회의 전형적인 예로 가족, 이웃, 또래 집단, 농촌의 전통 공동체 등이 있습니다. 쿨리가 말한 1차 집단과 공통적인 성격을 보이기도 합니다. 공동사회에서는 구성원 간에 친밀하고 정서적 교감이 많이 일어나 상호관계가 매우 협력적입니다.

반면 이익을 달성하려고 선택의지에 의해 결합된 이익사회는 수단적인 인간관계가 주로 나타납니다. 이익사회의 전형적인 예로는 학교, 회사, 정당 등이 있습니다. 쿨리가 얘기했던 모든 2차 집단은 이익사회에 해당합니다. 이들 집단은 지식, 부, 권력 등을 얻으려고 이해득실을 따져 결합했습니다.

하지만 퇴니스는 공동사회와 이익사회를 병렬적으로 나란히 놓고 각 사회에 대해 감정 없이 대우하지 않았습니다. 이익사회를 굉장히 비판적으로 봤습니다.

퇴니스는 근대 이후 등장한 이익사회에서는 내적 자발성이 부족하고 이익을 우선시하는 개인주의가 만연해 있다고 비판했습니다. 이익사회는 자연발생적이지 않은 인위적인 질서에 근거하여 형성되었습니다. 자신의 재산을 타인에게서 지키고자 하며 타산과 계산을 바탕으로 하는 사회적 관계를 맺습니다. 화폐와 같이 비인격적인 교환이 이뤄집니다. 이익을 추구하려고 만든 사회이므로 이익사회는 결합이 하나의 수단입니다. 목적이 아닙니다. 목적은 오직 이익에 있습니다. 후천적인 필요에 따라 결합한 집단이지요. 이익만 달성하면 그 집단의 운명은 끝납니다. 친밀하지 않아 서로를 신뢰하기 어렵습니다. 그래서 일시적으로 끝날 위험성도 많지요.

이익사회는 서로 다를 수 있는 이해를 추구하니 집단의 운영에는 계약과 일정한 절차에 의해 마련된 규칙이 중요합니다. 인간미는 부족합니다. 그래서 공동체의 유대 관계를 해체합니다. 이익사회는 계급의 분화와 같은 많은 분화를 재생산합니다. 계급도 이해관계에 따른 것일 수 있습니다. 이처럼 이익사회는 끊임없이 쪼개질 수 있는 것입니다. 이런 사회는 인간 본연의 모습이라고 보기는 어렵습니다.

퇴니스는 이익사회에 대한 비판과 달리 공동사회에 대해서는 매우 우호적이었습니다. "나쁜 공동사회란 없다"라고 말할 정도로 공동사회를 편애했습니다. 공동사회는 실제적이고 유기체적 삶의 욕구에 부응합니다. 신뢰와 친밀성의 장소이며, 진실하고 지속적인 공동의 생활 공간입니다. 집단으로 결합하려는 것 자체가 목적이 됩니다. 어떤 수단으로 집단을 활용하는 게 아닙니다. 사회적 공존의 진정한 본질은 공동사회에 있습니다.

공동사회는 개인의 원초적이고 선천적이며 자연적인 상태에 근원을 두고 있습니다. 혈연이나 친족 공동사회, 지역 혹은 이웃 공동사회, 우정이나 정신적인 공동사회가 대표적인 유형입니다. 구성원의 관계도 매우 친밀합니다. 공동사회는 과거에서 되풀이된 행동 양식, 즉 관습과 전통에 의해 운영됩니다. 이것은 비공식적 통제라 하지요. 가족 구성원 간의 관계, 특히 모성의 본능적 자발성을 주목할 만합니다. 그것이 가족이나 친족뿐만 아니라 지역 사회에서도 여전히 나타날 수 있습니다. 인간의 본질적인 의지이기 때문입니다. 인간의 본질이 어디 가나요? 이 본질의지가 사회를 형성하고 유지하는 힘이라고 믿었습니다.

퇴니스는 이처럼 공동사회에 대한 애착이 강했지만, 근대 이후 변화된 사회는 그 반대로 흘렀습니다. 점차 이익사회가 증대하고 있었던 것이죠. 하지만 퇴니스는 남들처럼 그 시대와 적당히 타협하지 않았습니다. 증대되는 이익사회를 어쩔 수 없는 것으로 받아들이자는 주장에 동의하지 않았습니다. 오히려 이익사회의 증가를 일시적인 변화에 불과하다고 봤죠. 그는 인간의 본질의지에 대한 신념이 대단했습니다. 그리하여 본질의지가 일시적인 변화에 불과한 이익사회를 분쇄할 것이라고 믿었습니다. 도시화가 진행되더라도 도시에서 공동사회를 만들 수 있다고 봤습니다. 도시에서도 도덕, 정, 따스함이 있을 수 있다는 것이죠. 퇴니스는 인간이 마침내 다시 공동사회를 완성할 것이라고 생각했습니다.

퇴니스는 쿨리와 비슷한 점이 많아 보이는데, 그러면 여러분은 퇴니스의 공동사회에 대한 애착과 전망을 어떻게 생각하나요? 사회 공동체에 대해 지나치게 낭만적으로 접근하고 있는 것일까요? 물론 오늘날 현대사회는 많은 분화가 이루어진 사회입니다. 산업화되고 고도로 분화된 현대사회 체계에서 볼 때 공동사회를 말하면 시대 변화를 읽지 못하는 아둔함으로 생각하는 사람도 있을 것입니다. 공동사회를 말하면 마치 전통사회로 되돌아갈 것을 촉구하는 것처럼 느낄 수도 있기 때문입니다. 물론 현대인은 전통사회로 되돌아갈 수는 없습니다. 그것을 모르는 사람은 없지요. 하지만 그렇다고 해서 우리는 이렇게 이익에 따라 찢긴 사회로 계속 나아가야 할까요?

세상을 공동사회로 바꾸려는 시도가 역사적으로 있었죠. 사회주의입니다. 실제로 퇴니스의 공동사회에 대한 강한 애착은 나중에 사회주의에 영향을 주었습니다. 마르크스도 퇴니스의 생각에 어느 정도 동의하는 부분이 있습니다. 마르크스는 인간의 사회적 관계가 본래 인격적으로 연결되어 있었다고 합니다. 그런데 자본주의 사회는 그런 사회관계를 경제관계, 즉 화폐 교환 관계로 만들었다고 주장합니다. 전인격적 사회관계를 단순한 경제적 관계로 변형시킨 것은 자본주의가 유일하다고 마르크스는 말했습니다. 자본주의가 인격적, 사회적 연대를 파괴한 것을 개탄했던 것입니다.

그러면 지금의 자본주의 사회를 우리는 어쩔 수 없다고 받아들여야 할까요? 물론 현실 사회주의는 독재로 얼룩져 심하게 왜곡되었습니다. 민주주의가 없는 사회주의는 끔찍했습니다. 사회주의 실험의 실패는 뼈아픈 경험이었죠. 그러면 사회주의에 영향을 준 공동사회에 대한 꿈도 포기해야 할까요? 아니면 민주적 공동사회를 그리며 생을 두고 끝까지 그 꿈을 꿔야 할까요?

분명한 것이 있습니다. 우리는 언제나 인간적 유대감을 바탕으로 하는 사회를 원했다는 것이고 그러한 사회를 만들기 위한 노력을 멈춘 일이 없다는 것입니다. 그 노력이 인류 역사 전체를 통틀어 한 번도 그치지 않고 계속되었기에 인간에게는 그것이 본질적인 의지로 존재한다고 말할 수도 있을 것입니다. 전 세계가 하나의 자본주의 체제로 작동되고 있는 오늘날, 첨예하게 이해타산적이고 사람을 끊임없이 수단시하며 잔인한 경쟁이 계속되고, 결국 사회 불평등도 깊어져 벼랑 끝에 몰린 삶이 수없이 많습니다. 그러자 현실 사회주의의 몰락과 함께 끝난 줄 알았던 사회 공동체에 대한 의지와 갈망도 최근에 새롭게 나타나고 있습니다.

인류가 존재하는 한, 사회는 종말을 고하지 않습니다. 어떤 형태로든 사회는 살아 있을 겁니다. 하지만 그 사회가 어떤 모습일지는 모릅니다. 어떤 의지로 사회를 만들 것인지에 대해서는 여전히 우리의 과제로 남아 있는 것입니다.

내집단과
외집단

인간이 사회를 형성 및 유지하려는 현상에 대해 모든 사회학자가 공동체 정신에 바탕을 둔 진보적인 생각만으로 접근했던 건 아닙니다. 사회 구성원 상호 간의 우호적인 사회 공동체보다는 근대 이후 자유방임적 시장 경제 체제에서 경쟁하는 관계가 사회를 형성 및 유지하는 데 긍정적인 영향을 미쳤다고 생각하는 학자도 있습니다. 사회를 따뜻한 공동체로 만들려고 애쓰지 마라. 자유롭게 내버려두라고 주장하는 식이지요. 마치 애덤 스미스의 '보이지 않는 손'이 생각납니다. 공동체의 보호는 안중에도 없어 보입니다. 이 같은 생각에 충실한 학자로 미국 출신의 섬너(Sumner, W.G.)만한 인물이 없습니다.

인간을 자유롭게 내버려두면 무슨 일이 일어날까요? 섬너는 서로 자기 이익을 위해 싸운다고 봤습니다. 섬너는 '인간의 역사란 개인, 계층, 집단 간의 끊임없는 싸움'이라고 말했습니다. 앞에서 소개한 쿨리, 퇴니스와 달리 섬너는 이러한 적대적 싸움이 사회를 형성 및 유지하는 힘이라고 믿었습니다. 싸움을 응원했던 거예요.

그런데 좀 이상하지 않나요? 개인이나 집단들이 서로 제멋대로 싸우고 다투면 안정적인 사회집단이 형성되기 어려울 것 같지 않나요? 그런데 싸움이 사회집단의 안정성에 도움이 된다고 주장하네요. 어떻게 된 일일까요?

하지만 그 싸움이 외부집단과의 싸움이면 말이 달라져요. 외부와의 싸움, 즉 집단 간 싸움을 경험하다보면, 자신의 집단이 살아남으려면 무엇을 어떻게 해야 하는지가 분명해진다는 거예요. 그러고 보니 사회가 그토록 오랫동안 유지될 정도로 강한 이유가 있었네요. 싸움 속에서 단련되었으니 말이죠.

섬너는 적대감이 사회집단을 형성 및 유지하는 데 도움이 되었다고 주장했습니다. 그는 '적대적인 협력'이라는 용어를 강조했습니다. 이 개념은 두 집단 간의 관계에서 사용할 수 있는 용어입니다. 두 집단 사이에 존재하는 적대감, 즉 다른 집단과의 적대감에 의해서 자신이 소속된 집단 내에서 일어날 수 있는 갈등과 적대감을 누그러뜨리고 협력을 유도한다는 것이지요. 내부의 결속이 필요할 때 손쉬운 방법은 외부에 적을 만드는 것이란 말이죠.

가장 강렬한 적대감을 불러일으키는 것으로 전쟁만한 것이 없습니다. 아무리 구조적인 갈등으로 몸살을 앓던 국가도 전쟁 덕분에 단숨에 아주 단단한 협력을 이뤄냅니다. 전쟁을 하면 아군과 적군이 명확해집니다. 전쟁을 하며 자신이 속한 국가의 결속을 다집니다. 전장에서 다른 국가와 전쟁을 벌이며 피를 본 이상 집안싸움만 하고 있을 수는 없겠죠. 한 집단의 질서와 안정은 다른 집단과의 전쟁을 통해 형성된 것입니다. 다른 나라와의 전쟁은 자국의 평화를 만듭니다. 예를 들어 일본은 임진왜란을 일으켜 일본 내 분열을 막고 사회를 통합할 수 있었죠. 거기서 끝나지 않았죠. 근대화 이후에는 우리를 다시 침략하여 강제로 점령하고, 나아가 세계로 전선을 넓히면서 자신들의 국가에 맹종하는 아주 단합된 군국주의 국가가 될 수 있었습니다.

한반도의 분단 체제도 비슷합니다. 한국전쟁을 겪으면서 남과 북은 상대에 대해 강한 증오심을 갖게 되었습니다. 분단 상황이 오래 계속되면서 민족적 동질감은 약해지고 적대감만 강해졌지요. 남과 북에서 정치권력을 잡은 세력은 상대에 대한 적대감을 이용하여 각자가 차지하고 있는 지역의 지배력을 강화했어요. 남쪽은 북쪽에 대한 적대감을 바탕으로 하여 남쪽 사회 내부에서 일어나는 다양한 민주적 요구를 억제했습니다. 노동 문제, 인권 문제, 불평등 문제 등 다양한 사회 문제에서 발생하는 사회 갈등을 민주적으로 해결하는 게 아니라, 사회 갈등은 '적(북한)을 이롭게 하는 행위'라며 몰아세우고 침묵을 강요하며 억압했습니다. 그래서 독재 체제가 오랜 기간 유지될 수 있었던 것입니다. 반공주의 혹은 반북주의를 내걸고 사회 갈등과 분열은 북의 침략을 허용하게 될 것이라고 선전하며 가끔 조작된 간첩 사건을 한두 개씩 터트리면 국민은 독재 정권에 맞서지 않고 단결된 힘으로 북한 타도를 외치고는 했죠. 남쪽의 국민은 그런 식으로 사회 통합을 이뤄냈습니다. 이것은 남한을 적으로 규정한 북한 체제에서도 똑같이 적용되었습니다. 김씨 일가의 세습 체제는 남한을 적대시하면서 강화되었던 것입니다.

섬너는 적대적 협력 관계를 주목하여 내집단과 외집단이라는 개념을 정립했습니다. 내집단은 내가 그 집단의 일부라는 소속감을 느끼는 집단입니다. 우리 집단이라고도 하지요. 우리라는 말은 하나라는 말입니다. '우리는 하나다!'라는 말이죠. 우리 집단에 대한 인식은 자아 정체성을 집단과 일치시키면서 형성하게 됩니다. 사회생활에 필요한 판단과 행동의 기준을 습득하게 되는 것입니다. 반면 외집단은 소속감이 없는 집단입니다. 그들 집단이라고도 합니다. 그들 집단은 우리 집단과 뚜렷이 구분됩니다. 외집단과 내집단이 구분되기 때문에 외집단을 통해 내집단의 성격도 파악할 수 있습니다.

섬너는 소속감을 기준으로 내집단과 외집단을 구분하고 있다고 할 수 있는데, 그 소속감의 발생이 적대에 있다는 것을 잊어서는 안 됩니다. 내집단, 즉 우리 집단의 연대성은 외집단에 대한 적대에서 일어납니다.

월드컵 축구대회에서 한국 팀과 다른 나라 팀이 경기를 벌일 때, '대~한민국, 짝짝~ 짝 짝짝!'을 손바닥이 뜨거워지고 목소리가 쉴 정도로 외치면 그 순간 대한민국 국민은 모두 한 팀이 됩니다. 다양한 정치적, 사회적 갈등을 겪는 나라이지만 최소한 월드컵 축구대회가 벌어지는 기간 동안 대한민국은 하나가 됩니다. 대한민국을 내집단으로 여기는 것이죠. 다른 나라도 마찬가지죠. 유럽이라는 좁은 대륙에서 국가들이 그리 많은 이유는 축구의 발달과 무관하지 않습니다. 축구경기를 하면서 자기 국가에 대한 인식도 커졌지요. 축구경기의 승패가 국가의 운명인 것처럼 받아들였기 때문에 축구도 잘하게 되었고 더불어 자기 국가에 대한 소속감을 강화했던 거죠. 이처럼 다른 집단과의 경쟁과 대립 속에서 소속감이 생기게 됩니다.

그런데 내집단과 외집단의 구분은 적대 전선이 어떻게 그어지냐에 따라 달라질 수 있습니다. 즉 고정불변의 것이 아니며 상황에 따라서 달라질 수 있는 것입니다. 이런 선 긋기는 일상에서도 흔히 볼 수 있습니다. 교내 체육대회에서 학급별 대항전을 벌일 때에는 다른 학급이 외집단이 되지만, 교외 대회에서 학교 대항 경기를 할 때에는 우리 학교가 내집단이 되고, 이때에는 교내 체육대회에서 적대 관계에 있던 다른 학급도 내 집단에 포함되기 때문입니다.

하지만 우리 집단을 강조하는 게 예상하지 못한 문제를 낳습니다. 서구 제국주의 국가의 국민은 소속감을 느끼는 자기 문화 집단을 모든 것의 중심으로 삼는 자민족 중심주의 혹은 자문화 중심주의를 바탕으로 침략 전쟁을 정당화하여 세계 평화에 부정적인 영향을 주기도 했습니다. 우리라는 단어를 정말 많이 쓰는 한국 사회도 마찬가지죠. 우리 지역이라는 인식은 국가를 분열시키고, 혈통을 강조한 우리 국민 혹은 우리 민족은 이주 노동자에 대한 차별을 낳았습니다.

그럼 우리 집단 내의 균열과 갈등은 어떻게 해결할까요? 재미있게도 이런 문제를 초래한 섬너의 논리에서 그 해결책도 찾을 수 있습니다. 적대 전선의 바깥 경계를 확장하는 거죠.

분단 체제에서 대립과 갈등을 언급했는데요, 남과 북을 한민족, 우리 민족으로 여기면 남과 북은 우리 집단이 됩니다. 이런 우리 집단에 대한 소속감은 남북 단일팀으로 올림픽에 출전할 때 생겨날 수 있죠. 남북 단일팀은 다른 국가와 대립 전선이 그어져 남북을 분열에서 구할 수 있는 거죠. 치열한 세계 경제 체제와 외교 안보 체제에서 우리 민족을 보호할 의지만 있다면 더 큰 그림을 그릴 수도 있어요. 한반도의 이익을 침해하고 자국의 이익만 추구하는 한반도 주변의 열강들, 예컨대 미국, 일본, 중국, 러시아를 모두 적으로 설정하면 남북은 자연스럽게 하나가 될 수 있습니다.

그러면 이처럼 한 국가 혹은 한 민족의 단결과 통합을 이루면 세계 평화가 찾아올까요? 아니지요. 국가 간 분쟁은 막지 못하죠. 그럼 모든 인류가 행복해질 수 있는 세계 평화는 또 어떻게 이룰 수 있죠? 역시 섬녀의 논리에서 답을 찾을 수 있어요. 지구 밖에 적대적 존재를 설정하면 됩니다. 예를 들어 외계인과 적대적 대립 관계를 갖는 거죠. 만일 외계인이 있어 지구를 침략한다면 모든 지구인은 인종, 문화, 언어, 국적의 차이를 뛰어넘어 하나된 집단이 될 것이라는 논리가 가능해집니다. 그래야 국가 간 대립을 넘어 지구 공동체를 만들 수 있다는 거죠.

섬녀의 의견을 따르면, 적대감을 가질 만한 외부의 적을 끊임없이 찾아야 해요. 그런데 이렇게 적개심의 칼날만 세우는 게 좋은 일인가요? 이런 적대적 관계를 통해 그 집단은 도대체 무엇을 얻을 수 있죠? 물론 우리 집단, 우리 사회를 안정적으로 유지할 수 있게 되죠. 그런데 여기서 결정적인 문제가 있어요. 사회가 안정적으로 유지되면 그것이 최선인가요? 우리 사회 안의 여러 문제가 해결된 건가요? 해결된 건 하나도 없습니다.

섬녀처럼 접근하면 우리 집단은 내부의 문제를 해결하지 못한 채 덮어버리는 문제를 낳습니다. 외부와의 싸움 덕분에 내집단이 통합되더라도, 그것은 일시적인 안정에 그칠 수 있습니다. 개인을 집단에 종속시켜 개인의 욕구를 충분히 충족시키지 못할 뿐만 아니라 내집단 내부에서 개인들이 겪는 문제를 잠시 덮어두는 것에 불과하기 때문입니다. 여전히 문제점과 갈등을 품고 있는 거죠.

외부 세력과 적대 관계에 있더라도 사회 내부의 계급 모순이 사라지지 않는 한 우리는 온전한 우리가 되지 못합니다. 지구 사회가 온갖 모순으로 가득하여 여전히 인종, 계급, 성, 문화, 국적에 따라 갈라져 있는 한, 외계인이 지구를 침략해도 하나된 지구 공동체 사회를 완성하기는 힘들 것입니다. 일시적으로 지구가 하나되어 외계인의 침략에 맞선다고 한들 지구를 진정한 우리 집단으로 부르기도 어렵죠. 그리고 하나된 지구 인류를 위해 언제까지 외계인의 침략을 앉아서 기다리고 있을 수만도 없습니다.

섬너의 주장을 비판적으로 볼 필요가 있어요. 사회 내부의 모순을 적극적으로 해결할 때 진정한 우리 집단이 될 수 있어요. 외계인과의 전쟁 따위는 필요 없습니다. 우리 지구에 있는 모든 세계 국가와 시민들이 지구의 문제를 우리의 문제로 인식하고 적극적으로 해결할 때 우리는 '진정한 우리'가 될 수 있습니다.

준거집단

사회가 유지되는 힘을 찾으면서 또 다른 생각이 듭니다. 사회 혹은 사회 집단이 오랫동안 지속하는 이유는 그 집단을 개인이 추종하기 때문일 수도 있다는 생각이죠. 여러 집단에 속해 있는 개인은 특별히 자신이 중요하게 생각하는 집단에 대해서는 더 많은 의미를 부여하고 그 사회집단의 규범을 진정성 있게 내면화하려고 노력하더란 말이죠. 그러니 사회가 지속할 수밖에 없지요. 개인이 떠받치고 있으니까요.

사람들은 여러 집단 가운데 특정 집단을 보고 행동합니다. 이처럼 한 개인이 자신의 신념, 태도, 가치 및 행동 방향을 결정하는 데 기준으로 삼고 있는 사회집단을 준거집단(準據集團, reference group)이라고 합니다. 개인이 어떤 사람들이나 집단의 가치와 기준을 자기 삶의 기준으로 받아들이게 될 때, 그 사람들이나 집단은 준거집단이 됩니다.

　준거집단이라는 용어는 1942년 미국의 사회심리학자 하이먼(Hyman, H.)의 논문 〈지위의 심리학〉에서 처음 사용되었습니다. 하이먼에 따르면, 개인 스스로 특정 집단을 콕 집어 자신과 동일시한다고 합니다. 특정 집단에서 강조하는 것에 따라 개인은 자신의 신념, 태도, 가치, 행동 방향을 결정하는 거죠. 이 말은 다시 말해 한 개인의 행동이나 특성을 알고 싶으면 그 사람이 중요하게 취급하는 준거집단을 보면 큰 도움이 된다는 말이기도 합니다.

　준거집단은 개인에게 바람직한 행위나 가치를 지향하도록 유도하는 방향을 제시합니다. 규범적 기능이라 할 수 있겠습니다. 사회적으로 긍정적인 영향을 주는 집단은 그 집단의 요구를 닮게 하여 개인의 사고와 행동을 긍정적으로 유인합니다. 하지만 폭력 집단처럼 사회적으로 해악을 끼칠 수 있는 준거집단도 있습니다. 일반적으로 사람들은 이런 집단을 멀리해야 한다는 생각을 하게 됩니다. 물론 그 폭력 집단을 흠모하는 사람은 달리 생각하겠죠. 이처럼 수용과 참여의 기준이 되는 준거집단이 있고, 거부나 반대의 기준으로 삼을 만한 준거집단도 있습니다. 일반적으로 사회 구성원은 이런 것을 가려낼 줄 알기 때문에 사회가 바람직한 방향으로 오랫동안 유지될 수 있는 것이랍니다.

　그리고 준거집단은 한 개인이 자신 및 다른 사람을 평가할 때 그 평가의 기준이 되는 기능을 합니다. 예를 들어 서울대를 준거집단으로 삼는 학생이 있다고 가정해보죠. 이때 자신이 서울대에 입학하지 못하면 자신을 심하게 책망하고, 주변에서 다른 학생이 서울대가 아닌 다른 대학에 합격하더라도 역시 비웃어요. 자신의 눈높이는 항상 서울대에 맞춰 있기 때문에 자신과 다른 학생을 평가할 때 서울대가 아닌 대학에 들어간 모든 사람을 낮추어 평가하죠.

개인이 준거집단에서 사는 것은 행복한 것입니다. 그런데 모든 사람이 준거집단에 소속되어 있는 것은 아니에요. 준거집단은 소속집단과 구분해서 봐야 합니다. 소속집단은 내가 현재 실제로 소속되어 있는 집단입니다. 소속되어 있지 않으면서 소속집단이라고 할 수는 없지요. 준거집단이 소속집단과 일치하면 좋겠지요. 신나지요. 행복합니다. 하지만 일치하지 않을 수도 있습니다. 이때는 생활이 매일 괴롭고 힘들 수 있습니다.

예를 들어 여러분이 입학하고 싶은 대학이 있습니다. 그 대학에 가려고 할 수 있는 건 다하려고 합니다. 대학에서 요구하는 인재상에 맞게 전공 적합성과 학업 역량을 갖추려고 노력하죠. 그래서 드디어 그 대학에 입학했습니다. 그러면 그 대학은 여러분에게 소속집단이면서 준거집단이 됩니다. 이때부터 여러분은 그 대학 로고가 새겨진 과잠(소속 학과 잠바)을 입고 다양한 대학 행사에 적극적으로 참여하게 됩니다. 소속집단에 대한 만족감과 자긍심이 높아지며 자신감 있게 행동하여 적극적인 공동체 의식을 갖게 되지요.

그런데 열심히 공부했지만 원하지도 않던 대학에 갈 수도 있습니다. 소속집단과 준거집단이 어긋난 경우이지요. 이때는 그 대학에 다니면서도 애착이 생기지를 않게 되지요. 대학 캠퍼스는 왜 이리도 멋이 없는지, 학교 식당 밥은 왜 이리 맛이 없는지, 모든 게 불만이죠. 대학을 졸업할 때까지 자신이 가고 싶던 대학을 가지 못한 것에 열등감을 느끼며 4년을 흘려

버리기도 합니다. 아니면 대학을 다니면서 다시 수능을 준비하는 '반수'를 선택하지요. 그러면서 같은 학과 동기나 선배를 무시하죠. "난 원래 이 대학에 올 사람은 아니었어. 너희와는 달라"라고 말하면서요. 정말 간절히 원해서 그 대학에 온 사람 눈에 이 사람이 어떻게 보이겠어요? 정이 안 갈 뿐만 아니라 한 방 때려주고 싶죠. 이처럼 소속집단에 대한 불만이나 상실감이 생기거나 상대적 박탈감도 가질 수 있습니다. 그리고 준거집단의 사고와 행동을 여전히 추종하기 때문에 소속집단 구성원과 갈등을 일으키는 경우가 발생할 수 있습니다. 일탈 행동도 서슴지 않을 겁니다.

그렇다면, 여러분의 준거집단은 안녕하신가요? 준거집단은 개인마다 다를 수 있습니다. 개인 심리가 영향을 미치기도 하지요. 준거집단은 소속되고 싶은 집단이죠. 그래서 사회학자들은 준거집단이 소속집단이 되면 더할 나위 없이 만족하더라고 말하죠. 그런데 정말 그런가요?

여러분은 소위 상위권 대학에 목말라 하니까, 그 대학에 입학한 선배에게 물어보세요. 행복하냐고. 다들 행복해야 하는데, 그렇지 않다고 답하는 학생이 제법 많아요. 그래서 상담 치료를 받는 학생도 많다고 합니다. 왜 그럴까요? 실제는 내가 상상하던 준거집단이 아니었던 거죠. 밖에서 본 준거집단과 안에서 경험한 준거집단이 다를 수 있거든요. 원하던 대학의 원하던 학과를 얼마나 가고 싶었던지 자기소개서를 소설처럼 꾸며서까지 들어가기는 했지만, 실제로 경험해본 그 준거집단의 생활이 녹록지 않더란 겁니다.

게다가 대학만 들어가면 고생 끝, 행복 시작인 줄 알았는데, 졸업 후 취업 걱정도 해야 합니다. 그러면서 취업하고 싶은 준거집단이 또 생겨납니다. 개인의 바람이 많은 만큼 준거집단도 여럿일 수 있습니다. 그래서 이번에는 대기업 취업을 준비합니다. 만족스럽지 못했던 대학 생활을 마치고 대기업에 취업하면 못 찾았던 행복을 찾을 수 있을까요? 회사원 생활은 더 만족스럽지 못할 걸요.

이런 일들을 보면 우리는 준거집단을 처음부터 다시 생각해보게 됩니다. 나의 준거집단은 정말 내가 따르고 싶을 만큼 좋아하는 집단이어야 하는데, 처음 내가 생각한 준거집단은 내가 정말 원했던 집단인지 되돌아보게 됩니다. 근원적인 회의감이 드는 거죠. 준거집단을 처음 세울 때로 돌아가봐서 다시 생각해보세요. 그게 순전히 나의 의지였다고 말할 수 있나요? 물론 여러분은 대학은 어디를 가겠노라고, 크면 무엇이 되겠노라고 자신 있게 얘기해왔습니다. 원하는 준거집단이 분명한 것 같았죠. 그런데 진심으로 그 집단을 좋아했던 건가요? 남들이 권하니까 나도 그게 좋은 줄 알았던 건 아닐까요? 그러면서 얼떨결에 나도 그것을 원했던 것처럼 착각한 것은 아니었을까요? 남들이 권하고 남들이 갖고 있으니까 나도 원하게 되지요. 갖고 싶어서요.

내가 준거집단이라고 믿는 게, 사실은 내가 좋다고 스스로 내린 결단과는 관계가 없는, 다른 사람의 삶 속으로 끌려 들어가, 남들이 보기에 부러워하는 길을 그럭저럭 가고 있는 것은 아닌지 한번쯤은 생각해봤으면 합니다. 막연한 로망으로 준거집단에 맞춰 평생을 달려오다 그것이 사실과 다를 때 느끼는 허망함은 매우 크게 다가옵니다. 그러니 지금이라도 막연한 준거집단에 대한 여러분의 의지를 다시 들여다보세요.

자아란 것은 매우 생동감이 있어요. 그 자아에 귀 기울여보세요. 진정한 자아는 본래 기성품에 만족해하지 않아요. 내가 좋아하는 것은 세상에 없어요. 나의 준거집단도 사실은 내가 좋아하는 것과 부분적으로 일치하는 면이 있을 뿐이지, 그 집단이 나를 전부 만족시킬 수 없지요. 살다 보면 준거집단이 나의 자아를 충분히 성장시킬 수 없다는 것을 느끼는 순간이 분명히 옵니다. 그러면 정말 내가 좋아하는 것은 무엇일까요? 잘 모르겠나요? 내가 만든 게, 정말 내가 좋아하는 것입니다. 누가 나에게 이 길을 가라 하지 않았지만 내가 스스로 선택하여 걷고 있으면, 그 길은 분명 내가 좋아하는 길이 맞을 거예요.

주변 사람들이 다들 권유하는 사회집단의 선택지에서 특정 준거집단을 골라 그곳에 나를 맞추는 게 아니라 우리 스스로가 준거집단을 바꿔나가거나 아니면 아예 새로운 준거집단을 만들면 어떨까요? 준거집단을 찾을 때 기존의 것에만 집착할 이유는 없습니다. 그렇게 집착하면 나의 운신의 폭을 좁힙니다. 내가 진정 좋아하는 것의 토대 위에 준거집단을 세울 필요가 있습니다. 기존의 준거집단은 내 바람의 반만 채워줍니다. 나머지 반은 내가 만들어야 합니다. 그렇다면 뜻 맞는 사람들을 모아 모임을 만들고, 그 모임을 새로운 준거집단으로 만드는 것도 나쁘지는 않을 것 같습니다.

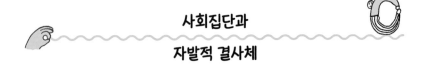

사회집단과
자발적 결사체

사회의 지속적인 유지 현상을 탐구해보면, 문득 엉뚱한 생각도 해봅니다. 사회를 유지할 목적이라면 강제력을 동원해서라도 사회를 유지하면 어떨까요? 철저한 관리를 통해 국가를 운영하는 거죠. 하지만 그것은 완전 깡패국가죠. 사람들이 당장은 공포심 때문에 복종하겠지만 오랫동안 사회 질서가 유지되기는 어려울 거예요. 따라서 개인의 자발적인 참여가 있었기 때문에 사회가 이렇게 유지될 수도 있었을 것이라는 상상력도 발휘해볼 수 있을 것입니다. 앞에서 준거집단을 스스로 만들어보자고 제안했는데요, 자발적인 참여로 만든 집단이 사회를 안정적으로 유지하게 하는 힘이 될 수 있을 거예요.

우리는 개인의 의사와 상관없이 만들어진 수많은 집단에 둘러싸여 살고 있어요. 새장 속에 갇힌 새처럼 말이죠. 특히 국가는 우리가 경험한 집단들 가운데 가장 큰 집단일 거예요. 국가의 강제력은 매우 광범위하고 강력합니다. 국가는 법과 제도를 집행하고, 공권력을 동원할 수 있으므로 개인을 제약하는 정도가 다른 사회집단과 비교되지 않습니다. 이렇게 개인을 통제하니 자율성이 크게 위축되어 불만입니다. 물론 국가의 입장도 들어봐야죠. 수없이 많고 다양한 개인의 입장을 모두 들어주고 그 자율성을 지나치게 인정하면 국가는 방향을 잃고 질서가 파괴되어 결국 존립 자체가 어려워질 수 있다고 합니다. 아무래도 개인과 국가 간의 관계에 일정한 조율이 필요할 것 같습니다. 피아노 음을 조율하듯 말이지요.

개인과 국가 간의 관계 조율에서 중요한 역할을 하는 집단이 있습니다. 자발적 결사체입니다. 자발적 결사체를 특별히 주목한 인물은 프랑스의 귀족, 토크빌(Tocqueville)입니다. 토크빌은《미국의 민주주의》라는 책을 써서 유명한데요, 혼란스러운 프랑스 대혁명을 경험한 그는 미국을 여행하면서 미국이라는 새로운 민주국가가 어떻게 형성되었고 안정적으로 유지되고 있는지를 배우고 싶었어요. 그가 미국 민주주의에서 감명받은 것 가운데 하나가 자발적 결사체입니다. 토크빌이 자발적 결사체에 얼마나 감명을 받았던지 자발적 결사체를 예술의 경지로 표현할 정도였습니다.

그럼 자발적 결사체가 무엇인지 궁금해집니다. 자발적 결사체가 뭐냐면, 구성원들이 공동의 관심사나 이해관계를 기반으로 자발적 의사에 따라 형성된 조직입니다.

자발적이라는 말은 강제적이지 않다는 의미입니다. 가입과 탈퇴가 자유롭습니다. 자발적인 의사로 모인 만큼 자발적 결사체에 참여한 구성원 모두가 동등한 입장에서 참여하고 있으리라고 충분히 예측할 수 있을 겁니다. 자발적으로 윗사람을 모시려고 가입했다는 것은 어색합니다. 무슨 노예도 아니고 말이지요. 자발적 결사체는 구성원의 의지에 따라 유연하고 융통성 있게 운영될 수 있습니다. 또 자발적으로 모이려면 각자가 원하는 것이 비슷해야 합니다. 원하는 게 서로 다른 사람끼리 자발적으로 모이지는 않겠죠. 한편 결사는 뜻이 같은 사람들이 공통의 목적을 이루려고 모여 집단을 이루는 행위를 말하고, 결사체는 그런 단체나 집단을 말합니다. 결사체는 하나의 사회집단인 것이지요. 다시 말해 자발적 결사체는 서로 처지나 원하는 것이 비슷한 사람끼리 서로 모여보자고 의기투합하여 만든 사회집단입니다.

자발적 결사체는 현대에 들어 많아졌어요. 시민이 다양한 만큼 다양한 사회적 욕구가 증대하게 되고, 이해관계도 복잡해졌습니다. 그런 욕구와 이해관계를 반영하여 자발적 결사체가 만들어졌죠. 개인들에게 결사의 자유, 즉 집단을 만들어 자기의 요구를 주장할 자유가 보장되어야 자발적 결사체가 다양하게 형성될 수 있습니다. 따라서 자발적 결사체는 다원화된 민주 사회에서 증가하게 됩니다.

개인의 욕구가 다양한 만큼 자발적 결사체는 참으로 다양합니다. 친목 집단, 이익집단, 시민단체 등이 모두 자발적 결사체입니다. 산악회, 동호회, 향우회, 동창회 등은 취미나 출신 지역 및 출신 학교에서 공감대를 갖고 단순한 친목을 도모합니다. 이런 친목 집단은 친밀성이 중요합니다. 1차 집단은 아니지만 1차 집단의 성격이 강한 자발적 결사체라고 할 수 있습니다. 2차 집단의 비중이 확대되면서 인간 소외를 경험한 사람들은 이처럼 1차 집단의 성격이 강한 자발적 결사체를 만들었습니다. 그런데 1차 집단의 성격이 강하더라도 말 그대로 1차 집단의 성격이 강하다고 말하지 1차 집단이라고 규정하지는 않습니다. 이와 마찬가지로 본질의지에 따른 공동사회로 볼 수도 없습니다. 친목 도모의 이익을 위한 선택의지에 따른 이익사회입니다. 1차 집단의 성격이 강한 자발적 결사체를 포함하여 모든 자발적 결사체는 이익사회입니다.

그런데 많은 자발적 결사체가 1차 집단의 성격보다는 2차 집단의 성격을 보여주고 있습니다. 대표적인 사례로 의사회, 약사회와 같은 직능단체나 노동조합 등 이익집단이 있습니다. 이익집단은 이익을 달성하려고 만든 집단입니다. 그리고 공공의 이익을 내세우는 자발적 결사체도 있습니다. 시민단체가 대표적입니다. 시민단체는 정치개혁, 재벌개혁 등을 주장하는 단체도 있고 환경 문제, 불평등 문제, 성차별 문제, 인권 문제 등 다양한 사회 문제를 해결하려고 자발적으로 모인 집단입니다.

친목집단, 이익집단, 시민단체 등을 자발적 결사체의 사례로 나열하다 보니 다른 사회조직에 대한 궁금증이 생길 것입니다. 특히 학교, 기업, 정당 등과 같은 2차 집단에 대한 궁금증이 커지는데요. 이들도 자발적 결사체일까요?

학교는 자발적 결사체가 아닙니다. 학교는 학생들만 모인 곳이 아니지요. 선생님도 있습니다. 학생과 선생님은 입장과 처지가 다릅니다. 원하는 것이 다르지요. 선생님은 가르치는 일을 하고 학생은 배웁니다. 같은 입장에서 공동으로 의기투합하여 만든 조직이 아니므로 자발적 결사체라고 볼 수 없습니다.

학교는 자발적 결사체가 아니지만, 학교, 정확히 말해 학교의 대표자를 단위로 하는 결사체는 가능합니다. 1980년대 학생운동을 이끌었던 전국대학생대표자협의회나 최근 등장하는 대학생연합 단체들은 자발적 결사체입니다. 그리고 전국자사고교장협의회도 자발적 결사체입니다. 시골 학교 살리기 운동본부 같은 것을 만들면 이것도 자발적 결사체라고 볼 수 있을 것입니다. 그리고 학교 밖에 있는 사람들 간의 결사만이 아니라 학교 내에서도 자발적 결사체가 만들어질 수 있습니다. 학생들이 만든 교내 동아리의 경우는 비슷한 부문에 관심 있는 학생들끼리 모여 공통 관심사를 갖기 때문에 자발적 결사체입니다.

기업도 자발적 결사체가 아닙니다. 기업의 구성을 보세요. 노동자와 자본가로 구성되어 있지요. 서로 대등한 사람들이 모여 비슷한 감정이나 이익을 공유하지 않습니다. 대체로 서로 원하는 이익이 대립하지요. 노동자의 이익은 자본가의 이익과 충돌합니다. 근본적으로 대립할 수밖에 없는 관계에서 자발적 결사체가 형성될 수는 없습니다.

삼성이나 현대는 자발적 결사체가 아니지만, 기업, 정확히 말해 기업인을 구성단위로 하는 자발적 결사체는 성립될 수 있습니다. 예를 들어 전국경제인연합회(전경련)처럼 대기업 경영인의 연합체는 기업인들 공동의 이익을 도모하기 위한 결합을 의미하므로 이익집단으로서 자발적 결사체입니다. 사회적 기업의 형태를 띠지만 협동조합의 형식을 갖는 마을기업 설립 협의회 같은 것을 만들었다면 이것 역시 자발적 결사체가 될 것입니다.

정당은 어떨까요? 정당의 구성을 들여다보세요. 정당은 정치적 견해가 비슷한 사람들끼리 권력을 창출하려고 자발적으로 모인 단체에서 출발했습니다. 유럽에서 정당의 역사를 살펴보면, 정당은 재미있게도 시민들이 즐겨 찾는 카페에서 출현합니다. 카페에 앉아 시민들이 정치적 의견을 나누다가 같은 정치적 의견을 지닌 사람끼리 정당을 만들었습니다. 그래서 정당은 자발적 결사체입니다. 다만, 정당은 정치 사회로 연결되어 있습니다. 정치 사회의 주축이 되는 사회조직으로 법적인 기구가 되었습니다. 그래서 겉모습만 봐서는 자발적 결사체로 보이지 않을 수 있습니다. 이중적인 면이 있습니다. 하지만 정당은 시민 사회에 뿌리를 두고 있습니다. 시민 사회에서 비슷한 정치적 경향을 지닌 사람들이 정당을 만들지, 서로 정치적 견해가 대립하는 사람들끼리 같은 정당을 만들지는 않습니다. 그러니 정당은 자발적 결사체입니다.

정당을 보면 확실히 자발적 결사체의 뿌리가 되는 시민 사회가 중요하다는 것을 알 수 있습니다. 시민 사회에서 정치적 견해가 같은 사람들끼리 자발적으로 의견을 모아, 국가권력의 횡포를 막고 개인의 지나친 이익 추구가 공익을 해치는 일도 걸러내어 사회에 이로운 역할을 하려던 것이 정당입니다. 물론 한국의 일부 정당을 보면 이런 생각이 들지 않을 겁니다. 하지만 그렇다고 해서 본래 정당의 뿌리와 의미가 부정되어서는 안 됩니다. 시민 사회에 정당이 종속되도록 시민의 정치적 압박이 필요하지요.

그런데 우리 주변에서 흔히 볼 수 있는 이런 자발적 결사체가 도대체 얼마나 대단한지 토크빌이 예술의 경지라고 했을까요? 토크빌은 이런 일상에서의 자발적 결사체에 사회학적 상상력을 발휘하여 관찰했습니다. 그것은 자발적 결사체의 기능과 관련됩니다.

자발적 결사체에 대한 토크빌의 견해는 시민 사회에 대한 그의 관점에서 비롯되었습니다. 그는 개인과 국가권력의 중간 영역에 시민 사회가 있다고 봅니다. 그 시민 사회에 자발적 결사체가 자리 잡고 있습니다. 자발적 결사체가 개인과 국가의 중간 영역에 있는 만큼 개인과 국가 간에 발생할 수 있는 문제들에 대해 일종의 완충 역할을 할 수 있게 됩니다. 토크빌은 자발적 결사체가 정부 권력이 지나치게 커져 시민의 권리를 침해할 수 있는 것을 막고, 조각처럼 분열된 개인 때문에 사회 통합성이 지나치게 약해지는 것을 모두 방지할 수 있다고 보았습니다. 자발적 결사체는 민주적인 집단으로 누가 시켜서 만든 게 아니라 자발적으로 만든 집단인 만큼 성격상 민주주의의 원리에 충실하면서 개인과 국가 간의 틈을 좁혀줄 수 있을 것입니다.

시민들은 다양한 자발적 결사체에 가입하여 참여함으로써 정치적 능력과 시민적 덕목, 비판 능력을 키울 수 있습니다. 그래서 자발적 결사체는 민주주의의 학교라고 할 수 있습니다. 그리고 시민 사회의 의사소통 문화를 확산시킴으로써 공공성을 찾도록 할 수 있으며 이익 갈등 속에서도 조절과 협력을 이끌어 정치 사회가 민주적으로 작동하도록 만들 수 있습니다.

하지만 자기 집단의 이익에 집착하여 공공성을 훼손할 수도 있습니다. 소박한 친목 집단으로 보이는 동창회가 눈에 보이지 않게 사회적 권력을 행사하는 때가 있습니다. 특정 고등학교 동창회나 대학 동문은 패권화되어 기업과 공공기관에서 중요한 자리를 차지하며 능력에 따라 인정받는 공정한 사회를 저해하는 때도 있습니다. 그리고 자발적 결사체가 집단이기주의와 님비현상을 낳을 수 있다는 비판도 있습니다. 자발적 결사체 가운데 이익집단이 특히 집단이기주의의 문제점을 심하게 드러내는 경우가 많습니다.

그런데 이익집단 가운데에서도 노동조합은 조금 다른 시각으로 볼 필요가 있습니다. 노동조합이 비정규직 철폐, 노동환경 개선, 임금인상 등 노동자의 이익을 추구한다는 이유로 소수의 이익을 추구하는 이익집단과 동일하게 보고 비난하는 건 적절하지 않을 수 있습니다. 노동조합이 성격상 이익집단인 것은 분명하지만 노동자라는 단위는 폭이 매우 넓기 때문입니다. 우리 사회에는 고용되어 임금을 받으며 일하는 노동자가 다수이므로 다수의 이익을 대변하는 이익집단인 거죠. 따라서 임금 받는 노동으로 삶을 지탱하는, 모든 일하는 자를 비난할 수는 없으므로 노동조합을 일반적인 이익집단처럼 취급하는 게 적절하지는 않을 겁니다. 게다가 그들의 이익 찾기는 노동의 가치를 인정받으려는 겁니다. 노동권을 비난한다면 노동하는 인간을 부정하는 것과 다르지 않습니다.

이렇게 민주 사회에서 시민은 자발적 결사체를 다양하게 만들어 의사결정 과정에 참여하고 있습니다. 여러분도 다양한 자발적 결사체에 참여하면서 사회를 어떤 방향으로 이끌고 이해관계를 조율해나갈지 고민해보길 바랍니다. 그러면 여러분의 삶이 한결 생동감 있게 느껴질 겁니다.

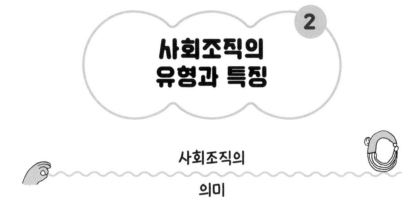

사회조직의 유형과 특징 **2**

사회조직의 의미

사람들은 다양한 사회집단을 구성하고 유지하면서 살아왔습니다. 그런데 인간이 만든 사회집단 가운데 구성원 간의 짜임새가 체계적으로 발전한 것들이 있습니다. 사회조직이란 것입니다. 즉 체계화된 집단을 특별히 사회조직이라고 부릅니다. 사회조직이 있어 사회를 더욱 체계적으로 이끌었죠. 이런 맥락에서 가족이나 또래 집단은 사회집단이지만 사회조직이기 어렵습니다. 가족이나 또래 집단이 사회화 기관으로서 사회를 이끈 공헌을 부정할 수 없지만 체계적이지는 못했어요.

사회조직은 자신의 목적을 공식적으로 선명하게 드러냅니다. 그래서 누가 봐도 그 조직이 무엇을 하려는 조직인지 알 수 있지요. 사회조직의 목적이 우선시되기 때문에 조직의 목적을 벗어난 개인의 생각과 행동을 허용하지 않아요. 제약이 많습니다. 사회조직은 엄격한 규범에 따라 운영됩니다. 조직의 목적 달성을 위해 조직 구성원의 지위와 책임이 명확하게 규정되고, 그에 따라 하는 일도 규정되어 있습니다. 그래서 조직 구성원 간의 인간관계는 형식적이고 수단적이며 사무적인 경우가 많습니다. 조직 구성원은 사회조직이 제시한 목표를 효율적으로 달성하기 위한 수단이 됩니다. 그 목표의 달성 정도에 따라서 구성원에 대한 보상과 제재가 이루어집니다. 보상과 제재를 통해 조직의 목표에 이르도록 유도하는 것입니다.

예를 들어 회사는 사회조직으로서 구성원의 출퇴근 시간과 업무 시간 등에 대해 철저하게 관리합니다. 회사는 회사의 규범, 즉 사규를 제시하고 이에 따를 수 있는 사람인지를 보고 채용합니다. 회사에 들어간 이후에도 사규 준수 정도나 회사의 목표 달성의 기여도 등에 따라서 사원들을 엄격하게 평가합니다. 평가 결과에 따라 승진을 할 수도 있고 불이익을 받을 수도 있습니다. 회사가 경영상 긴박한 어려움을 겪을 때 영업 실적이 부진한 영업 사원을 우선 정리해고하는 때도 있지요. 하지만 그 정리해고가 회사 운영상 불가피해도 사용자가 노동자와 성실하게 협의하지 않을 때는 갈등이 적지 않게 일어날 수 있습니다.

이와 같은 사회조직은 특정한 목적을 위해 의도적으로 조직되고 합리적인 규칙과 규범을 지니며 사적이기보다는 공적인 업무를 수행한다는 점에서 공식조직이라고 불리는 경우가 많습니다. 사실상 현대사회의 사회조직은 대다수 공식조직이라고 할 수 있지요. 학교와 회사는 대표적인 공식조직이죠. 하지만 공식적 사회화 기관과 헷갈리지는 마세요. 학교는 공식적 사회화 기관이면서 공식조직이지만 회사는 공식조직이더라도 비공식적 사회화 기관입니다.

공식조직에서의 생활은 체계적인 조직 구조상 매우 냉혹합니다. 공식조직의 구성원은 거대한 기계 속에서 살아가는 느낌을 받습니다. 조직 운영 원리가 경직되어 있지요. 앞에서 회사의 사례를 제시했는데, 이런 특징 몇 가지를 듣는 것만으로도 정말 회사 가기가 싫어집니다. 다들 취업하기 힘들다는데, 이 무슨 배부른 소리냐고 말할 사람이 있을 것입니다. 사실 회사 가기 싫다고 해서 안 갈 수도 없습니다. 먹고살려면 계속 다녀야지요. 가기 싫은데 가야만 한다면 그 속에서 경직된 조직이 주는 스트레스에서 벗어날 궁리를 찾아야 합니다.

사람들은 자나 깨나 사회적 동물입니다. 공식조직이 주는 긴장감과 소외를 해소하려 할 때도 집단을 만들어 문제를 해결하려고 합니다. 그래서 생겨나는 집단이 비공식 조직입니다. 사람들은 참으로 집단 만들기를 좋아합니다. 공식조직에 사표를 던지고 뛰쳐나오는 게 아니라 그 공식조직 내에 비공식 조직을 만들어 숨을 쉬려 하기 때문입니다.

비공식 조직은 항상 공식조직 안에서만 존재합니다. 다시 말해 비공식 조직은 공식조직을 전제로만 존재합니다. 전제로 한다는 말은 꼭 있어야 한다는 말입니다. 즉 비공식 조직은 공식조직이 있어야만 존재합니다.

학교 내 동아리나 회사 내 동호회 등은 학교나 회사라는 공식조직 안에 있는 비공식 조직입니다. 이와 같은 비공식 조직은 공식조직 내에서 구성원들이 상호작용하는 가운데 형성된 것으로 친밀한 인간관계를 바탕으로 합니다. 회사에서 업무가 주는 스트레스가 많은데 취미를 공유하는 동호회가 있어 그 회원들과 대화하며 웃고 떠들다보면 그래도 회사 갈 맛이 조금이나마 생기게 마련입니다. 그래서 공식조직 내에 비공식 조직은 공식조직 내에서의 긴장감과 소외감을 해소하는 데 이바지하여 구성원들의 만족감과 사기를 높여줍니다. 공식적인 과업의 능률을 향상하고 조직의 효율성을 높여줄 수도 있습니다.

하지만 조직 구성원 가운데는 무엇이 중요한지 제대로 모르고 행동하는 사람이 꼭 있습니다. 회사 업무보다 퇴근 후 동호회 활동을 하려고 회사에 다니는 사람이 있지요. 출근 복장도 이미 동호회 활동을 위한 복장으로 출근하기도 하고요. 이런 사람들은 회사의 공식적인 업무에 관한 관심이 뚝 떨어집니다. 이럴 때 공식조직의 목표와 개인의 목표 혹은 비공식 조직의 목표가 충돌하여 공식조직의 효율성을 떨어뜨릴 수 있습니다. 이처럼 조직 구성원이 지나치게 비공식 조직의 활동에 빠질 때에는 오히려 공식조직의 업무를 수행하는 데 방해가 될 수도 있습니다.

그리고 비공식 조직에서 쌓은 친분이 공식조직의 업무나 인사에 부정적인 영향을 미칠 수 있습니다. 비공식 조직은 친밀한 인간관계를 형성하고 있습니다. 비공식 조직의 구성원 간에는 언니나 형님, 혹은 동생이라고 부르며 살갑게 지내고는 합니다. 이런 관계가 공식조직에도 영향을 미쳐 업무 능력과 실적으로 승진하는 게 아니라 친분으로 승진하는 일도 있을 수 있습니다. 그리고 업무상 과실이 명백할 때 친분 때문에 적절한 제재가 이뤄지지 못하여 문제점이 개선되지 못하는 일도 일어날 수 있습니다. 비공식적 조직은 양날의 칼이네요.

한편 비공식 조직은 자발적 결사체와 비교하여 어떻게 다를까요? 사회조직의 종류로서 공식조직, 비공식 조직, 자발적 결사체 등으로 분류하여 생각하면 이들 개념을 구분하는 데 어려움을 겪습니다. 이렇게 병렬적으로 나열하여 분류하지 말고 개념을 명확하게 알아두는 게 좋습니다. 공식조직과 비공식 조직은 떼어내려고 해도 뗄 수 없는 개념이므로 묶어서 이해해야겠지만 자발적 결사체는 별개의 개념으로 이해하는 게 좋겠습니다.

자발적 결사체는 자발적으로 형성된 집단입니다. 그것만 생각해두세요. 비공식 조직은 당연히 자발적으로 형성되었습니다. 비공식 조직을 공식조직에서 강제로 만들지는 않습니다. 그래서 비공식 조직은 모두 자발적 결사체라고 할 수 있습니다. 학교 내 동아리는 공식조직 안에 있는 비공식 조직이면서 자발적 결사체입니다. 유의할 점은 '비공식 조직으로서의 자발적 결사체'는 오직 공식조직 내에 존재한다는 특징이 있습니다. 비공식 조직의 둥지는 오직 공식조직의 품 안에 있기 때문입니다.

그런데 '비공식 조직이 아닌 자발적 결사체'가 있을 수 있습니다. 공식조직 안이 아닌 바깥에 있는 자발적 결사체도 있다는 것을 알아야 합니다. 자발적 결사체는 공식조직의 안과 밖, 어디에 있든 상관없이 자발적으로 결성된 조직체를 의미하기 때문입니다.

예를 들어 학교 밖 동아리나 일상생활 속에서 만든 동호회는 비공식 조직이 아닙니다. 그렇다고 해서 공식조직도 아닙니다. 구성 체계가 체계적이거나 공적 업무를 수행하는 건 아니니까요. 이런 사례는 공식조직도 비공식 조직도 아니고 오직 자발적 결사체일 뿐입니다.

한편 회칙과 회원들의 역할이 분명하고 조직적 체계를 갖춘 ○○학교 총동창회는 비공식 조직이 아닌 공식조직이며 동시에 자발적 결사체입니다. 총동창회는 공식조직인 학교 내에서 설립된 게 아니기 때문에 비공식 조직일 수 없습니다. 총동창회 앞에 붙어 있는 ○○학교는 간판에 불과합니다. 본질은 총동창회에 있습니다. 그런데 친목 단체는 아닙니다. 조직체계가 분명한 공식조직입니다. 더불어 학교를 떠난 졸업생들이 학교 밖에서 자발적으로 결성한 자발적 결사체입니다.

그러면 학생회는 어떤가요? 학생회는 학교라는 공식조직 안에 있는 비공식 조직일까요? 아닙니다. 학생회는 학교 교칙에 따라 설립된 정식 조직체계에 편성되어 있으므로 비공식 조직이라고 볼 수 없습니다. 공식 조직에는 엄격한 규칙이 있고 그 규칙에 따라 조직표를 만들어놨습니다. 그 공식조직 표에 삽입된 경우는 공식조직이라고 불러야 합니다. 학생회 는 일반적으로 학교의 공식조직 부서로서 학교생활안전부(혹은 학생부) 안에 포함되어 관리되는 공식조직인 경우가 많습니다. 이 말은 학생회가 학교의 지도와 통제를 받는 수동적인 존재로 규정되고 있다는 것을 의미하기도 합니다. 그리고 자발적 결사체가 아닙니다. 학생회 선거가 민주적으로 이뤄지는 것은 학교 교칙이 그러하기 때문이며 그 교칙에 따라 만들어진 공식조직입니다.

그러면 노동조합은 어떨까요? 특정 기업 안에 있는 비공식 조직일까요? 노동조합은 특정기업의 노동조합일 테지만 그 기업의 노동조합은 민주노총이나 한국노총과 같은 노동조합 총 연맹 안에 포함된 하부 구성단 위로서 공식조직입니다. 그리고 상부 노조 연맹에 소속되어 있지 않더라도, 즉 개별 기업의 노동조합도 엄격한 규율과 규칙이 존재하는 공식조직입니다. 기업에 있는 노동조합은 기업 관리자 혹은 경영자가 만든 것은 아니지만 공식조직입니다. 노동자들이 자신의 권리를 찾으려고 자발적으로 만든 조직입니다. 비공식 조직이 아닌 공식조직으로서 자발적 결사체이지요. 노동자는 노동조합이라는 공식조직을 통해 노동의 권리를 더욱 조직적으로 쟁취하려 했던 겁니다.

관료제

사회조직을 말할 때 빼놓을 수 없는 게 관료제입니다. 관료제는 사회조직의 가장 전형적인 형태이기 때문입니다. 관료제에서 조직체계의 엄격성은 이루 말할 수 없습니다. 원래 관료제(bureaucracy)는 관료(bureau)와 지배(-cracy)의 합성어로 행정 관료에 의한 지배 또는 지배 조직을 의미합니다. 말뜻만 봐도 엄격함이 묻어나는데, 그 유래를 역사적으로 찾아보면 관료제의 특성을 더 쉽게 이해할 수 있습니다.

중세 봉건제 사회에서 근대 사회로 넘어가는 중간 과정에 절대 왕정 시기가 있었습니다. 절대왕정체제에서는 왕의 권한이 절대적이었습니다. 권력이 왕에게 집중되어 있어 중앙집권체제라고도 합니다. 절대 왕정은 상비군과 관료제를 도입했습니다. 상비군은 국가가 유사시를 대비해 평상시에 보존, 육성하는 군대를 의미합니다. 이전의 군대가 용병 혹은 사병으로 운영되었던 것과 달리 매우 안정적으로 운영될 수 있습니다. 상비군은 매우 체계적인 조직 형태를 보였습니다. 총사령관에서부터 보병, 포병, 기마병 등을 지휘하는 장교 그리고 그 아래에 일반 병사로 이어지는 피라미드 형태의 일사불란한 조직체계를 갖추었습니다.

이런 군대 운영의 조직 형태가 국가의 행정 관료 조직체계를 형성하는 데에도 영향을 미칩니다. 수없이 전쟁하면서 군대 운영의 노하우가 쌓이고 그 노하우를 고스란히 국가의 행정조직을 만드는 데에도 활용했던 것이지요. 행정조직이 군대조직과 같다고 하니 어떤 모습이겠어요? 당연히 명령과 복종으로 운영되는 형태겠죠. 군대조직처럼 명령과 복종이 지배하는 피라미드 조직 형태를 갖게 됩니다.

관료제를 피라미드 그림으로 표현하면 정말 이해하기 쉽습니다. 피라미드는 가장 윗부분에서 정점을 찍습니다. 권한과 책임이 위로 갈수록 집중되어 있다는 것을 보여주죠. 피라미드는 위에서 아래로 내려갈수록 넓어집니다. 구성하는 인원이 많아지는 것입니다. 관리해야 할 대상자들은 한 단계 아래로 내려갈 때마다 많아집니다. 관료제는 가장 꼭대기에서는 중간 단계에 있는 사람들, 즉 중간 관리자를 관리하고, 중간 관리자는 그보다 아래 단계의 사람들을 관리합니다.

이처럼 관료제는 위계 서열화되어 있습니다. 위계 서열화는 조직 내의 지위를 위에서부터 아래까지 순위를 매겨 나열할 수 있다는 뜻입니다. 관료제의 서열은 나이나 경력에 따르는 경우가 많습니다. 지위가 높은 사람은 나이가 많고 경력도 오래된 사람이 많죠. 이 서열에 따라 보수를 지급합니다. 이를 두고 연공서열주의라고 합니다. 연공서열주의는 나이나 경력 등을 우선 고려하여 보수나 승진 등이 차등적으로 이루어지는 것을 의미합니다. 이는 구성원들이 안정적으로 그 조직에서 일할 수 있는 기반이 됩니다. 회사를 옮기지 않고 오랫동안 꾸준히 일하면 그 경력이 인정되어 승진하고 권한도 많아지고 책임도 증대됩니다. 경력에 따르기 때문에 지위 획득의 기회가 공정하게 보장됩니다. 누구나 경력을 쌓으면 높은 지위에 올라갈 수 있으니 불공정한 것은 아니죠. 관료제의 구성원은 자신의 미래에 대해 크게 걱정하지 않습니다. 구성원의 신분이 연공서열에 따른 보상체계에 의해 보장되는 것입니다.

위계 서열에 따라 권한과 책임의 정도가 나뉘는 것은 관료제의 중요한 특징입니다. 지위가 높은 사람은 의사결정의 폭이 넓고 책임성도 큽니다. 그리고 위계의 아래쪽에 있는 사람들을 통제하고 감독합니다. 지위가 높은 사람의 지시에 따라 일을 처리하도록 하려고 엄격한 결재 절차를 두고 있습니다. 모든 업무는 항상 윗사람의 승인 아래 이뤄지도록 하죠. 관료제는 최고 서열에 있는 사람의 오더(지시와 명령)가 내려지면 일사천리로 업무가 진행되도록 만들어진 조직인 것입니다. 의사결정이 위에서 아래로 향하고 있습니다. 그래서 하향식 의사결정 구조를 지니고 있다고 할 수 있습니다. 아래를 향하니 하향식이라고 부르는 것인데 그 출발점은 어디겠어요. 위쪽이겠죠. 위에서 아래로 지시하는 것입니다.

관료제는 여러 가지 부서를 두고 있습니다. 수직적으로 계층화되어 있으면서도 수평적으로 기능상 분업 체계를 이루고 있습니다. 총무부, 기획부, 인사부, 영업부 등의 형태로 말이죠. 각 부서의 업무가 다릅니다. 과업, 즉 업무 과제가 전문화되어 있습니다. 맡는 업무에 따라 부서가 나뉘어 있고, 부서별로 그리고 그 부서 안에서 개인별로 주어진 업무가 엄격히 세분화, 전문화되어 있습니다. 그러면 과업 수행에 있어 책임 소재도 명확해집니다. 업무에 차질이 생겼을 경우 서로 책임을 떠넘기며 갈등을 보일 필요가 없습니다. 누가 어떤 업무를 맡고 있는지 세세한 부분까지 나뉘어 있으므로 문제가 발생했을 때 책임을 명확하게 물을 수 있는 것입니다.

부서에 소속된 직원들은 성문화된 규약과 절차에 따라 업무를 처리합니다. 모든 일은 문서로 정해져 있고 처리하는 행정적 절차는 표준화, 객관화되어 있습니다. 구성원들이 명확하게 문서화된 규정에 따라 업무를 처리합니다. 따라서 누군가 갑자기 회사를 떠나 결원이 생겨도 비교적 쉽게 충원하여 업무를 지속시킬 수 있습니다. 영업부에 있던 직원이 기획부로 발령이 나면 지금까지 해왔던 업무와 다른 생소한 업무를 맡기 때문에 허둥지둥할 것 같지만, 전혀 문제가 되지 않습니다. 무엇을 언제 어떻게 해야 하는지 문서로 되어 있으므로 지난해 했던 일정에 따라 그대로 따라서 일을 하면 되기 때문입니다. 그래서 안정적인 조직 운영이 가능합니다. 업무도 끊어지지 않고 계속될 수 있습니다. 나아가 조직 운영이나 업무의 예측 가능성도 높습니다. 연초에 1년 동안의 업무 계획이 확정되면 그것이 문서화되어 앞으로 어떤 날에 어떤 업무를 해야 하고 어떤 일이 일어날지 예측할 수 있는 것입니다.

이와 같은 특징을 갖는 관료제에 대해 베버는 관심이 많았습니다. 베버는 사회가 합리화되어 가는 과정에서 관료제가 출현했다고 보았습니다. 관료제 이전에 주먹구구식으로 진행하던 일들이 체계화되어 효율성을 증대시키니 그럴 만도 합니다. 베버는 산업사회에서 이런 합리성을 추구하는 현상이 반드시 나타난다고 봅니다. 대규모 사회에서 과업이 복잡해질수록 조직 운영을 위한 효과적인 통제와 관리 체계가 발전하게 마련이기 때문입니다. 산업화 이후 대규모화된 조직을 효율적으로 운영하려면 관료제가 필요했습니다. 규모가 큰 조직에서 수많은 구성원이 동일한 목표를 향해 움직이려면 위계적 피라미드 조직 형태를 갖추어서 상위 조직이 하위조직을 관리, 통제하면서 일을 나누고, 규정과 절차 등 체계적 시스템에 의해 처리하는 것이 더 효율적일 수 있었습니다. 효율성을 추구하는 현대사회에는 국가 조직만이 아니라 기업, 교도소, 학교, 병원, 종교단체 등 대다수 사회조직이 관료제라고 해도 과언이 아닐 만큼 관료제는 사회조직의 보편적인 형태가 되었습니다.

하지만 베버는 이런 관료제를 마냥 좋은 것이라고 찬양하지는 않았습니다. 관료제는 종종 비효율과 낭비를 초래하기도 합니다. 그리고 민주주의와 충돌하는 부분도 존재한다고 봅니다. 그럼 관료제의 문제점을 좀 더 짚어보도록 하겠습니다.

관료제는 효율적 운영에 매우 큰 효과가 있지만 몇 가지 문제점을 유발하여 그 효율성이 오히려 낮아지는 일도 발생합니다. 관료제에서는 조직 위계상 중간 관리자의 역할 비중이 커지면서 관리 측면이 지나치게 강화되었습니다. 말이 좋아 관리지, 사실 감시입니다. 감시받는 조직 구성원은 윗사람 눈치만 보고 자유롭게 사고하고 행동하지 못합니다. 이렇게 구성원의 자율성이 위축되고 조직 운영 방식이 경직되어 가는 현상이 나타나기도 합니다. 그래서 창의성과 혁신성이 위축되고, 혁신과 변화가 절실한 새로운 환경 속에서는 오히려 효율성의 측면에서 보더라도 예전만 같지 않게 되었다고 합니다.

관료제에서 수직적 위계질서는 강고합니다. 갑질이 수없이 벌어집니다. 직장 상사가 직원의 잘못을 지적하면 이유를 묻지 않고 그저 '죄송합니다', '시정하겠습니다'라고 수긍하는 것도 회사의 규칙이라고 하죠. 일반 직원들은 상급자의 지시와 명령에 넙죽 엎드려야 하는 신세로 전락합니다. 이처럼 수직적 위계질서는 조직을 소수 몇 명의 사람에게 절대복종하는 조직으로 전락시키거나 독단적이고 비민주적 운영으로 조직의 합리성을 깨뜨릴 수 있습니다.

소수의 리더를 중심으로 위계가 설정되면서 소위 '라인'이 형성됩니다. 줄서기 경쟁이 벌어지는 것입니다. 특정인의 라인을 탄 사람은 계속 이익을 얻고 그 라인에서 벗어나거나 다른 라인을 탄 사람은 불이익을 받는 식이지요. 능력이나 역량으로 진정한 평가를 받는 게 아니라 누구의 라인에 있느냐가 더 중요한 영향력을 행사하게 되는 것입니다. 그래서 직원들은 승승장구할 상급자를 골라 환심을 사려는 일에 몰두하게 되고 그것 덕분에 실제로 혜택을 받는 일이 종종 벌어지면, 업무 능력을 향상하려는 노력보다는 상급자에게 굽실거리는 연습을 더 하게 됩니다. 구성원들이 일에 열정을 갖고 성취감을 느끼기보다 포지션에 연연하게 되는 승진 경쟁에 묻히는 현상이 벌어지는 것이죠. 이런 일은 회사 전체의 팀워크를 저해하고 업무의 효율성을 떨어뜨리는 결과를 초래합니다. 이런 일은 결국 상급자에 권한이 몰려 있는 시스템의 문제 때문에 발생한다고 할 수 있습니다.

그리고 연공서열주의에서는 무능력한 사람도 상급자의 비위를 맞춰 회사생활을 오랫동안 참고 버텨내면 승진하거나 임금이 올라갈 기회를 얻으므로 성과와 업적을 쌓으려는 노력을 덜 기울이고 결국 그 조직의 경쟁력이 약해질 수 있습니다. 능력을 발휘하려고 특별히 노력하지 않고 상급자의 비위를 적당히 맞춰주면 시간이 흘러 언젠가는 자신도 높은 지위를 얻게 될 것이라고 기대합니다. 괜히 새로운 기획을 시도했다가 행여나 그것이 회사에 손실을 끼쳐 질책을 받기보다는 그저 시키는 대로 하고, 적절하지 않은 지시도 묵묵히 수행하는 무사안일주의에 빠집니다. 무사안일(無事安逸)은 모든 일이 무리 없이 조용히 지나가게 하는 안일한 태도를 말합니다. 피동적이고 수동적으로 현재의 현상을 유지하려는 행동 성향을 뜻하죠. 이와 비슷한 표현으로 복지부동(伏地不動)의 자세도 언급됩니다. 이것은 '땅에 엎드려 움직이지 않는다'라는 의미로, 마땅히 할 일을 하지 않고 몸을 사리는 것을 말합니다. 이런 폐단은 연공서열주의 탓에 나타나는 문제라고 할 수 있습니다.

아이디어를 얻기 위한 회의를 하더라도 윗선에서 얘기가 끝났다고 하면 게임은 끝난 것입니다. 반론을 제기할 수 없습니다. 상급자가 해당 사안을 확정하면 그것으로 이의를 제기하지 못하고, 오직 그 일을 달성하려고 성과를 내야만 하는 것이지요. 구성원들이 주도적으로 일하기보다는 리더가 할당한 일을 수동적으로 수용하는 현상이 나타날 수 있습니다. 조직 내부에서 통하는 성공 방식이나 관성대로 움직여야 한다는 조직 논리가 강하죠. 토를 달지 말고 시키는 대로 하라는 것입니다. 이런 풍토가 개인의 창의성과 자율성을 약화시켜 결과적으로 업무의 효율성을 떨어뜨릴 수 있습니다.

일사불란한 질서와 통제를 기본으로 하므로 융통성 있게 또는 전략적으로 유연하게 대응하기 어렵습니다. 조직의 구성원들이 자율적 재량권을 갖고 제안을 할 수가 없습니다. 재량권은 업무의 융통성을 의미합니다. 그런데 관료제에서는 직업이 발휘할 수 있는 업무 재량권이 약합니다. 재량껏 일하면 그 대가를 혹독하게 치러야 합니다.

만일 참신한 아이디어가 생겨 새로운 기획을 하더라도 그 제안은 엄격한 위계 절차를 따라야 합니다. 중간 관리자들과 관련 부서장들의 결재 라인을 모두 통과하는 절차에 따르면 최종적인 의사결정이 내려지기까지 오랜 시간이 걸립니다. 지나친 규약과 절차의 강조는 시간과 비용의 낭비를 가져옵니다. 빠른 사회 변동에 적절히 대응하지 못하는 경직성 문제도 초래합니다. 그뿐만 아니라 정해진 과정을 모두 거치면서 좋은 의견이 왜곡되는 때도 있습니다. 새로운 사업의 기획은 누더기가 될 수 있는 것입니다.

그리고 형식적인 것에 지나치게 집착합니다. 참신한 기획안을 올려도 상급자는 내용을 보지 않고 기존 문서의 포맷(형식)에 맞춰 다시 작성하라고 지시하죠. 상황이 이러니 기획안을 쓸 때 참신한 내용을 생각하는 것보다 문서 형식에 맞추는 게 더 어렵다고 호소하는 사람이 많습니다.

이렇게 기획안의 형식을 내용보다 더 중시하니 기획안 작성의 목적이 과연 어디에 있는지 의심스러워집니다. 규약과 절차에 따른 일 처리 방식은 목적 전치 현상을 초래합니다. 이 말은 목적과 수단이 뒤바뀐다는 말입니다. 정해진 수단과 방법을 사용하든, 정해지지 않은 것을 사용하든, 효율성을 중시하는 기업에서는 목적 달성이 우선이어야 할 텐데 관료제 형식을 받아들인 기업에서는 목적 달성을 위해 만들어놓은 절차가 오히려 목적 달성을 방해하는 현상을 유발하는 일이 벌어질 수 있는 것입니다. 업무의 효율성을 떨어뜨리는 것이죠.

관료제는 개인의 창의성과 자율성을 발휘할 기회를 주지 않기 때문에 인간을 조직이라는 거대한 기계의 일부 부품과 같은 존재로 전락시킬 수 있습니다. 인간 그 자체를 목적으로 존중하지 않고 조직의 부품처럼 수단화하는 것이죠. 특히 지나친 세분화와 분업화 탓에 인간이 하는 일은 매우 제한적으로 이뤄지며 업무의 기획에서부터 최종 결과에 이르기까지 전체적으로 완결 짓는 경험을 할 수 없게 됩니다. 일의 목적이나 중요도에 대해서도 정확하게 인지하지 못한 채 지시받는 업무만 하다보니 수동적으로 변하며 노동의 보람과 즐거움도 누릴 수 없게 되지요. 결국에 인간성을 상실하여 인간다운 삶이 파괴되는 인간 소외 현상을 겪을 수 있습니다.

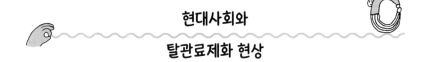

현대사회와
탈관료제화 현상

산업사회에서는 관료제가 효율적인 조직으로 널리 인정받았습니다. 하지만 시대가 변했습니다. 오늘날에는 과학기술의 발달로 사회 변화의 속도가 어느 때보다 빨라졌습니다. 정보사회는 정보와 지식의 빠른 습득과 그에 따른 신속한 대응이 중요합니다. 그래서 유연하고 창의적인 조직 형태가 필요해졌죠.

빠르게 변화하여 유연한 대처가 무엇보다 중요해진 시대에 관료제는 오히려 걸림돌이 되고 있습니다. 엄격한 위계질서와 경직성을 지니고 있기 때문이죠. 이제 관료제를 다양한 형태의 새로운 조직으로 탈바꿈하려는 탈관료제화 현상이 나타나고 있습니다.

먼저 피라미드 형태의 경직된 관료제 조직 구조에서 벗어나 새로운 환경에 신속하게 적응할 수 있도록 조직의 유연성을 강화하는 시도가 나타났습니다. 구체적으로 조직 형태를 팀 조직이나 아메바형 조직으로 재편하게 되었지요.

팀 조직은 탈관료제의 대표적인 조직 형태입니다. 기존 관료제에서는 조직이 크고 부서 조직이 고정되어 있어 새로운 환경 변화에 따른 새로운 조직의 구성이 어렵습니다. 하지만 팀 조직은 조직 결성과 해체가 신축적입니다. 빠른 사회 변화에 적응력이 높습니다. 팀 조직은 일시적인 업무를 수행하며 한시적으로 운영됩니다. 이것은 부정적인 면이 아니라 긍정적인 면입니다. 특정 목적에 따라 운영하고 그 목적이 달성되면 해체하고, 다른 팀 조직을 형성하여 새로운 목표에 맞게 운영할 수 있기 때문입니다. 관료제를 완전히 포기할 수 없다면 관료제 조직에서도 부분적으로 팀 조직을 운영할 수 있습니다.

아메바형 조직이란 것도 비슷합니다. 아메바는 한 개의 세포로 된 단세포의 원생동물입니다. 아주 작아서 현미경으로나 볼 수 있는 가장 원시적인 생물이지요. 아메바(amoeba)는 본래 '바뀌다(amoibe)'라는 의미에서 시작되었듯이 변화무쌍한 생물을 말합니다. 아메바가 일정한 형태 없이 주변 환경의 변화에 따라 분열과 결합을 거듭하는 것처럼 사회조직도 조직의 목표에 따라 분열, 결합, 소멸하는 특징을 가진 유연한 조직을 갖게 되었는데, 이를 아메바형 조직이라고 합니다. 조직의 형태를 특정 형태로 고정하지 않고 과업이나 목표에 따라 수시로 바꾸는 조직 형태입니다. 환경 변화에 신축성 있는 대응이 가능합니다. 의사결정도 신속하게 이뤄질 수 있지요. 아메바형 조직은 사실 팀 조직과 큰 차이는 없습니다.

둘째, 관료제에서 벗어나려는 시도는 수직적인 위계 구조보다는 자유롭고 평등한 의사소통이 이루어질 수 있도록 수평적인 관계를 추구하는 방향으로 이뤄졌습니다. 이와 관련하여 네트워크형 조직이 출현했습니다. 인터넷을 통한 네트워크처럼 이 조직 형태는 위계와 기능적 경계가 거의 없습니다. 다양한 전문가 또는 전문가 집단이 평등한 구성원으로, 점과 점으로 이어지는 수평적 조직 형태입니다. 업무 처리를 할 때에는 여러 개의 팀이 네트워크로 연결되어 유기적인 연결성을 갖추고, 자원과 정보를 공유하며 이뤄집니다. 조직의 유연성과 적응력을 높인 조직 형태인 거죠.

네트워크 조직 형태는 특히 컴퓨터와 정보기술의 발달로 가능해졌습니다. 컴퓨터 연결망을 통해 느슨하게 연결되어 있으므로 개별 부서 간 경계는 약화됩니다. 그러면 관료제에서 보여줬던 중간 관리자들의 역할이 감소하거나 불필요해집니다. 정보 매체를 통한 의사소통을 확산하여 의사결정 권한도 분산되게 마련입니다. 구성원 개인의 자율성도 확대됩니다.

아래의 의견이 위를 향해 전달되기 쉬우므로 상향식 의사결정 구조가 나타날 가능성도 높습니다. 상향식은 위를 향하는 것을 의미하니 출발점은 당연히 아래일 것입니다. 아래에서부터 위쪽으로 민주적인 의사 수렴 과정을 거칠 수 있도록 하는 조직 형태가 탈관료제의 특징입니다. 물론 탈관료제라고 해서 조직의 상층부가 존재하지 않는다고 생각할 수는 없습니다. 회사가 탈관료제로 운영된다고 할 때 어쨌든 그 회사의 사장은 있을 테니까요. 다만 사장의 독단으로 사업이 결정되지 않을 뿐입니다. 이 점이 탈관료제의 핵심적인 특징 가운데 하나입니다.

셋째, 탈관료제는 연공서열주의에서 벗어나 목표 달성을 중심으로 한 능력과 성과에 따라 승진과 임금이 결정되는 방식을 취하게 되었습니다. 결과적으로 새로운 조직은 개인의 창의력을 신장할 수 있습니다. 창의성이 요구되는 집단에서는 탈관료제 조직이 효율적입니다. 하지만 조직의 안정성이 떨어져 개인에게 심리적 불안감을 주기도 합니다. 연공서열보다 능력과 업적에 따른 보상체계가 반드시 좋은 것만은 아닙니다. 개인의 창의적 성과를 내기 위한 경쟁이 치열해져 또 다른 불안감을 조성하기 때문입니다.

이렇게 탈관료제는 관료제를 극복하기 위한 조직 형태로서, 관료제와 차이점이 있습니다. 하지만 탈관료제 역시 관료제와 유사한 점이 있습니다. 그것은 공식조직으로서 갖는 특징과 관련되어 있습니다.

공식조직은 관료제를 선택할 수도 있고, 탈관료제를 선택할 수도 있습니다. 공식조직은 근대 시기에는 관료제를 앞다투어 선택했다가 현대에는 탈관료제로 바꿔 탔죠. 관료제일 때나 탈관료제일 때나 효율성을 추구합니다. 비효율성을 추구하는 공식조직은 없겠죠. 목적한 것에 이르지 않으려고 몸부림치는 조직은 없습니다. 관료제도 처음에는 효율성을 추구하여 성과도 있었지만, 사회 환경의 변화로 효율적이지 않게 되니까 그 효율성을 다시 증진하려고 탈관료제가 등장하게 된 것입니다.

공식조직이 탈관료제로 운영되더라도 여전히 공식조직이기 때문에, 공식조직을 해칠 정도의 비공식 조직을 용인하지는 않을 겁니다. 비공식 조직에서 맺은 인간관계가 공식조직의 운영에까지 영향을 미치는 걸 인정하지는 않는다는 거죠. 탈관료제라 하더라도 2차 집단인 공식조직은 2차적 인간관계를 중시하지 1차적 인간관계를 중시하지는 않습니다. 여전히 공식적인 통제 방식으로 조직을 운영합니다.

탈관료제는 관료제에서 탈출하려는 조직 형태이지만, 공식조직의 높은 벽은 결국 넘어설 수 없었던 거지요. 탈관료제가 공식조직에서 완전히 벗어난 건 아니란 겁니다. 그래서 공식조직이 조직 구성원에게 성과를 내라고 옥죄는 한, 관료제에서 느꼈던 인간 소외가 탈관료제에서 덜할 수는 있어도 완전히 해결될 수는 없을 겁니다. 현대 조직사회에서 인간 소외는 아직도 우리가 해결해야 할 과제로 남아 있습니다.

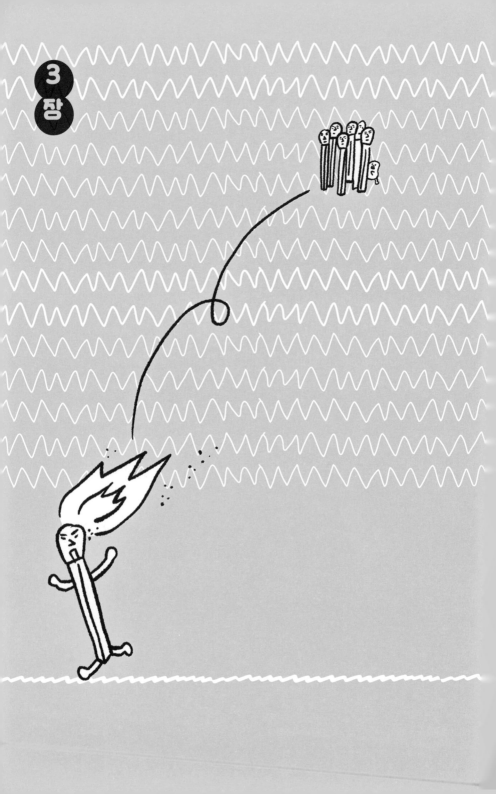

"미치지
않으려면
미쳐야 해"

일탈 행동을 어떻게 봐야 할까

일탈 행동의
의미와 평가

우리는 지금까지 개인과 사회 혹은 개인과 사회집단 간의 관계 속에서 사회화를 다루었습니다. 그런데 사회화를 조금 다른 시각에서 보면, 자유롭게 태어난 개인에 대한 사회의 길들이기처럼 보입니다. 사회는 자유롭게 행동하는 개인을 가만히 두고 보고 있지 않아요. 특히 사회조직처럼 체계화된 사회집단이 발달하면서 개인을 미치도록 숨 막히게 합니다. 관료제는 그 대표적인 사례였고요.

자유로운 개인이 볼 때 사회화는 불편한 것이지요. 사람들은 자유롭게 행동하고 싶어 합니다. 그래서 사회화를 온몸으로 거부하고 제멋대로 살기로 마음먹은 사람도 있습니다. 그러지 않고서는 도저히 숨을 쉴 수 없다면서 말이죠. 이처럼 사람들은 항상 사회규범에 따르기만 하는 것이 아니라 그것에서 벗어나려 하는 경우도 많습니다. 특히 청소년기에는 부모님이나 선생님의 말씀을 포함하여 사회에서 요구하는 방식으로 행동하지 않고 어기는 경우가 많습니다. 삐딱하죠.

이처럼 사회규범이나 규칙을 벗어나는 행동을 일탈 행동이라고 합니다. 일탈은 기차나 철로를 벗어나는 탈선과 비슷합니다. 정상적인 궤도를 벗어난 것이지요. 때로는 비행(非行)이라는 말을 쓰기도 합니다. 비행 청소년이라는 말을 들어봤지요? 비행은 하늘을 날아오르는 비행기의 비행(飛行)이 아닙니다. 비행(非行)은 일반적인 행동이 아니란 뜻입니다. 정상적으로 다니는 길을 벗어나 걷는 것을 말하는 것이지요. 다시 말해서 일탈 행동은 사회규범이라는 선에서 이탈하는 행동입니다. 법으로 규정된 내용을 어기는 범죄뿐만 아니라 법을 포함한 사회규범에서 이탈한 행동이 일탈 행동입니다.

일반적으로 일탈 행동이 사회를 어지럽힌다며 부정적으로 보는 견해가 많습니다. 일탈 행동이 증가하면 사회는 불안정해지고 혼란을 겪게 되어 사회 질서를 깨뜨릴 수 있습니다. 사회가 불안해지면 개인의 삶도 안정적일 수 없습니다. 또 사회적으로 일탈 행동을 통제하는 데 정부 예산을 써버릴 수 있습니다. 자원을 엉뚱한 데에 쓰느라 낭비하는 것이죠. 그런 데에 돈을 쓰느라 정작 개인에게 분배될 사회적 자원, 예를 들어 사회 복지를 위한 정부지출도 줄어들 수 있지요.

하지만 일탈 행동은 꼭 부정적으로만 볼 일이 아닙니다. 우선 일탈 행동은 상대적입니다. 특정 행위가 일탈 행동인지 아닌지는 시대와 사회마다 다르게 규정됩니다. 사회규범의 내용이 시대와 지역에 따라 다르기 때문입니다. 그러니 무조건 일탈 행동이 나쁘다고 판단하기 어렵습니다. 지금 이 나라의 일탈 행동은 다른 시대와 다른 지역에서는 문제가 되지 않을 수도 있는 것이기 때문입니다. 이런 맥락에서 일탈을 긍정과 부정이라는 이분법적으로 볼 일은 아닐 겁니다.

일탈 행동을 부정적으로만 볼 필요가 없는 또 다른 이유는 일탈 덕분에 사회 문제를 재인식할 수 있기 때문입니다. 예를 들어 아파트 생활이 익숙한 한국 사회에서 층간 소음 문제 때문에 주민 간 다툼이 빈번하게 발생하고 있습니다. 층간 소음 다툼이 심지어 폭행과 살인이라는 극단적인 일탈 행위로 불거진 경우도 발생했지요. 그동안 이러한 다툼을 우리 사회는 이웃 간의 사소한 말다툼으로 치부하고, 이를 적극적으로 해결하려 하지 않고 서로 양보하라고 권하는 데 그쳤습니다. 하지만 흉악한 범죄로 나타나는 일탈 때문에 정부도 근본적인 제도 개선에 나서게 되었습니다. 정부는 아파트를 지을 때 바닥 충격음을 차단하는 완충재를 사용하도록 하고, 아파트 완공 전에 그 완충재의 성능 검사를 받도록 하는 제도를 만들었습니다. 이제는 그것으로 부족하다고 판단하여, 아파트 완공 후 입주하기 전에 층간 소음을 직접 측정하여 실제로 층간 소음을 해소했는지 검사함으로써 더욱 확실하게 개선하겠다고 합니다. 이처럼 일탈 행동이 빈번하게 혹은 심각한 수준으로 발생하면, 일탈을 낳은 문제의 원인이 개인이 아닌 사회에 있다는 것을 알려주게 되며, 그 사회 문제를 해결하기 위해 더욱 적극적인 제도 개선책이 마련될 수 있습니다.

나아가 일탈 행동 자체가 사회에 악영향을 미치는 것은 아닙니다. 오히려 긍정적인 기여를 할 수도 있습니다. 일탈자는 사회집단에 순응하기를 거부하는 사람입니다. 모든 사회 구성원이 사회규범에 길들어져 익숙해 있을 때 개인의 일탈 행동은 일반적인 사회 구성원들이 미처 생각하지 못했던 새로운 문제를 제기하는 것으로 이해할 수도 있습니다. 사회규범이 강제성을 지닌 탓에 사회 구성원의 사고와 행동이 폐쇄적일 수 있었는데 일탈 행동은 그런 경직된 사고와 행동에 새로운 관점을 제공할 수도 있는 것입니다. 이런 맥락에서 일탈은 기존의 고정관념에서 벗어난 창의로 이어질 수 있으니 일탈자는 창조적 파괴자로 평가할 수도 있습니다.

때에 따라서는 일탈 행동이 결과적으로 사회발전에 크게 이바지할 수 있습니다. 이는 주류 질서에 도전했던 많은 저항운동의 역사에서 그 사례를 찾아볼 수 있습니다. 예를 들어 박정희, 전두환 독재 체제에서 체제에 순응하기를 거부하고 법을 어겨가며 벌인 민주화 운동은 집합적 일탈이지만, 우리 사회가 민주화되는 데 크게 이바지했습니다. 이처럼 일탈을 다양한 각도에서 입체적으로 볼 줄 알아야 합니다.

일탈 행동에 대한 이론적 접근 ②

생물학적 혹은 심리적으로 본 일탈 이론의 문제

일반적으로 일탈 행위를 벌인 일탈자에 대해 사회적 시선이 곱지 않습니다. 대표적인 일탈자인 범죄자는 일반적인 사람들과 다른 인상을 지니고 있다고 말하는 사람들도 있습니다.

개인적인 경험을 말해보죠. 식당에서 밥을 먹다가 공개수배된 살인 용의자의 인상착의를 설명하는 뉴스 보도를 본 적이 있습니다. 키 170센티미터가량의 마른 체형으로 얼굴은 사각형이라고요. 그것을 보는 순간 재미난 생각이 들었습니다. "그럼, 나잖아?" 그러고 보니 식당에서 뉴스를 함께 보고 있던 다른 테이블 사람들이 힐끔힐끔 나를 쳐다보는 것 같기도 하더군요. 범죄자의 인상에 대한 말들이 널리 퍼지고 사회 구성원들이 그런 규정에 동의하면 어느새 특정 인상은 일종의 범죄자형으로 굳어질 수도 있을 겁니다. 그런데 억울한 생각도 들었습니다. 어디를 봐서 내가 범죄형일까? 특정 범죄자의 외모를 언급할 수는 있지만, 범죄자의 신체 유형을 일반화시켜 말하면 매우 비합리적입니다. 엄청난 무리수를 던지는 것이지요. 그런데도 그것을 굳게 믿던 시대가 있었습니다.

1870년대 이탈리아로 가보겠습니다. 이탈리아도 한국처럼 지역감정이 심합니다. 남부와 북부의 지역 갈등이 심했지요. 북부 이탈리아인은 남부 이탈리아인이 열등하고 게으르며 범죄 성향이 있다는 편견을 갖고 있었습니다. 북부 이탈리아 출신의 범죄학자 롬브로소(Lombroso, C.)도 그같은 생각에 동조했습니다. 그는 남부 출신 절도범의 시신을 해부하면서 이들이 원시 인류와 유사한 특징을 많이 갖고 있다고 주장했습니다. 그리고 이것을 범죄자의 유형으로 연결했습니다.

그가 범죄와 연결 지은 신체적 특징들은 특이한 머리 크기와 형태, 비대칭적인 얼굴, 큰 턱과 광대뼈, 비정상적으로 크거나 작은 귀, 두꺼운 입술, 움푹 들어간 턱, 지나치게 많은 머리카락이나 주름, 긴 팔, 불균형적인 두개골 등이었습니다. 범죄자들이 이런 신체적 특징을 지니고 있다고 합니다.

여러분 중에 또는 주변에 아는 사람들 가운데 롬브로소가 말한 신체적 특징을 지닌 사람이 있나요? 그 사람이 정말 범죄자이던가요? 현대 범죄학은 신체 유형과 범행 간의 상관관계를 인정하지 않고 있습니다. 정말 말이 안 되거든요.

요즘에는 유전자가 일탈 행동과 어떠한 관련성이 있는지 찾아보려는 연구자도 있습니다. 이것 역시 부당한 것입니다. 태어날 때부터 지니는 유전자를 두고 범죄자를 예측한다는 것은 분명한 인권 침해입니다. 과학적으로도 입증되기 어려운 일입니다. 범죄자의 자식이 범죄자가 되는 '범죄의 대물림'이 있다고 해도 그것이 과연 유전자 때문이라고 단정할 수도 없습니다. 어려운 가정환경에서 자란 이유가 훨씬 크게 작용했거나 범죄를 매일같이 보고 자라다보니 사회화를 통해 범죄자가 된 것이겠죠.

생물학적 특징과 일탈 행동에 미치는 영향을 원인과 결과 관계로 관련 짓는 것은 불합리합니다. 이런 연관성을 적용할 수 없는 사례는 너무 많았거든요. 동일한 생물학적 심리적 속성을 지니고 있더라도 범죄자가 되는 사람도 있고 아닌 사람도 있습니다. 이런 이론은 일반화시키기 어려운 것입니다.

한편 심리적 측면에서 태생적 성격을 문제 삼는 주장도 있습니다. 타고난 성격이 정상과 달라 범죄자가 된다고 보는 심리적 이론들도 나타났습니다. 정신분석학자 프로이트는 아동의 심리적 경험이 성격 형성에 영향을 미친다고 주장했는데요, 이에 기초하여 심리학자 중에는 어릴 적 심리 분석을 통해 범죄자의 가능성을 예측해보는 무리한 시도도 나타났습니다. 신체 유형으로 범죄자를 말하는 것은 정말 가당치도 않은 주장이고 그나마 심리적 요인을 찾는 것은 좀 더 고민해볼 문제입니다. 그런데 심리적 요인조차 후천적으로 사회적 환경에 의해 영향을 받습니다.

따라서 심리적 요인에 집착하는 것을 사회학자들은 바람직하게 여기지 않습니다. 사회학자들은 일탈 행동을 사회적 요인에서 찾으려 했습니다.

사회학자들의 일탈 이론은 사회구조적 접근과 상호작용론적 접근으로 나뉩니다. 사회구조적 접근은 다시 기능론과 갈등론적 접근으로 분류됩니다.

기능론은 사회구조의 유기적인 연관성이 떨어지거나 사회의 가치와 규범에 대한 사회적 공유가 낮아져 사회 통제력이 약해질 때 혹은 사회 구성원이 사회화에 적응하지 못하고 실패할 때 일탈 행동이 발생한다고 봅니다.

갈등론에서는 불평등한 사회구조가 일탈 행동을 일으키는 원인이 된다고 봅니다. 지배 세력에 유리한 가치와 규범을 정해놓고 이에 따르도록 피지배 세력을 통제하니 반발하게 마련이고 그래서 일탈 행동이 발생한다는 것입니다.

상호작용론은 구조보다는 개인을 강조합니다. 하지만 인성적 측면에서 접근하진 않습니다. 일탈 행위자 그리고 그에 대한 타자의 반응을 중심으로 개인 간의 관계를 다루기 때문에 사회학적 접근이라고 할 수 있습니다.

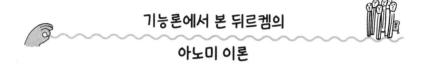

기능론에서 본 뒤르켐의 아노미 이론

기능론을 이끌어간, 프랑스의 사회학자 뒤르켐은 사회를 다소 냉철하게 분석하려는 사회학자였지만 정치적 시각은 보수적인 색채가 묻어 있습니다. 사회 질서의 안정을 바라던 지배 세력의 주장에 동조하는 견해가 제법 많지요.

뒤르켐은 규범적 혼란을 걱정스럽게 봤습니다. 사회적 결속력을 약화시키기 때문이죠. 사회가 혼란스러운 현상을 관찰해보니, 과거에 사회 질서를 유지하던 규범이 해체되어 사회 구성원을 결속하는 데 힘을 발휘하지 못하고 있는 것으로 보였습니다. 그렇다고 새로운 사회규범이 빠르게 자리 잡지도 못했습니다. 규범이 없는 상태, 즉 무규범 상태에 놓여 있는 것이죠. 이것을 '아노미(anomie)'라고 합니다. 이런 아노미 상태에서는 안정적으로 믿고 따라야 할 일관된 규범이 없어 일탈 행동이 발생하기 쉽다고 보는 이론이 아노미 이론이고요.

아노미란 말이 한국 사회에서 나왔다는 얘기도 있습니다. 과거 한국의 전통사회에서 부모에 대한 효도는 중요한 가치 중 하나였고 부모처럼 노인은 존경의 대상이었습니다. 나이든 어른에 대해 예의를 지켜 행동하는 것은 가장 기본적인 사회규범이었습니다. 일면식도 없는 노인이라고 하더라도 함부로 대할 수 없었지요. 그런데 가치관이 무너져 요즘 청소년 가운데에는 이분들에게 예의 없이 행동하는 경우가 많다고 합니다. 예를 들어 불량한 청소년이 담배를 입에 물고 한 노인에게 다가가 이런 말을 한 일이 있지요. "어이, 할아버지. 불 있어요?"라고 말이지요. 우리 사회에서 흡연문화가 매우 엄격한데요, 감히 한참 나이가 많은 어르신께 담배를 물고 불을 붙이려 하는 것이었어요. 그것도 매우 불손한 태도로 말이지요. 그런데 그 불량한 청소년은 자신이 뭘 잘못했는지도 몰라요. 대수

롭지 않게 생각한 것이지요. 그래서 그 노인은 몹시 화가 나 지팡이를 치켜들며 이렇게 언성을 높여 말합니다. "아니, 이놈이!" 그래서 아노미가 탄생했다고 하네요. 믿거나 말거나의 얘기였습니다.

그런데 이 이야기가 그럴듯해 보이지 않나요? 전통사회의 규범은 무너지고 새로운 사회에서 누구나 동의할 수 있는 규범은 자리 잡지 못한 상황을 설명해주니 말이지요. 노인에 대해 예의를 엄격하게 지키던 전통적 사회규범은 무너졌으나, 노인에게 어떻게 말과 행동을 해야 할지 지배적인 규범은 아직 등장하지 않아서, 일탈이 나타난 것으로 볼 수도 있다는 것이지요. 경로사상이 퇴조하면서 노인에게 폭언과 폭행을 가하는 사건은 정말 많잖아요. 이런 일탈 행동은 아노미 이론으로 설명할 수 있을 듯합니다.

사실 아노미의 어원은 '법의 무시'를 뜻하는 그리스어 아노미아(anomia)에서 나왔습니다. a(=not)와 nom(=law)이 합해진 말로 규범이 없는 무질서를 의미하지요. 뒤르켐은 무규범 상태에서 무엇이 옳고 그른지에 대한 객관적 기준이 없거나, 기존의 규범과 새로운 규범이 함께 뒤섞이면서 도덕적 혼란을 겪는 상태에서 일탈 행동이 발생한다고 봤습니다. 그는 계급갈등도 아노미 이론으로 설명했습니다. 마르크스주의자들은 계급갈등이 자본주의 내의 일정한 기본 구조에서 발생하는 것이라고 하지요. 그러나 뒤르켐은 다르게 봤습니다. 전통사회에서 산업사회로 이행하는 과정에서 기존의 사회규범은 해체되었지만, 그것을 대신할 설득력 있는 다른 가치가 없어서 비정상적인 계급갈등이 일어나는 것이라고 주장했습니다. 그 계급갈등은 일탈 행동인 거고요. 예전보다 공장에서 일하는 노동자가 매우 많아져 계급갈등도 유례없이 폭발적으로 증가하는데 그것을 규율할 사회규범을 정립하지 못하고 있다는 것이지요.

사회규범은 보통 법과 제도로 규정되잖아요. 그러니까 안정적인 사회 제도가 정립되어 있지 않거나 원활하게 작동되지 않아서 혹은 느슨하게 약화되어 일탈 행동이 발생한다는 것이지요. 이런 점에서 뒤르켐은 기능론적 관점에서 일탈 이론을 주장하고 있다고 할 수 있지요.

뒤르켐은 아노미 상태에서의 혼란이 맘에 들지 않았지요. 이때 뒤르켐이 생각합니다.

"왜 이렇게 혼란한 시대가 되었을까? 기존의 지배적 규범은 무너졌으나 새로운 규범이 정립되지 못하니, 결국 사람들은 어떤 기준을 따라 행동해야 할지 몰라 갈팡질팡하며 혼란한 시대가 온 게 아닐까? 이 세상의 혼란을 막으려면 도덕적 규범을 바로 세워야 해."

일탈 행동은 그것을 통제하는 도덕적 합의가 없어서 발생하는 것이에요. 그래서 사회제도를 적절히 통제하여 사회적 연대성을 촉진할 도덕적 질서가 필요하다고 본 것이죠. 자연스럽게 도덕 교육을 통해 사회규범의 통제력을 회복하려고 한 거지요. 새로운 가치관이 확립되면 사회는 점차 안정을 찾을 수 있겠지요. 일탈 행동은 일종의 질병에 걸린 것처럼 취급되어, 아노미에 의한 일탈 행동을 막으려면 무엇보다 사회적 합의에 바탕을 둔 지배적 규범의 정립이 필요하다는 주장입니다.

기능론에서 본 머튼의
아노미 이론

이론과 달리 현실을 보면, 사회가 항상 기능적으로 안정되어있는 것은 아니었습니다. 기능론자는 실제 많은 사회에서 조화와 균형을 이루지 못하는 사회 문제의 발생에 대해 적극적으로 해명할 필요가 있었습니다. 미국의 사회학자 머튼(Merton, R.K.)도 그 가운데 한 사람이었습니다. 머튼은 뒤르켐이 말했던, 사회 질서가 와해된 무규범 상태, 즉 아노미 연구를 이어가려고 결심했습니다.

머튼은 사회의 문화적 목표를 주목했습니다. 문화적 목표는 문화생활을 누리고 싶어 하는 목표가 아닙니다. 사회의 문화가 인정하는 사회적 목표를 말합니다. 한 사회가 일반적으로 추구하는 목표를 문화적 목표라고 할 수 있지요.

사회마다 문화가 다른데요, 어떤 사회는 부를 추구하는 것을 천박하게 여기는 문화가 있을 수 있지요. 그러면 부의 추구는 그 사회의 문화적 목표가 될 수 없지요. 그런데 자본주의 사회에서는 그렇지 않지요. 사람들은 누구나 잘살고 싶어 해요. 사회는 그것을 장려하며, '부자 되세요' 혹은 '대박 나세요'라고 서로에게 권하기도 하지요. 부자 되는 법을 가르쳐주는 곳도 많아요. 학교에서는 대학부터 좋은 대학에 가야 잘살 수 있다고 하고, 사회생활을 해보면 주식투자, 부동산 투자 등 부자 되는 법을 가르쳐주는 정보가 주변에 넘쳐. 부의 추구는 자본주의 사회의 문화적 목표인 겁니다.

사회에 적응하며 사회화된다는 것은 그 사회의 목표를 추구하며 살아가는 것이기도 하지요. 자본주의 사회에서 기업이 이윤을 추구하듯 사람들이 저마다 부를 쌓으려는 것은, 사회화를 통해 사회적 목표로 확실하게 자리잡았습니다.

그래서 일반적으로 사람들은 사회에서 제시하는 목표를 수용하고, 그에 걸맞는 제도적 수단을 얻으려고 남보다 더 많이 노력하려 합니다. 그런데 모든 사람이 사회적 목표에 도달할 수 있는 것은 아니지요. 사회에서는 사람들에게 부자가 되라고 하고 그래서 자신도 부자가 되고 싶어 하지만 누구나 부자가 되는 것이 아닙니다. 누구나 출세하고 싶지만 출세할 수 있는 능력이 모두에게 부여되지는 않아요. 누구나 서울대에 가고 싶지만, 모두가 서울대를 갈 수 있는 것은 아니에요. 왜 그럴까요? 그 이유는 문화적 목표에 도달하기 위한 능력이나 수단이 부족할 수 있기 때문입니다. 목표 달성을 위한 기회는 계층별로 차등화되어 있습니다. 사회가 특정 가치에 큰 비중을 두고 있지만, 이것을 성취할 수 있는 합법적 수단이 일부 계층에게만 열려 있을 수 있기 때문이죠. 일부만 돈이 많고, 서울대를 졸업하고, 보수가 많은 직장을 다니는 것이죠. 이것을 기능론적 측면에서 설명할 수도 있다는 것을 머튼이 보여줬습니다.

이처럼 문화적 목표와 그러한 목표를 달성하기 위한 합법적인 제도적 수단이 일치하지 않을 때를 머튼은 아노미라고 하였습니다. 사회구조의 기능적 불일치를 찾아낸 것이지요. 그리고 수단과 방법보다 문화적 목표에 달성하는 것을 더 중요시할 수 있지요. 이러한 불일치가 일어날 때 사회적 긴장감이 생겨나요. 사회에서 추구하는 목표에 도달하기 힘들어진 개인은 일종의 압박감을 느낍니다. 부자가 되어야 하는데, 출세해야 하는데 어떡하죠? 만나는 사람마다 매번 대학은 어디를 갔느냐, 취업은 했느냐, 돈벌이는 하고 있느냐고 캐묻잖아요. 대학에 떨어지고 취업도 못하고 돈도 못 벌고 있으면 주변에서 하는 그런 말들이 여간 괴로운 게 아니에요. 사람들은 늘 결과만 말하지요. 합법적으로 최선을 다했는데도 목표에 도달하지 못하면 그럴 수도 있겠구나라고 인정하고 보듬어주지 않아요. 여전히 채근할 뿐이죠. 그래서 그런 소리를 듣는 사람들은 결국 불법적 수단에 눈길을 주게 됩니다. 일탈 행동이 나타나는 것이지요.

경제적 성공을 강조하는 문화를 구성원 모두가 공유하는 사회에서, 아무리 노력해도 부유해질 수 없다고 판단되면 불법적인 방법을 통해서라도 성공하려고 시도합니다. 경제적으로 어려운 청소년이 아르바이트 자리도 구하기 힘들어 절도를 할 수 있고요. 실직 가장이 일확천금을 꿈꾸며 도박판에 뛰어들어 남은 재산을 모두 탕진할 때도 있습니다. 경제 불황 속에 취업이 어려워지면서 벌어지는 일도 있습니다. 취업을 원하지만, 취업 기회가 주어지지 않아서 범죄를 저지르거나 자녀의 취업을 위해 불법적인 방법으로 채용을 청탁한 국회의원의 사례도 들어봤을 것입니다. 우리 사회는 오직 일등만 기억하는 사회입니다. 일등을 하기는 해야겠는데 능력이 따라주지를 않네요. 그래서 올림픽에 참가한 선수가 금메달을 따려고 금지 약물을 복용하거나, 부정행위를 통해 높은 성적을 받고자 하는 수험생도 나타나는 것입니다. 이들은 모두 머튼의 아노미 이론이 설명하는 일탈입니다.

그런데 이들의 일탈 행동은 불법적인 수단을 썼더라도 그 목표만큼은 사회에서 일반적으로 요구했던 것들이에요. 사회적으로 가치가 있다고 여겼던 목표를 두면서 방법상으로만 사회적으로 허용될 수 없는 것을 사용했을 뿐이죠. 그래서 개인적인 보복을 목표로 삼아 범죄행위를 하는 경우는 머튼이 말한 아노미 이론의 일탈 행동이 아니에요. 보복을 목표로 삼는 것은 그 목표 자체가 사회적으로 수용될 수 있는 게 아니기 때문입니다.

일탈을 해결하려면 문화적 목표를 이룰 수 있도록 적절한 제도적 수단을 충분히 제공해줘야 합니다. 불법적 행동을 엄격하게 통제만 한다고 해서 근본적으로 해결될 수 없죠. 경제적 곤란을 겪는 청소년에게 생활비 지원이나 교육지원이 있어야 하고요. 실직 가장이 도박의 유혹에 빠지지 않도록 새로운 취업 알선과 직업 훈련 프로그램을 제공해주어야지요. 청년 실업자에게는 취업 정보를 제공해주고 취업하려는 기업의 요구에 맞는 교육도 필요하겠네요. 올림픽에 참가하는 국가대표 선수에게는 실력을 높일 수 있는 시설부터 개선해주어야지요. 대입 수험생에게는 성적을 올릴 수 있는 다양한 학습 기회를 제공해주어야 합니다.

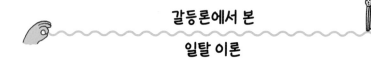

갈등론에서 본 일탈 이론

자동차에서 삐거덕거리는 소리가 들릴 때 기름칠만 해준다고 나아지나요? 잠시 좋아지는 것 같아도 근본적인 게 해결되지 않으면 달라지지 않아요. 그러면 주행 중에 차가 멈춰 큰 사고로 이어질 수도 있지요. 사회도 마찬가지입니다. 사회에서 일탈 행동이 나타나는 것에 대해 부분적으로 보완 제도를 갖춘다고 해서 일탈 행동이 사라지는 것은 아닙니다.

갈등론은 사회에서 나타나는 일탈 행동을 병리적 현상으로 보지 않지만, 그렇게 보더라도 사회의 질병은 일시적인 게 아니에요. 아플 때 비타민으로만 아픈 몸이 완전히 회복되지 않듯 보완적 처치만으로 사회가 건강해질 수 없어요. 사회는 일시적으로 아픈 게 아니라 항상 아픕니다. 자본주의 사회는 사회의 모순과 병리가 일반적일 뿐만 아니라 아파도 아주 심하게 아파요. 그래서 항상 사건, 사고가 많은 겁니다.

뉴스에서 범죄 사건을 종종 보게 되는데요, 생계를 위해 절도행위를 벌여 교도소에 가는 사람들이 많이 있다는 것을 알 수 있어요. 그런데 그 사람들을 보면 하나같이 어려운 가정환경에서 자란 사람이 많아요. 사실 그 사람은 큰 잘못이 없어요. 가난이 죄인 것이지요. 그들은 가난을 벗어날 길이 없었어요. 그들을 가난한 빈곤층으로 만들었던 자본주의 사회구조를 문제 삼아야 한다는 것입니다. 자본주의 사회구조는 빈곤층의 삶을 끝까지 밀어붙입니다. 그러니 삶의 벼랑 끝에서 이를 악물고 살기 위해 범죄를 벌이는 때가 있습니다. 자본주의 사회에서는 누구라도 비슷한 처지에 처하게 되면 범죄에 빠질 수 있어요. 빈곤층에게 생활비를 지원해준다고 해서 이런 범죄가 사라지는 것은 아닙니다. 근원적으로 무엇이 한 시민을 범죄자로 만들었는가를 보자는 것이지요.

한편 이런 일도 있었습니다. 1988년의 일입니다. 서울의 한 가정집에서 인질극이 벌어졌습니다. 교도소 호송 중 탈주한 지강헌이 벌인 일이었습니다. 그는 경찰과 대치하다 인질을 풀어주고 억울함을 직접 호소

했습니다. 556만 원을 훔친 죄로 징역 7년과 보호감호 10년, 총 17년 형을 선고받은 그는 '유전무죄, 무전유죄'라는 말을 남기고 자살을 시도하다가 결국 경찰이 쏜 총에 생을 마감했습니다. 유전무죄, 무전유죄. 돈 있는 자는 죄가 없고 돈 없는 자만 지나치게 처벌받는다는 말은 지금의 한국 사회에서도 여전히 통하고 있습니다. 재벌 총수나 권력자들은 아무리 큰 범죄를 저질러도 약한 처벌을 받거나 유죄판결을 받더라도 쉽게 사면, 복권되어 다시 권력을 잡는 일을 자주 봅니다. 지강헌이 벌인 행동은 분명 사회 질서를 어지럽히는 범죄였습니다. 하지만 근본적인 사회 불평등이 개선되지 못하고 법 집행이 공정하지 못하다면 이런 일탈은 줄어들지 않을 것입니다. 일탈 행위를 벌인 사람을 탓하기 전에 사회구조에 문제가 없는지 점검할 필요가 있습니다.

그래서 비판적 사회학자들은 일탈 행동이 발생하는 가장 근본적인 원인이 자본주의 사회의 모순적 구조 자체에 있다고 보았어요. 자본주의 사회는 계급갈등을 유발하는 근본적인 원인을 제공하는 주범이지요. 갈등론자들은 계급갈등을 개인의 일탈 행동으로 치부하는 관점에 대해 불편하게 생각합니다. 계급갈등의 근본적 원인은 기득권을 가진 지배집단과 그렇지 못한 피지배 집단 간의 불평등 구조에서 찾을 수 있기 때문입니다. 사회제도가 지배집단의 기득권 유지에 유리한 모순을 지니고 있어 갈등이 발생합니다. 그것은 필연적이에요. 그 필연적인 갈등이 폭발하는 게 계급 투쟁입니다. 그러면 노동자들의 항거를 개인의 일탈 행위로 나무랄 수 있을까요? 갈등론자들은 그럴 수 없다고 봅니다.

갈등론은 일탈 행동의 근원적인 원인을 지적하므로 겉으로 드러난 것만 보고 불법 행동이라며 비난하는 것에 반대합니다. 불합리적 사회구조 자체가 문제인데, 그에 대한 저항과 투쟁을 일탈이라고 문제 삼을 수는 없다는 거죠. 오히려 지배 세력에 의한 일탈 규정을 거부하며 저항적 행동을 고무적으로 지지합니다. 갈등론자들은 일탈이 아니라 저항으로 부르고 싶었을 것입니다.

갈등론자의 입장에 따라 상상력을 발휘하게 되면 너무 당연하게 비난했던 일탈을 거꾸로 뒤집어 보게 됩니다. 갈등론자들은 누가 일탈을 지적하는지 근원적인 의문을 제기합니다. 사람들에게 순한 양이 되라고 요구하는 그들은 누구인가요? 그 사회적 요구는 사회 질서를 유지하는 정책을 결정하고 집행하는 지배집단의 요구일 수 있습니다.

일탈을 막아 유지하려는 사회 질서는 과연 우리가 원하는 질서일까요? 여기서 우리라고 일컫는 것은 다 같은 사람일까요? 정치적, 경제적, 사회적 지위가 모두 다를 텐데 우리는 하나가 되어 사회 질서를 유지하는 게 정당한 일일까요?

갈등론자는 현 사회가 유지하려는 질서가 모든 사회 구성원이 동의할 수만은 없는 질서라고 봅니다. 사회의 지배질서가 지배집단의 가치와 규범, 이해관계를 반영하고 있다고 봅니다. 사회 질서의 유지는 지배집단이 원하는 것에 불과한 것이라는 얘기죠. 그래서 과연 사회 질서유지에 동참하는 게 바람직한지 의문을 갖게 됩니다. 그래서 이에 반하는 행동을 합니다. 그러면 지배집단은 법으로 통제합니다. 경찰과 군대를 동원하여 억압하지요.

폭압적 지배로 억압하는 때도 있지만 부드러운 지배로 피지배 집단 스스로 순응하게 만들 수도 있을 겁니다. 부드러운 지배의 핵심이 뭐냐면, 일탈은 사회 질서를 무너뜨리는 것으로 일탈이 모든 사람의 생명과 재산을 앗아갈 거라고, 불안감을 조성하는 겁니다. 아노미 이론을 위협적으로 학습시키는 것이죠. 사회는 우리에게 일탈에 대한 두려움을 심어주었지요. 질서가 무너지는 것을 두렵게 만들면서, 사회를 지켜내는 파수꾼이 되도록 사회화시켜 나간 것입니다. 그것은 사회적 합의가 아니라 지배집단의 보이지 않는 지배 전략이죠.

그런데도 저항은 그치지 않습니다. 사회에서 요구하는 것 자체가 부당한 모순덩어리이므로 그러한 일반적인 사회적 요구에서 벗어나려는 행동은 아무리 탄압을 받아도, 제아무리 세뇌해도 필연적으로 나타나게 마련입니다. 일탈은 사회의 통제력을 강화해도 누그러뜨릴 수 없습니다. 사회가 근본적인 모순을 지니고 있기 때문입니다.

그래서 일탈 행동을 막으려면 궁극적으로는 사회 불평등 구조를 바꿔야 합니다. 일탈을 비난하기 전에 일탈을 만드는 사회구조의 근본적인 변화를 촉구하는 것입니다.

상호작용의 측면에서 본
일탈 이론

기능론과 갈등론은 어떤 사람이 일탈 행동을 저질렀을 때 그 사람 탓이 아니라 사회의 탓이라고 말합니다. 사회가 제 기능을 제대로 작동하지 못하는 경우이거나 불평등한 사회구조와 계급갈등을 초래하는 구조적 모순 때문이었던 것이지요. 이는 개인에서 사회로 책임을 미루는 것 같습니다. 무책임한 이론이라고 생각하는 사람도 있을 거예요. 개인이 벌인 잘못도 뜬금없이 사회 잘못이라고 할 테니까요.

이제 이 둘을 싸잡아 비판하고, 다른 상상력을 동원해보세요. 과연 손에 잡히지도 않는 사회만 탓할 수 있나요? 사회 기능이 원활하게 작동하지 않거나 지배계급이 지배하는 사회구조가 문제되더라도 그 사회구조 아래에서 모든 사람이 일탈 행동을 벌이는 것은 아니잖아요? 아무리 사회구조가 문제라 하더라도 일탈 행동은 일부 개인의 특별한 행위가 아닐까요? 그들이 남다른 일탈 경험을 했던 게 문제는 아닐까요?

모든 행동은 매 순간 개인의 선택이고, 그에 대한 책임도 개인이 짊어져야 할 부분이 있는 것은 아닌가요? 끼리끼리 몰려다니며 못된 짓을 배우는 게 문제 아닌가요? 일탈 행동을 하는 청소년에게 비행 청소년이라고 부르는 건 당연하죠. 그러면 다시는 그런 소리를 듣질 않으려고 노력해야지, 그렇지 않고 더 심각한 비행 청소년이 되는 건 분명 그 비행 청소년의 선택이자 잘못이 아닌가요? 상호작용론을 바탕으로 한 일탈 이론은 이런 의문에 대해 해답을 주고 있습니다. 일탈 행동을 벌이는 과정에서 나타나는 개인들 간의 상호작용을 좀 더 주목할 필요가 있습니다.

상징적 상호작용론을 토대로 한 일탈 이론은 일탈 행동을 기능론이나 갈등론처럼 사회구조적인 맥락에서 보지 않으며 타자와의 상호작용과정에서 발생하는 것으로 봅니다. 일탈 행동의 본질이 상호작용하는 사람들에게 어떻게 보이는가에 달려 있다고 합니다. 그래서 일탈을 발생시키는 구조적 원인을 찾는 게 아니라 일탈이 일어나는 과정에 초점을 맞춰야 한다고 주장하게 되죠. 이를 대표하는 이론에는 차별적 교제 이론과 낙인 이론이 있습니다.

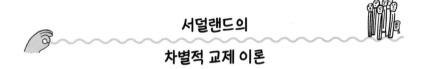

서덜랜드의
차별적 교제 이론

일반적으로 일탈은 사회화의 실패로 생각하는 경향이 있었습니다. 하지만 서덜랜드(Sutherland, E.)는 일상 속의 일탈 행동을 관찰하며 완전히 새로운 상상력을 동원합니다. 일탈은 사회화의 실패가 아니라 그 자체가 오히려 사회화 과정이라는 것입니다. 사회화는 간단히 말해 지식, 기능, 가치, 규범 등을 학습하는 것입니다. 일탈 행동은 비록 사회적으로 비난받는 내용이지만 그것을 특정한 집단에서 학습한다는 점에서 사회화의 하나로 볼 수 있다는 것이죠.

일탈 행동은 일반적인 행동과 마찬가지로 학습의 결과입니다. 학습은 어떤 경우에 효과적인가요? 낯설고 의미도 없는 사람과 만나면 뭐든 배우고 싶겠어요? 자신과 친밀하거나 자신의 삶에서 중요하거나 의미 있는 사람들과 의사소통을 할 때 지식, 기능, 가치, 규범을 잘 습득하지요. 친밀한 사람 혹은 의미 있다고 여겨지는 사람이 일탈자라면 어떻겠어요? 또는 일탈자들과 친밀해져 의미 있는 존재가 되면 어떻겠어요? 적극적으로 일탈 행동을 배우는 것입니다. 기존의 일탈자와 열심히 소통하게 됩니다. 문자도 자주 주고받고 자주 만나겠지요. 그러면서 구체적으로 일탈 행동을 수행하는 방식을 배우죠. 절도의 묘술뿐만 아니라 심지어 살인의 기술도 배웁니다. 영화 속 갱단을 보면 어때요? 갱단에 들어가고 싶어 열심히 충성을 다해요. 갱단이 준거집단이 되는 것이죠. 일탈 행동에 대해서는 매우 우호적인 태도가 형성됩니다. 그러니 갱단에 들어간 후에는 어떻겠어요? 최고의 일탈자가 되려고 노력하지요. 넘버원이 되려 하지요.

그뿐만이 아닙니다. 일탈자와 접촉하면서 일탈 동기를 내면화하고 일탈 행동을 정당화하는 논리나 가치도 학습합니다. 자신의 행동이 일탈 행동이라는 것을 인식조차 못하며 오히려 정의를 지키는 일이라고 주장하는 때가 있어요. 일탈 행동은 자신의 탓이 아니며 범죄 대상자에게 문제가 있는 것이라고 궤변을 늘어놓기도 합니다. 예를 들어 길거리에서 전혀 알지도 못하는 외국인을 폭행하는 사건이 종종 일어나는데, 그 범죄를 저지른 사람들 얘기를 들어보면 가당치도 않아요. 외국인을 혐오하는 심정이 가득하고 자신의 폭력 행위는 오히려 사회를 바르게 세우는 영웅적 행동이라고 스스럼없이 말하지요. 그렇게 최면을 걸듯 일탈 동기를 내면화하고 이를 정당화시킵니다. 그래서 더욱 확고한 신념을 가지고 일탈 행동을 한다는 것입니다.

이렇게 반사회적 행동 성향을 지닌 사람들과 계속 대면접촉을 하다보면 일탈 행위뿐만 아니라 일탈에 동조하는 가치, 태도를 습득하지요. 어디서 친구를 사귀어도 그런 사람을 사귀는지 모르겠습니다. 매우 특이한 교제를 하는 거네요.

서덜랜드는 범죄자들의 일탈자와의 접촉 과정을 연구하여 차별적 교제 이론을 정립했습니다. '차별적 교제'라는 말이 조금 어려울 텐데요, 차별적이란 말을 '동등하게 대우하지 않는' 의미로 설명하면 이해가 잘 안

될 것입니다. '특이하게 구분되는', '차이가 두드러지게 나타나는' 접촉으로 이해하면 좋을 것 같습니다. '정상적인 것과 다른' 접촉이죠. 일탈자와의 접촉이니까요.

서덜랜드의 차별적 교제 이론은 구조주의적이라기보다는 과정주의적인 이론입니다. 물론 서덜랜드는 사회구조를 부정하지 않았어요. 사회적으로 합의된 규범이 있고 그에 어긋나 객관적으로 일탈 행동이라고 부를 만한 것이 있다고 생각했죠. 기능론이나 갈등론처럼 차별적 교제 이론도 일탈적 가치라는 객관적 기준이 존재한다고 봅니다. 예를 들어 절도행위는 이미 일탈로 규정되어온, 객관적인 것입니다. 다만 그 절도라는 일탈 행동을 하는 사람들과 접촉하는 상호작용을 하면서 일탈 행동을 배워야 할 것으로 받아들이는 거죠. 서덜랜드는 범죄자가 되어가는 과정, 즉 일탈 행동을 일으키는 과정에 초점을 맞추었습니다. 그래서 상호작용론적 관점에서 본 일탈 이론이라고 할 수 있는 것입니다.

한 사람이 사회적으로 성장하는 데에도 어떤 사람과 만나는지 성장의 과정이 중요한 것 같아요. 그래서 까마귀 노는 곳에 백로야 가지 마라는 격언도 생겨난 것 같습니다. 이 격언이 잘 어울리는 게 차별적 교제 이론이죠. 청렴과 순수함의 상징인 백로가 어둠과 부패의 까마귀가 노는 곳에서 어울리면 백로도 까맣게 변한다는 얘기이니까요.

맹모삼천지교(孟母三遷之教)는 어떤가요? 맹모삼천지교는 맹자의 어머니가 맹자의 교육을 위해 집을 세 번 옮겼다는 옛말입니다. 인간의 성장에서 환경이 중요하다는 것을 의미합니다. 더 자세히 말하자면, 맹자 어머니는 아들이 조용한 곳에서 공부하기를 바라고 공동묘지 근처에 살았

더니 어린 맹자가 주변의 곡소리만 흉내 내더란 것입니다. 그래서 시장 근처로 이사를 하였습니다. 그런데 이번에는 상인들의 흥정하는 모습을 흉내 내기 시작했습니다. 마지막으로 학교 주변으로 이사를 하였는데 이번에는 맹자가 주변의 학구적인 분위기에 어울려 공부에 전념했다는 이야기입니다. 맹모삼천지교의 후속 이야기를 전하는 사람도 있는데요, 맹자가 입학한 학교가 한국 학교라서 매일 잠만 자는 학생들과 어울려 잠만 잤다는 얘기도 전해져요. 뭐, 지금까지 자고 있다는….

다시 생각해봐도 누구와 어울리는가의 문제가 인생의 성패를 좌우해요. 가장 많이 어울리는 다섯 사람의 평균을 내면 여러분의 미래에 건강과 소득, 그리고 삶의 자세 등을 예측해볼 수 있다고 말하는 사회심리학자도 있습니다. 대다수 사람은 가깝게 어울리는 사람들이 먹는 대로 먹고, 그들이 말하는 대로 말하고, 그들이 읽는 대로 읽고, 그들이 생각하는 대로 생각하고, 그들이 보는 대로 보고, 그들이 입는 대로 입는다고 하지요.

환경 가운데 가장 중요한 환경은 사람입니다. 어울리는 사람만 바꾸어도 정신적으로 건강하게 살고, 경제적으로 성공할 가능성이 높아지는 것입니다. 차별적 교제 이론은 일탈 행위를 벌이는 사람과의 접촉을 차단하고 좀 더 반듯한 사람들과 어울릴 기회를 늘리라고 조언하고 있는 셈이지요.

더 나아가 이런 생각도 해봅니다. 내 주변에서부터 전인격적 관계를 맺으며 살아가고, 사람마다 그런 관계 맺기를 흉내 내고 닮아가다보면, 이 사회가 인간의 존엄함으로 가득하지 않을까 싶습니다.

낙인 이론

일탈 규정은 사회마다 다릅니다. 이것은 일반적인 얘기입니다. 국가마다 법과 제도, 문화가 다를 수 있으니까요. 하지만 일반적으로 한 사회 안에서는 일탈을 규정하는 것이 객관적인 기준이 있다고 생각하죠. 관습이나 관례, 도덕, 법과 제도 등을 기준으로 무엇이 일탈인지 명확하게 판단할 수 있지요. 이 역시 일반적인 얘기입니다. 한 사회 안에서 생각해볼 때는 말이죠. 아노미 이론, 갈등이론, 차별적 교제 이론 모두 이렇게 생각합니다. 일탈 자체가 객관적이라는 것에 대해서는 같은 입장입니다.

그런데 같은 일탈을 보면서도 다른 상상력을 동원해볼 수 있습니다. 과연 한 사회 안에서도 객관적인 일탈이 있느냐라는 질문을 던질 수 있습니다. 이에 대해 낙인 이론은 한 사회와 다른 사회의 비교에서 나타나는 일탈의 상대성이 아니라, 한 사회 안에서도 특정 행위를 두고 일탈이라 규정할지 말지가 다르게 적용될 수 있다고 주장합니다.

본질적으로 일탈이라고 부를 수 있는 행동은 없는 것 같아요. 상황과 여건에 대해 사람들은 서로 다른 의미를 부여하고 해석할 수 있으니까요. 일탈이란 그 행위 자체가 갖는 본질적인 것이 아니라, 그 행위가 발생하는 상황과 여건에 따라 일탈로 규정될 수 있고 아닐 수도 있습니다. 일탈 행동을 판단하는 기준은 상대적일 수 있습니다. 이처럼 주장하는 이론이 베커(Becker, H.S.)가 주창한 낙인 이론입니다.

낙인 이론은 상호작용론에 바탕을 두고 일탈자로 규정되는 과정을 중시하고 있어 차별적 교제 이론과 같이 묶이지만 다른 점도 있습니다. 차별적 교제 이론은 말 그대로 차별적 교제가 일탈의 원인이 되지만, 낙인 이론은 차별적 제재가 일탈의 원인이 됩니다. 사람마다 사회·문화 현상의 상황을 다르게 파악하고 동일한 행위에 대해 제재를 가할 것인지 혹은 제재하지 않을 것인지 다르게 판단할 수 있습니다. 별일 아니라고 여기면 일탈이 아닙니다. 일반적으로 개인적 친분이 있으면 더욱 별일 아닌 것으로 취급하기 쉽습니다. 동일한 행위라 하더라도 일탈행위를 한 사람이 잘 알고 지내던 사람이면 웃고 넘어가지만, 그렇지 않은 사람이면 맹비난을 하지요.

개인적 친분보다 더 중요한 것은 권력 혹은 영향력에 따라 달라질 수 있다는 겁니다. 일탈을 규정짓는 기준은 그 사회에서 힘을 가진 사람들에 의해서 설정되며 힘을 갖지 못한 사람들은 그 기준에 의해 일방적으로 낙인찍힐 수 있습니다. 똑같은 절도행위를 하더라도 생계 때문에 절도를 한 사람에게는 가혹한 형벌을 내리고 회삿돈을 훔쳐 비자금을 조성한 재벌 총수에게는 집행유예를 선고하거나 사면복권 시켜주는 일도 많지요. 경찰, 검사, 판사가 자신들이 속한 권력 집단의 구성원이 벌인 범죄에 대해서는 '제 식구 감싸기'의 수법으로 옹호하고, 다른 일반 시민의 동일한 범죄에 대해서는 엄벌해야 할 일탈로 다루기도 하죠. 귀에 걸면 귀걸이, 코에 걸면 코걸이가 됩니다.

이렇게 일탈을 규정하는 절대적 기준이 없습니다. 상대적이죠. 다시 말해 특정 행위가 가진 객관적 조건보다는 그 행위를 바라보는 다른 사회구성원들의 사회적 시선이 중요하다는 얘기죠. 즉 차별적인 사회적 제재가 있다는 것은 사회적 제재가 상대적이란 말이기도 합니다. 그래서 낙인 이론은 일탈 행위의 사회적 상대성을 강조한 이론이라고 하는 거죠.

예를 들어 위고(Hugo, V.M.)의 《레 미제라블》을 읽어보죠. 장발장은 굶주리는 어린 조카를 위해 빵을 훔치다 잡혀 19년간 징역살이를 합니다. 형기를 마치고 출소한 그는 전과자라는 이유로 일자리는 물론 잠잘 곳도 구하지 못하죠. 사회적으로 낙인이 찍혔던 것입니다. 하지만 미리엘 신부의 반응은 달랐습니다. 미리엘 신부는 장발장에게 저녁 식사를 대접하고 성당에서 하루 지낼 수 있게 배려해주었습니다. 하지만 장발장은 다시 성당의 은촛대를 훔쳐 달아납니다. 그리고 경찰이 그를 붙잡아 신부 앞에 데려오지요. 그런데 이때도 신부는 당황하지 않고 이렇게 말합니다. "제가 그에게 선물한 것입니다. 그런데 왜 촛대만 가져간 겁니까? 제가 은쟁반도 같이 드렸을 텐데요. 당신은 이런 늙은 신부의 작은 호의에도 너무 미안해하는 착한 사람이군요." 신부의 호의에 감명받아 장발장은 선행을 베풀며 살아갔다고 하는데, 성당의 은촛대를 훔쳐 달아난 장발장의 행위는 일탈 행동이었을까요? 장발장의 행위는 절도행위였죠. 장발장의 행위 속에는 다른 사람의 재산을 동의받지 않고 가져가는 특성이 담겨 있습니다. 하지만 일탈은 행동의 속성에 의해서가 아니라 그에 대한 사회적 반응으로 규정됩니다. 그 절도행위에 대해 어떤 반응을 보이느냐에 따라 일탈 행위일 수도 있고 아닐 수도 있는 것입니다. 적어도 미리엘 신부에게 있어 장발장의 행위는 일탈 행위가 아니었던 것입니다.

원래 낙인은 그리스어인 스티그마(Stigma)에서 유래했습니다. 바늘로 피부를 찔러 생기는 자국으로 생기는 표식의 일종을 말합니다. 문신과 비슷하죠. 조선 시대에는 도적의 신체 부위에 먹물로 글씨를 새겨 넣는

묵형(墨刑)이라는 형벌을 내리기도 했습니다. 전과자임을 알려 수치심을 갖게 하는 동시에 사회적 감시망을 통해 철저히 관리하기 위한 것입니다. 낙인은 지워지지 않습니다. 범죄자에게 붙이는 일종의 '죄의 꼬리표'인 셈입니다.

낙인은 당사자를 사회에서 고립시키는 경향이 있습니다. 형기를 마친 전과자를 취업에서 배제하고 친구로 사귀지 말라고 하며 이웃집에 거주하면 말도 건네지 않습니다. 그 사람은 자아 존중감이 현저히 떨어집니다. 성실하게 살려고 노력해도 주변의 시선은 여전히 따갑습니다. 그러면 다른 사람의 부정적 시선을 조금씩 받아들이게 됩니다. 타인의 부정적 시선을 내재화하는 것이죠.

따라서 일탈자라고 규정짓는 것은 벽장에 가두어 일탈자라는 사회적 지위를 부여하는 것과 같습니다. "넌 일탈자야! 넌 일탈자라고!" 이렇게 세상 사람이 여러 번 일탈자라고 주입식 학습을 시키니 그 사람이 스스로 깨닫습니다. "아하, 나는 일탈자로구나." 일탈자라는 부정적 자아 정체성을 형성하게 됩니다. 그러면 일탈자답게 살아갑니다. 더 열심히 일탈 행동을 합니다. 일탈 경력은 더욱 늘어나고 강화되죠. 일탈 행동을 거듭할 가능성이 높아지는 것입니다. 습관화된 일탈이 일어나는 거죠. 습관화된 일탈을 최초의 일탈과 구분하여 2차적 일탈이라고 하는데, 이 일탈은 사회 구성원들이 특정 행위를 일탈로 규정하여 일탈자로 몰아세우기 때문에 거듭하여 나타나는 것입니다.

정신질환자에 대한 낙인도 같은 맥락에서 이해할 수 있습니다. 특히 조현병 환자들이 범죄를 저지를 가능성이 크다는 사회적 낙인이 널리 퍼져 있는데요, 이런 낙인은 차별로 이어집니다. 일자리를 주지 않고 집을 내주지 않으며 학교도 그들을 교육하려 하지 않습니다. 이런 차별 속에서 환자는 스스로 위험하고 무능력하다고 생각하는 자기 낙인을 찍게 됩니다. 그 수치심 때문에 적극적인 치료를 피하게 됩니다. 하지만 대다수 전문가의 말에 따르면, 적절한 치료만 받을 수 있다면 그들도 자신의 삶을 온전히 꾸려나갈 수 있다고 합니다. 정신질환자에 대한 낙인이 질병의 악화를 초래하고 그래서 범죄를 낳게 하는 측면이 있는 것입니다.

학교에서 '문제아'로 지칭되는 낙인도 마찬가지입니다. 문제라고 계속 낙인을 찍으니 그 아이로서는 별수 없습니다. 가끔 청소도 열심히 하고 수업시간에 졸음도 참아보려 애썼지만 그런 노력은 다른 사람들 눈에 들어오지 못해요. 뭘 해도 안 되는구나라고 깨달으며 그 아이는 비행 청소년이 되는 것입니다. 그러기에 처음부터 잘하지 그랬냐고 말하는 사람도 있겠지만 누구나 실수나 잘못은 할 수 있는 것입니다. 어디서부터 잘못되었는지 몰라도 그 잘못된 행위를 시작한 시점으로 돌아가봅니다. 그때 그 학생을 용서까지는 아니더라도 경계하는 빗장을 풀고, 다시 용기를 주었더라면 비행 청소년이 되지 않았을 것입니다. 우리가 그 아이에게 삿대질하고 문제아로 낙인을 찍으면서 차별적인 제재를 지속한 결과, 한 사람이 정상적인 사회인으로 성장하지 못하고 일탈자로 살아가게 되는 것이란 얘기입니다.

이런 일탈 문제에 대해 나와 상관없는 일이라 여길 수도 있습니다. 하지만 누구나 이런 일탈자로 규정될 수 있습니다. 일반적인 생각과 행동에서 조금이라도 벗어나면 개떼처럼 달려들어 물어뜯고 비난하는 일이 인터넷 공간에서는 흔히 벌어지지요. 조금만 흐트러진 생각과 행동을 하더라도 그것은 비정상으로 규정 받습니다. 한순간에 일탈자가 되는 거예요.

더욱 큰 문제는 정상과 비정상의 입장이 뒤집힐 수 있다는 겁니다. 비정상적인 행동을 하는 사람들이 오히려 정상적인 행동을 비정상적인 것으로 낙인찍는 것이죠. 낙인을 찍는 자에게 권력이 있으면 이런 게 가능합니다.

비정상적인 세력의 정상적인 사람에 대한 낙인은 정치적으로도 오랜 역사를 가지고 있습니다. 이때 낙인은 시민의 정당한 목소리를 억누르는 사회적, 정치적 압력으로 나타났죠. 오랜 기간 일제 강점기와 군부 독재 시기를 거치면서 한국 사회를 지배하던 사람들은 비판적인 시각으로 민주주의를 위해 싸워온 사람들에게 빨갱이라는 낙인을 찍어왔습니다. 그 낙인에 동의하지 않으면 너도 함께 붙잡혀 갈 수 있다는 위협도 동반하면서요. 이것은 지배 세력이 국민을 쉽게 통치하고 지배하기 위한 전략이기도 했지요. 군부 쿠데타라는 헌정 질서 파괴의 일탈을 한 세력이 권력을 잡고서는 자신을 정상적인 세력으로 포장하고, 반면에 국민주권을 찾으려고 민주화 운동에 나선 시민을 낙인찍고 지배하려 했던 것입니다. 그들은 그들의 세상을 흔들지 말고 그저 가만히 있기를 원합니다. 그렇지 않으면 낙인을 찍어 사회 밖으로 던져버리겠다는 것입니다. 민주화 운동을 통해 세상이 많이 변했지만, 아직도 이런 식의 낙인찍기를 하는 사람들이 있습니다. 하지만 성숙한 민주 시민은 이런 폭력적 낙인에 휘둘리지 않을 것이라 믿고 싶습니다.

낙인은 폭력입니다. 사람을 있는 그대로 인정해주지 않아 인간의 존엄성을 좀먹는 폭력이지요. 이것은 사회적으로 바람직하지 않습니다. 낙인찍기에 동조하면 폭력에 동조하는 공범자가 되는 것입니다. 우리는 낙인 이론을 학습하면서 낙인찍힌 사람이 문제가 있는 게 아니라 낙인을 찍는 사람에게 문제가 있다는 것을 알아야 합니다. 그런데 우리는 그동안 낙인찍는 행위에 쉽게 동조하면서 낙인찍는 자신이 문제가 있다는 것을 깨닫지 못했습니다. 그런 문제 있는 사람이 되어서는 안 되겠죠. 함부로 낙인을 찍는 폭력을 저질러서는 안 되지요. 옷감 재단하듯 사람을 함부로 규정하면 안 되겠지요.

낙인 이론 입장에서는 일탈 행동을 방지하려는 방안으로, 비정상으로 내몰아 낙인찍는 행위에 대해 신중할 필요가 있다고 제안합니다. 최초의 일탈 행위에 대해 너그럽게 보고, 그들이 왜 그랬는지 들어줄 수는 있잖아요. 사회적 기대에 맞춰 살아가는 게 왜 그렇게 힘들었는지도 물어봐줄 수는 있잖아요. 함부로 낙인찍기 전에 사회와 소통할 수 있는 길을 열어봐야 합니다. 그러면 2차적으로 발생하는 일탈을 막을 수 있을 것입니다. 또 부정적인 행동이 거듭되더라도 간혹 긍정적인 행동이 보이면 그 끈을 놓지 말고 더욱 따뜻하게 인정해주고 용기를 북돋아줘야 합니다. 주의를 기울이고 관심을 가져야지, 함부로 사회 바깥으로 내몰아서는 안 됩니다. 일탈자에 대한 부정적인 의미 부여에 신중해야 합니다.

2권에서 계속됩니다.